艺术与设计学科博士文丛

山东省高水平学科「高峰学科」建设项目

总主编　潘鲁生

主编　董占军

中和顺昌

朱熹风水思想历史研究

张瑞／著

山东教育出版社

·济南·

图书在版编目（CIP）数据

中和顺昌：朱熹风水思想历史研究 / 张瑞著 . —济南：山东
教育出版社，2023.9
（艺术与设计学科博士文丛 / 潘鲁生总主编）
ISBN 978-7-5701-2662-0

Ⅰ.①中… Ⅱ.①张… Ⅲ.①朱熹（1130—1200）－风水－
思想评论 Ⅳ.①B244.75②B922.4

中国国家版本馆CIP数据核字（2023）第176515号

YISHU YU SHEJI XUEKE BOSHI WENCONG
ZHONGHE SHUNCHANG——ZHU XI FENGSHUI SIXIANG LISHI YANJIU

艺术与设计学科博士文丛　　　　　　　　　潘鲁生/总主编　董占军/主编
中和顺昌——朱熹风水思想历史研究　　　　　　　　　　　　张瑞/著

主管单位：山东出版传媒股份有限公司
出版发行：山东教育出版社
　　　　　地址：济南市市中区二环南路 2066 号 4 区 1 号　　邮编：250003
　　　　　电话：（0531）82092660　　网址：www.sjs.com.cn
印　　刷：山东星海彩印有限公司
版　　次：2023 年 9 月第 1 版
印　　次：2023 年 9 月第 1 次印刷
开　　本：710 毫米 × 1000 毫米　1/16
印　　张：20
字　　数：332 千
定　　价：65.00 元

（如印装质量有问题，请与印刷厂联系调换）印厂电话：0531-88881100

总　序

　　时光荏苒，社会变迁，中国社会自近现代以来经历了从农耕文明到工业文明、从自给自足的小农经济到市场化的商品经济等一系列深层转型和变革，人们的生活方式、思想文化、消费观念、审美趣味也随之变迁。艺术与设计是一个具体的领域、一个生动的载体，承载和阐释着传统与现代、历史与未来、文化与科技、有形器物与无形精神的交织演进。如何深入地认识和理解艺术与设计学科，厘定其中理路，剖析内在动因，阐释社会历史与生活巨流形之于艺术与设计的规律和影响，不断回溯和认识关键的节点、重要的因素、有影响的人和事以及有意义的现象，并将其启示投入今天的艺术与设计发展，是艺术与设计专业领域学人的责任和使命。

　　当前，国家高度重视文化建设，习近平总书记深刻阐释并强调"坚持创造性转化、创新性发展，不断铸就中华文化新辉煌"，从中华民族伟大复兴的历史意义和战略意义上推进文化发展。新时代，艺术与设计以艺术意象展现文脉，以设计语言沟通传统，诠释中国气派，塑造中国风格，展示中国精神，成为传承发展中华优秀传统文化的重要桥梁；艺术与设计求解现实命题，深化民生视角，激发产业动能，在文化进步、产业发展、乡村振兴、现代城市建设中发挥重要作用，成为生产性服务业和提升国家文化软实力的重要组成部分。关注现实发展的趋势与动态，对艺术与设计做出从现象到路径与规律的理论剖析，形成实践策略并推动理论体系的建构与发展，探索推进设计教育、设计文化等方面承前启后的深层实践，也是艺术与设计领域学者和教师的使命。

山东工艺美术学院是一所以艺术与设计见长的专业院校，自1973年建校以来，经历了工艺美术行业与设计产业的变迁发展历程，一直以承传造物文脉、植根民间文化、服务社会发展为己任。几十年来，在西方艺术冲击、设计潮流迭变、高等教育扩展等节点，守初心，传文脉，存本质，形成了赓续工艺传统、发展当代设计的办学理念和注重人文情怀与实践创新的教学思路。在新时代争创一流学科建设的历史机遇期，更期通过理论沉淀和人文荟萃提升学校办学层次与人才质量，以守正出新的艺术情怀和匠心独运的创意设计，为新时代艺术与设计一流学科建设提供学术支撑，深化学科内涵和文化底蕴。

鉴于上述时代情境和学校发展实践，我们策划推出这套《艺术与设计学科博士文丛》系列丛书，从山东工艺美术学院具有博士学位的专业教师的博士学位论文中，精选20余部，陆续结集出版，以期赓续学术文脉，夯实学科基础，促进学术深耕，认真总结和凝练实践经验，不断促进理论的建构与升华，在专业领域中有所贡献并进一步反哺教学、培育实践、提升科研。

艺术与设计具有自身的广度和深度。前接晚清余绪，在西方艺术理念和设计思潮的熏染下，无论近代初期视觉启蒙运动中图谱之学与实学实业的相得益彰、早期艺术教育之萌发，还是国粹画派与西洋画派之争，中国社会思潮与现代艺术运动始终纠葛在一起。乃至在整个中国革命与现代化建设进程中，艺术创新与美术革命始终同国家各项事业的发展同步前行。百多年来，前辈学人围绕"工艺与美术""艺术与设计"及"艺术与科学"等诸多时代命题做出了许多深层次理论探讨，这为中国高等艺术教育发展、高端设计人才培养以及社会经济、文化事业的发展提供了必不可少的人才动力。在社会发展进程中，新技术、新观念、新方法不断涌现，学科交叉不单为学界共识，而且已成为高等教育的发展方向。设计之道、艺术之思、图像之学，不断为历史学、文艺学、民俗学、社会学、传媒学等多学科交叉所关注。反之，倡导创意创新的艺术价值观也需要不断吸收和汲取其他学科的文化精神与思维范式。总体来讲，无论西方艺术史论家，还是国内学贤新秀，无不注重对艺术设计与人类文明演进的理论反思，由此为我们打开观察艺术世界的另一扇窗户。在高等艺术教育领域，学科进一步交叉融合，而不同专业人才的引入、融合、发展，极大地促进和推动了复合型人才培养，有利于高校适应社会对艺术人才综合素养的期望和诉求。

基于此，本套《艺术与设计学科博士文丛》以艺术与设计为主线，涉及艺术学、设计学、文艺学、历史学、民俗学、艺术人类学、社会学等多个学科，既有纯粹的艺术理论成果，也有牵涉不同实践层面的多维之作，既有学院派的内在精覃之思考，也有面向社会、深入现实的博雅通识之著述。丛书集合了山东工艺美术学院新一代青年学人的学术智慧与理论探索。希冀这套丛书能够为学校整体发展、学科建设、人才培养和文脉传承注入新的能量和力量，也期待新一代青年学人茁壮成长，共创一流，百尺竿头，更进一步！

潘鲁生
己亥年冬月于历山作坊

前言

　　本书是有关南宋理学家朱熹风水思想的一项历史学研究。全书共五章。第一章全面讨论了近60年海内外有关风水问题的相关著述。其中前三节的内容虽然是对一般风水著述的梳理与讨论，但其中的绝大部分内容都与宋代或朱熹的风水思想相关联；第四节梳理了国外有关中国风水问题的研究；第五节则分三个方面综述了与朱熹风水思想直接相关的重要研究成果。第二章和第三章对朱熹阴宅风水思想进行了系统的实证研究。一是讨论了朱熹在阴宅风水问题上的"两难"与"悖论"：就知识理性而言，包括朱熹在内的宋代精英阶层未必认同阴宅风水的迷信与蒙昧，但就忠孝人伦和道德情感而言，不讲求风水，其忠君、孝亲的人伦情感则又无从寄托。朱熹乃至中国传统儒学精英，大都在这种"悖论"与"两难"的语境中叙述着各自的风水话语。二是讨论了朱熹反对迷信阴宅风水，但更反对"孟浪不信"的理学立场，指出在中国传统社会的一流思想大师中，朱熹是唯一一位深入风水、熟知风水，却又力图跳出风水、提升风水的知识精英。而他在阴宅风水方面的最大贡献就是以"诚敬"关联儒学与阴宅风水，进而完成了风水的理学化。第四章和第五章讨论了朱熹阳宅风水的基本架构，即由天地到山川、国都、城镇、聚落、住宅、宅内这样一种"天人合一"的大格局，指出朱熹风水思想最大的价值和意义是将风水从"阴宅风水"引向更为广阔的"天地风水"。"天地间好个风水"，是朱熹关于风水的创造性表达，标志着风水的重心从"祸福吉凶"转变为自然风水。

朱熹风水思想的最大价值，一是完成了阴宅风水的理学化；二是将风水的重心由阴宅风水引向更为宏大的"天地风水"，亦即"自然风水"。这种"天地风水"或"自然风水"，与自然地理、人文地理显然是相互接引的，可以说，深藏于其各自之间的核心诉求是一致的，即如何理解大地上所生长的万物，如何让人及其家园、家国在这个生长万物的大地上安居。

目 录

绪　论　≫

一、研究范式

本书是关于朱熹风水思想的一项历史学研究。

依据对近60年来有关风水[①]著述的认真梳理，大致可将其分类为"风水历史学的研究""风水地理学的研究""风水建筑学的研究"以及"风水人类学的研究"等。

风水的历史学研究，以历史上的风水文献、风水器物、风水习俗，以及相关历史人物的风水思想与实践、相

[①] 风水，是阴宅风水和阳宅风水的总称。又称堪舆、形法、地理、青囊、青乌、卜宅、相宅、图宅、阴阳等。（参见史箴：《风水典故考略》，载王其亨主编《风水理论研究》，天津大学出版社，1992。）日本人则称风水为"家相"。"风水"一词，一般认为北宋时就已流行了。如清代丁芮朴《风水祛惑》中的"风水称谓"条曰："'风水'二字，始见于宋儒之书。司马温公《葬论》：'《孝经》云：卜其宅兆，非相其山岗风水也。'《张子全书》：'葬法有风水山岗，此全无义理，不足取。'伊川程子《葬法决疑》：'今之葬者谓风水随姓而异，此尤大害也。'"但根据陈进国的研究，丁氏此说，亦未尽然。"风水"一词，应已广泛流行于当时市坊的地理书中，方有宋儒之批判。另外，北宋王洙等奉诏校正的《地理新书》卷二所录社阳子《风水说》曰："出处为水，入处为风。气脉随水流，欲皆朝于案山是也。取其气脉攒聚之处用之，故风水出入之艰难，乃祸害之本也。"同卷《照幽记》曰："凡宅居地风水当陇首吉。"（《重校正地理新书》金刻本，载《续修四库全书·子部》第1054册，上海古籍出版社，2002，第23页。）此书大多依北宋前地理旧书删修而成，定稿于宋神宗熙宁四年辛亥。该书卷八提到所选文本"合诸家风水地理书"，说明当时"风水"与"地理"是同义的。

关历史事件中的风水活动与观念等为研究对象，所关注的是研究对象的"历史价值"，尽量避免将其"外溢"为风水的当下价值与意义。当然，历史学的研究，并不避讳有关风水的价值判断，也不回避传统风水对当代社会的各种影响，但其研究的主体一定是"历史的"，并不是仅以"历史"为引子而将讨论的主体集中于另外的层面。

本书对近60年来相关风水研究与著述有一个基本判断，即1949—1980年的风水研究是一种比较规范、比较谨慎的历史学研究，其路数和方法，以及研究旨趣，都是历史学的范式。近30多年来的风水著述，虽有一部分传承和延续了前30年的历史学范式，但大部分则将重心转移至"风水的当下意义"上。这其中尽管也不乏杰出的研究成果，但更多则是著述的漫无节制与混乱，泥沙俱下、鱼龙混杂的情况相对严重。

上述判断也就同时规定了本书有关朱熹风水思想研究的范式和取法。

二、选题缘起及意义

选定朱熹的风水思想作为研究对象，首先起源于家教。家父一生致力于堪舆研究与实践，心得颇丰。在家父影响下，我自幼耳濡目染，多少有一些近水楼台先得月之幸。家父常说：天道地道人道一贯，天理地理人理一理，悖天违地何求堪舆，法天象地自得心源。我知道，家父的这些理念是得益于宋明理学，尤其是程朱理学。

其次是读硕期间的研究积累。读硕期间，我提交的毕业论文是《堪舆学在环境艺术设计领域的实用性研究》。

最终选定"朱熹的风水思想"为研究对象，则有些偶然。在准备开题报告时，我基本是按照硕士论文的框架规划的，属于风水建筑学（或风水设计学）的路数。但导师的意见是，博士论文只能限定在"历史学"的范围内。于是，我将研究重心从"风水在设计学中的运用"转移到"宋代风水"，又由于时间、精力与水平所限，最终缩小到"朱熹的风水思想"。

选题的价值与意义可以归纳为以下三点。

第一，研究朱熹的风水思想，可以深化对宋明理学与程朱理学的研究，丰富宋代思想史，以及传统思想史、文化史的研究内容。

第二，研究朱熹的风水思想，可以为学术界所提倡的"精英思想史"与"民间思想史"的互动提供一个案例，也符合目前思想文化史研究的趋势，即关注民俗的、生活的思想史，关注术数的、宗教的思想史，关注知识群体和精英阶层的知识结构和信仰等。

第三，研究朱熹的风水思想，对于正确理解中国传统风水文化有一定的参考和导向意义。

三、研究综述

与博士论文中通行的"研究综述"不同，本书花费了极大的精力，梳理了近60年来风水研究的主要节点，以及各个节点上的重要著述，其中若干部分采用了学术史的讨论方式，故单立一章，此处从略。

四、主要创新与不足

本书是第一篇有关朱熹风水思想研究的专题学位论文。根据中国知网检索，此前，以朱熹风水思想、堪舆思想、阳宅思想、阴宅思想、术数思想为题的硕士或博士论文为零。

本书搜集使用了大量的第一手资料，其中60%以上的史料是前人研究中未曾涉及的。

本书对宋代阴宅风水"理学化"问题进行了实证性的研究。首次关注到朱熹反对迷信阴宅风水，但更反对"孟浪不信"的理学立场；首次提出宋代知识群体和政治精英在风水问题上的"两难"与"悖论"的问题；首次提出朱熹阳宅风水的基本理论架构，指出朱熹风水思想最重要的价值和意义是将风水从"阴宅风水"引向更为广阔的"天地风水"，把风水的重心从"祸福吉凶"转变为自然风水。

本书存在的不足主要是：对朱熹风水思想的社会历史背景缺乏专章研究；注意了朱熹风水思想与宋代其他风水话语的比较，但忽略了朱熹风水思想与其他历史时期风水观念的比较研究。

第一章 近60年来有关风水著述的综述：学术史或文化史的讨论 ≫

　　本综述的"空间范围"是国内外，但以中国为主。

　　本综述的"时间范围"是近60年，即1949年至2015年的相关研究，大致又以1980年划界，可以分为前30年与后35年。

　　本综述的文本对象，既包括研究性的著作、论文，也包括其他与风水问题有关的著述文本等。所谓"研究综述"中的"研究"，在很大程度上是一个界定不清而只能从宽泛意义上予以理解的概念。"风水"是一个典型的公共话语领域，无论是知识群体还是一般民众，都可以发表意见，甚至民间的话语权超过知识群体。即便是知识群体，有关风水研究也不仅仅限于历史学家，还包括人类学家、考古学家、地理学家，以及建筑、城市规划、艺术设计、园林建设、旅游等领域数量众多的、具有学者背景的专家，甚至物理学家、医学家也因专业或兴趣的缘故而涉及风水问题。总之，风水领域的丰富性与复杂性超过了任何其他领域，所以使用"有关风水著述"（而不是研究）以及"学术史或文化史"（而不仅仅是学术史）的说法，也是因应上述状况的一种变通。

与单纯的"综述"不同，本综述在若干处采取了"讨论"的方式，对一些重要观点和史料的介绍也稍详，并对近30年来的"风水热"和风水著述的"繁盛"等给予了一定的关注与分析。

下面对近60年来中外有关风水著述进行学术史或文化史的讨论。

第一节　1949—1980年：风水研究的历史学范式

一、关于"一片空白说"的质疑

关于1949—1980年的风水研究与著述，陈进国在《事生事死：风水与福建社会文化变迁》这篇广受好评的博士论文中曾有简要概述：

> 五四以来，出于救亡图存或思想启蒙的需要，中国学术界对传统文化作了疾风骤雨式的批判与反省。在二分式的科学（理性）思维及社会进化论思潮的冲击下，人们匆匆拿起了"科学"的武器，要打碎一切阻碍社会进步的所谓封建迷信或文化残存。带有神秘性质的风水，自然成为文化批判的靶子。在对"赛先生"和"德先生"的大驾光临诚惶诚恐之际，本是风水文化的持有者，似乎有意或无意地忘却了该以其"内部的眼界"来理解风水习俗本身。
>
> 从某种意义上说，我们是在相当一段时间内，偏离了固有的思维和言语惯习，将本是"本文化"的风水，权当作一种光怪陆离的"异文化"来观照了。这种由所谓的"科学"或"理性"的观照所产生的疏离感（区别感），虽然有助于我们克服对"本文化"的风水的盲目尊崇，但由此衍生的事关风水本质之先在的价值判断，也

植下了一种独断论式的认知危险。由于习惯于应用简明的标签（如好或坏、进步或落后、科学或迷信）来评断是非，遂使得人们逐渐失去对风水文化的客观理解之兴趣，而平添了几多偏见。特别是在意识形态挂帅的时期，大陆学界谈风水色变，关于风水的学术性研究，几乎是一片空白，让人兴叹不已。

尽管风水被诬为幽灵般的文化糟粕，一些有识之士还是闯入了这个研究禁区。早在20世纪40年代，大陆人类学家林耀华的名著《金翼》就多次提及风水对福建"黄村山谷"家族社会变迁的影响。50年代，考古学者宿白先生则利用风水理论揭示了古代墓葬制度的一些变迁情况。延至80年代，随着中国改革开放的深入，大陆学术界重新呈现了"百家争鸣，百花齐放"的局面，对于诸如风水等神秘的信仰及术数，已逐步改变了意识形态化或目的论的思维范式，而以开放的胸襟与开阔的视野进行人文的反思，出现了一些较有价值的学术著作。①

陈进国的这段概述简练且有学术深度，因而影响了很多人对这一时期的认识②，"一片空白""谈风水色变"也成为描述这一时期风水研究的惯常用语。

其实，陈氏的这段概述还是值得重新讨论的。第一，就行文逻辑而言，既然已经有林耀华、宿白等先生的研究成果存在，用"几乎是一片空白"来表述就不是很恰当。就学术发展而言，往往几篇标志性的成果就足以代表一个时代，而宿白的《白沙宋墓》、林耀华的《金翼》就是这样的标志性成果。

第二，林耀华的《金翼》完成于20世纪40年代的英国，并用英文出版，至1989年才翻译为中文在国内出版，所以将《金翼》归之于海外研究，或归

① 陈进国：《事生事死：风水与福建社会文化变迁》，博士学位论文，厦门大学，2002，第1—2页。

② 例如，许多学者都强调：在五四运动到"文化大革命"结束这段时期，"中国大陆学界关于风水的学术性研究几乎是一片空白"。（吴红娟：《转型时期风水现象盛行的社会学探析——以河南省S县为例》，硕士学位论文，华中师范大学，2009，第3页。）

之于20世纪80年代可能更合适。

第三，近代以来，"风水术"的迷信性质就受到广泛的批判，梁启超、胡适、陈独秀等都有过激烈的言论发表。但这种批判只是文化习俗层面、科学与迷信层面上的批判，并无政治或阶级因素的介入。[①]1949年后中国对"风水术"的批判，实事求是地说，远不如民国时期激烈，而且同样没有明显政治因素的介入。[②]至于有关风水的学术研究，也从不在"学术禁区"之列。当然，1949—1980年这一时期，国内有关风水的著述数量的确不多，远不如此后35年繁盛，但这只是学者的学术兴奋点、关注点在彼不在此，而不必简单化地归因于非学术因素的影响，宿白先生《白沙宋墓》的顺利出版且广受称誉就是明证。所谓"谈风水色变"只是一种概念性的说法。

第四，就1949—1980年国内风水研究的状况而言，也并非只有林、宿两人的成果。概括地说，这一时期有关风水的研究与著述至少有以下四个方面的成果值得充分关注。而恰恰是这四个方面，确立了历史学研究风水的基本范式。

二、宿白的《白沙宋墓》：风水器物与风水文献的研究

20世纪50年代，在"根治淮河"的水利工程中，考古工作者对河南禹县白沙镇的数十处远古文化遗址和自战国至宋明的300余座古墓进行了集中发掘。其中，宿白先生1951年主持的白沙镇三座北宋雕碑壁画墓的发掘，成为当时"中国最受关注的考古活动之一"，取得重要收获。这次发掘的成果和研究结论也很快由宿白先生编撰成《白沙宋墓》一书，1957年由文物出版社出版。该书全面报道了白沙宋墓的发掘资料，着重描绘了墓室结构的特点和墓室壁画的内容，结合丰富的历史典籍考证，再现了宋代的社会生活，体现了作者将文献考据与实物相结合的研究方法。

《白沙宋墓》作为一部考古学的经典之作，涉及风水文献和风水习俗等

---

① 参见郭双林：《论晚清思想界对风水的批判》，《史学月刊》1994年第3期，第43—51页；彭南生：《论洋务活动中"风水"观的影响》，《甘肃社会科学》2004年第6期，第91—94页。

② 检索1949年前后国内对"风水迷信"的批判，只有零星的小册子，如《风水新谈》《风水师的故事》等，对"风水迷信"虽有批判，但比较温和。

方面的内容占了全书的三分之一，使这部新中国考古学的经典之作也同时成为有关传统风水研究的经典之作。其中有六点值得特别指出：

第一，宿白先生在《白沙宋墓》中大量引用唐宋时期的风水文献，肯定了风水文献在学术研究中的重要史料价值。在宿白之前，很少有历史学家在研究中如此集中、大量地征引和使用诸如《地理新书》《青囊经》《葬录》《相阴阳宅书》等风水文献。即便是在今天的史学研究中，人们对风水文献所隐含的丰富资料的发掘和使用仍显不足。

第二，宿白先生在《白沙宋墓》中依靠风水文献，很好地解决了考古发现中难以通解的若干疑难问题，是考古发掘与风水文献紧密结合的典范之作。例如，白沙宋墓第一号墓的后砖床中部留有长10厘米、宽6厘米的长方形小孔，下通生土。这个"小孔"是什么？宿白先生通过《地理新书》推断此为阴阳风水家所谓穴之所在。

第三，通过对三座白沙宋墓赵姓墓主的研究，结合唐宋时期的风水文献，以及《宋会要辑稿》当中的相应记载，解决了三座宋墓年代先后的顺序问题。从《白沙宋墓》论定三墓年代顺序的列表（表1-1）中，更可以看出宿白先生对风水文献的熟知和倚重。

表1-1　《白沙宋墓》关于三座白沙宋墓年代顺序的分析

《相阴阳宅书》	张忠贤《葬录》	王洙等《地理新书》	此三墓布置
宫、角二姓宜用艮冢丙穴。	祖坟位在最南，角姓宜丙。	角姓祖穴位在丙。	时代最早的第一号墓，位在三墓的最南方。
角、商二姓宜用乾冢壬穴。	父坟位在祖坟西北，角姓宜壬。	角姓昭穴位在壬（即祖穴西北）。	时代次早的第二号墓，位于第一号墓的西北。
角姓宜葬壬、癸、子、亥出公卿，丙、巳、丁、午出令长。	二叔坟位祖坟西北、父坟东北。三叔坟位祖坟北方、二叔坟西方。角姓宜子。四叔坟位祖坟、三叔坟西北。	角姓穆穴位在甲（即祖穴东北、昭穴东南）。	时代再次的第三号墓，位于第一号墓的东北、第二号墓的东南。
		角姓"附穴"位在祖穴正北偏西壬地，不得过于子地（据乔道用《添语》）。	第三号墓北方不远又发现一座仿木建筑砖室墓（颍东第一五九号墓），其规模较以上三墓皆小。

第四，宿白先生在《白沙宋墓》中最早关注并使用了由法国人伯希和、英国人斯坦因窃取的敦煌风水文献，而关于这一方面研究的全面开展也只是近30年的事情，《白沙宋墓》对此有开启之功。

第五，宿白先生也是最早关注并使用司马光等人批判风水迷信相关资料的学者，表明了他对风水迷信所持的批判态度。同时，这也是学术界最早关注司马光对风水迷信的批判。学术界对这一问题的研究至今所使用的材料仍然没有超过《白沙宋墓》的讨论范围。

第六，《白沙宋墓》中引用最多的风水文献是《地理新书》。《地理新书》是宋仁宗时期朝廷命令王洙编纂的一部风水文献的集成之作。此书的研究价值和史料意义至今仍没有被充分重视，宿白先生这一方面的贡献对我们今天的研究仍具有很大的启迪作用。例如，考古发掘中的墓券、地券，虽然很早就被关注，但就实物而论实物，往往不得要领，宿白先生则结合《地理新书》中的相关记载，做了透彻的说明。宿白先生还根据《地理新书》中的记载，确立了白沙宋墓中墓券的"倒书"与左右阅读顺序问题：

> 此券文字倒书，故应自左向右读。按地券文字自唐末以来渐成定格。如记四界必云："东至青龙，西至白虎，南至朱雀，北至玄武。"至宋，墓葬置地券之风益盛。[1]

又如，白沙宋墓中出土若干长方形铁块。关于铁块的功用，宿白先生根据《地理新书》的记载，认为：

> 此长方形铁块，应即当时置于墓内作镇压用的生铁，《地理新书》卷十五《诸煞杂历》条附禳除镇压中云："厌呼龙，以生铁五斤安墓内。"[2]

---

[1] 宿白：《白沙宋墓》，文物出版社，2002，第107页。
[2] 同上书，第62页。

当然，宿白先生在《白沙宋墓》中对宋代风水文献的使用和对风水文化的研究也存在一定的局限性。例如，关于五音姓利，《白沙宋墓》认为是明代以前风水择地的主要依据。其实，五音择地只是局限于皇陵和部分官宦群体的墓葬，宋代普遍流行的则是形法择地。这一问题，在后面的《山陵议状》专题中会有所讨论。

宿白先生的《白沙宋墓》，是考古学与风水文献研究相结合的典范。事实上，在相当长的一段时间里，有关风水问题的研究，都是在考古学的领域中开展的。如20世纪70年代南京甘家巷六朝墓群被发掘后的相关报告就认为：南京尧化门和甘家巷的梁代萧氏王族墓葬均位于甘家巷北的环形土丘上，其中最大的M4、M6墓葬位于中心处最高的土山（名洼子塘山，海拔73.32米）上。南坡上，全部墓葬都分布于地表以下0.5～3.7米深度的地层内，这就是六朝时代的墓葬区和墓葬层。从地形上看，最大的墓葬位于正中向南的最高位置，在它的周围和上下层都没有较早或较晚时期的墓葬，而其他各墓又都环绕其两旁冈丘于一定距离之外。这不仅仅反映了古代封建统治阶级选择墓地的"风水"之术的严格，更重要的是反映了统治阶级内部对于营葬——这一"事死如事生"问题的处理，也有严格的界限区别。[1]

三、《读〈大汉原陵秘葬经〉札记》：徐苹芳、王重民等有关风水文献的专题研究

《大汉原陵秘葬经》是古代流传下来的一部比较完整的民间风水堪舆类文献。徐苹芳先生说："我国明代以前堪舆家编著的地理葬书，留存至今的已经很少了。《永乐大典》卷八一九九、十九庚、陵字内却收录了《大汉原陵秘葬经》[2]（以下简称《秘葬经》）一书，这是一部完整无缺的非官修的地理葬书。书中记载了很多的古代葬俗，对我们研究当时的墓葬形制，有很重要的

---

① 南京博物院、南京市文物保管委员会：《南京栖霞山甘家巷六朝墓群》，《考古》1976年第5期，第317页。

② 见《永乐大典》第91册，中华书局，1959，影印本。

参考价值。"①

《唐宋墓葬中的"明器神煞"与"墓仪"制度——读〈大汉原陵秘葬经〉札记》，是对这一重要风水文献的第一篇专题研究，其研究的重点是"与考古关系比较密切的'明器神煞'（指随葬明器和与阴阳迷信有关的遗物）与'墓仪'（指墓区的地面建筑和平面布置）制度等部分，结合其他文献与考古资料，试为解释和复原考古发现中的若干情况"②。

就风水研究而言，徐氏这篇文章的主要贡献是：

第一，指出"唐宋时代的墓葬形制和埋葬习俗，在很多地方都是根据当时的堪舆家所规定的制度来安排的，特别是在葬式、随葬明器、墓地的选择和墓区的地面建筑等方面，与堪舆术的关系极为密切"。

第二，指出"在研究唐宋时代墓葬形制和随葬明器的过程中，就必须对当时的堪舆术有所了解，以便正确地认识墓葬形制中的许多奇特的令人难以理解的现象和遗物"。

第三，系统梳理考证了这一重要风水文献的内容篇目，为后人研究和使用这一文献提供了极大便利。《秘葬经》一书除《永乐大典》收录外，很少流传，亦未被人所注意。根据《秘葬经》序文，该书原分十卷。然而由于《永乐大典》收录时，失记卷次，故只能梳理出其中的50个篇目，这50个篇目中，涉及风水的典型篇目有《选坟地法篇》《相山岗法篇》《辨风水法篇》《四方定正法篇》《定五姓法篇》《择葬年法篇》《择葬月法篇》《择葬日法篇》《择时下事篇》《凶葬法篇》《置明堂法篇》《择神道路篇》《择三要法篇》《择五姓利路篇》《辨古道吉凶》《辨古丘墓吉凶》《择斩草法》《辨孝义制》《择师法篇》《射白埋墓定阴阳人》等，其余各篇，如《辨阡陌步数吉凶》《择送葬法》《占风云气》等，也都与风水堪舆有一定关联。

第四，考定了《秘葬经》的成书年代。《秘葬经》在《永乐大典》以前不见著录。《永乐大典》收录以后，首次著录的是《文渊阁书目》。徐苹芳根据

① 徐苹芳：《唐宋墓葬中的"明器神煞"与"墓仪"制度——读〈大汉原陵秘葬经〉札记》，《考古》1963年第2期，第87页。

② 同上。

"文渊阁所著录的书籍，为明永乐十九年自南京取来之书，多宋元旧本"，以及此书"明代以前不见著录"和金元时期风水的"极度风靡"，而将此书的成书年代定为"金元时期"。这一结论一直被沿用至今。

第五，发现了《秘葬经》的作者张景文。关于《秘葬经》的作者，《四库全书总目提要》（以下简称《提要》）卷一一一子部二一术数类存目二："汉原陵秘葬经十卷，永乐大典本，不著撰人名氏。前有自序。……盖术家所依托。所云楼敬先生，岂假名于娄敬而其姓误加木旁欤？"《提要》仅指出此书为"术家所依托"，且"假名于娄敬"。至于作者和成书的时代，《提要》都未作说明。其实，该书的作者就在《秘葬经》最末一篇《不见骨殖法篇》，四库馆臣读书不细，漫应之为"不著撰人名氏"。徐苹芳指出，就在该书最后一篇末尾有一句重要记载："谨依圣古之书造终，地理阴阳人张景文。"所以《秘葬经》的作者是地理阴阳人张景文。地理人、阴阳人即风水先生的别称，是宋元时期对风水术士的通称。张景文的生平事迹已无可考。至于书名冠以"大汉"，正如徐苹芳所云："则因为是假托授自娄敬之故。"

第六，分析了《秘葬经》与宋元时期其他风水文献的关系及其异同。例如《秘葬经》与《重校正地理新书》的关系，徐苹芳认为："《地理新书》为北宋仁宗时王洙等奉敕撰，是当时的地理官书。金明昌间张谦的重校正图解本，关于相地及丧葬部分的篇目和内容，有很多地方与《秘葬经》相合，但繁简各有不同。《秘葬经》中屡次提到的'刘启明问先生曰''刘启明问曰'之刘启明，亦见于《重校正地理新书》。该书卷二《宅居地形》《形气吉凶》，卷四《水势吉凶》诸条中即引用了刘启明之说。按刘启明为宋代占卜家，《宋史·艺文志》五行类曾著录刘启明的著作八种。刘启明之说，不见于明清诸阴阳地理书，其著作亦久佚，然在金元时期却极流行，故《秘葬经》中亦屡次提及。"又如《秘葬经》与宋代《茔原总录》的关系。《茔原总录》仅残存卷一至卷五，由其残存五卷的篇目来看，大体上亦与《秘葬经》相类。但是，不论《重校正地理新书》或《茔原总录》，都没有《秘葬经》中所独有的《明器神煞篇》和《碑碣墓仪法篇》。这也是徐苹芳先生特别关注《秘葬经》的缘故。

第七，依据《宋会要辑稿》《地理新书》，以及考古发现的宋代墓志铭等文献中所记载的风水习俗，论证了《秘葬经》中有关"五方五精石"的记载，指出这是宋代风水习俗中的新现象。

第八，分析了北宋的皇陵建置中的风水因素，认为不但在皇陵选位等方面由宰相与"习阴阳地理者（风水先生）三五人偕行"勘察，而且在地宫的深度等方面都是遵循唐代由吾《葬经》、僧一行《葬经》和《秘葬经》。这三部风水经典在宋代皇陵的"制度安排"上发挥着绝对的指导作用。

第九，对宋元时期经常出现的迁葬情况进行了分析，第一次指出"关于迁葬的原因，大多是死者的家属迷信风水，选拣吉地安葬的缘故"。这一观点对于我们分析宋代其他迁葬情况，尤其是朱熹为父母频繁改葬的情况，提供了一个有力的指导。

第十，对张景文的《秘葬经》成书于金元时期的时代背景进行了分析，认为这"并不是偶然的，因为这个时期正是地理风水之说极为风靡的时期"。徐苹芳特别强调，宋辽金元时期"迷信风水之风更甚，从山西地区屡次增订刻印《地理新书》的情况就可得到证明。《水浒传》第三十二回说张太公家因迷信风水而家破人亡，张太公的女儿向武松说道：'这先生不知是哪里人，来我家里投宿，言说善习风水，能识地理。我家爹娘不合留他在庄上，因请他来这里坟上观看地理。……住了两三个月，把奴家爹娘哥嫂都害了性命，却把奴家强驱在此坟庵里住。'这虽然是小说中的描写，但也颇可反映元明之际的社会上的情况"。

第十一，与宿白的《白沙宋墓》相比，徐苹芳的这篇研究风水文献的专题文章中，对宋元时期风水迷信的批判有了更为系统的关注。宿白先生只是转引了司马光的相关论述，而徐苹芳先生又增举了南宋罗大经《鹤林玉露》、丁芮朴《风水祛惑》等。

第十二，依据丁芮朴《风水祛惑》关于"风水之术，大抵不出形势、方位两家。言形势者，今谓之峦体；立方位者，今谓之理气。唐宋时人，各有宗派授受，自立门户，不相通用"的记载，结合宋末元初的社会变化，首次提出"按姓属分五音择地而葬的方法，在明代以后却很少使用了"，而风水形势之说仍然通行。

与徐苹芳先生的《读〈大汉原陵秘葬经〉札记》相类似，王重民等学者对敦煌风水术数文献，以及其他风水文献孤本、善本的研究也值得关注。这种研究虽然大多属目录学范围，但其对风水文献的考订、著录，对今天有关风水的研究具有不可或缺的根基作用。如王重民先生对宋代风水文献《茔原总录》的研究。

《茔原总录》是目前很少可以被完全肯定为宋代文献的风水经典，其成书年代、作者、内容价值的确定，主要得益于王重民先生的研究[①]："按是书不见著录，惟《文渊阁书目》卷十五载之，注云：'一部，一册，阙。'疑即据此本。卷端有司天监杨惟德《上表》，知为宋杨惟德撰进者。惟德撰进之书颇多，景祐间有《乾象新书》、康定间有《崇文万年历》，是书则上于庆历元年（1041年）。全书凡十一卷，今仅存卷一至卷五。《进书表》后有校定雕印衔名，第一行：'秘阁承阙写御书楷书臣陈□□'；第二行：'御书祗候臣成□□'；第三行：'御书祗候臣马□□'；第四行：'御书祗候臣费□□'；第五行：'儒林郎守司天录台郎充翰林天文院臣周□□'；第六行：'管勾雕印朝奉郎守内侍省内府局丞臣韩□□'；第七行：'都管勾朝奉郎守内侍省内府局知大□博士柱国臣裴□□'。以后似有阙叶。"

《茔原总录》全书共十一卷，根据王重民先生介绍，北京图书馆藏书为元代刻本之残本，卷一，共有十四篇：《四折曲路法篇第一》《诞道命祗法篇第二》《葬杂忌篇第三》《镇墓法篇第四》《改葬开旧墓篇第五》《葬后谢墓法第六》《接灵除灵篇第七》《雌雄煞法篇第八》《传符之篇第九》《殃煞出去日时方位篇第十》《岁煞历篇第十一》《禳除仪物篇第十二》《择师篇第十三》《伪书篇第十四》。专门列有《改葬开旧墓篇》，说明当时迁葬之风的盛行和对迁葬的慎重，朱熹为父母改葬，也是社会风气使然。《伪书篇》，则一一指出当时所流传的一些风水地理书的伪异之处。卷二，有十篇：《地吉凶篇第一》《筮地吉凶篇第二》《初终篇第三》《庭丧论篇第四》

---

① 王重民：《中国历代善本提要·茔原总录》，上海古籍出版社，1979。

《送丧避忌篇第五》《野外历篇第六》《神煞地上合禁步数篇第七》《三镜六道篇第八》《上下利方篇第九》《交射论篇第十》。其中《上下利方篇》谈到"凡论上下姓利，常以河魁加五音墓维得功曹为上利，传送为下利"，讲的便是五音姓利之说。此说宋代时流传于河南、河北一带，朱熹之《山陵议状》则认为，该法近已不流行（于南方），从而推知《茔原总录》是一部关于北方风水的书籍。风水经典多出于南方，足见《茔原总录》在风水历史上的重要性。卷三，仅存七篇：《择葬年月避忌篇第一》《推魁罡法篇第二》《择凶葬篇第三》《择葬取八法篇第八》《立明堂法篇第九》《祭神祇立坛法篇第十》《卜立宅北破上祭仪篇第十一》。其中第一篇中列表讲到五音所属。由此看来，《茔原总录》多次涉及五音姓利说。前文述及，巩县的宋代陵墓运用五音姓利说，《茔原总录》作者杨惟德供职于司天监，推测该书很可能是对宋陵实施的指导。这对本书所重点研究的《山陵议状》也有极大的参照意义。《茔原总录》中还总结出至宋代为止的八种葬法。其中第八种贯鱼葬法正是宋代皇家陵墓的做法。风水书籍多托名他人，既有著者又能确定年代的《茔原总录》对我们今天研究风水具有非常大的帮助。

四、指南针与磁偏角：风水术的科学史研究

较早记载风水术士与指南针之关系的是宋代沈括，他在《梦溪笔谈·杂志一》中指出："方家以磁石磨针锋，则能指南，然常微偏东，不全南也。水浮多荡摇，指爪及碗唇上皆可为之，运转尤速，但坚滑易坠，不若缕悬为最善。其法，取新纩中独茧缕，以芥子许蜡缀于针腰，无风处悬之，则针常指南。其中有磨而指北者，予家指南北者皆有之。"王振铎先生1949年最早揭示了沈括这段短小记载中所包含的惊人信息：第一，用磁石磨制而成的指南针是"方术之家"所传技术。第二，这种指南针是借一块磁石和钢针的摩擦来传磁的。第三，"方家"在制造指南针时已发现并不完全指南，而微偏东，这就是著名的"磁偏角现象"。第四，指南针在装制技术上有四种方式，即放在水中、指爪上、碗沿上和用线吊起来，前三种方式易滑落，最后一种比较稳

妥。第五，沈括认为指南针何以指南的原理尚不能理解。[1]

就风水研究而言，这里最重要的信息就是"方家"在指南针制造和发现"磁偏角现象"中的重大贡献。沈括申明，人工传磁制造指南针是传自"方家"的技术，而不是他的发明。所谓"方家"，根据王振铎的研究，在《梦溪笔谈》中尚有两处提到，是指与药物医理有关的术士和一些堪舆家，即风水术士。关于磁偏角也是根据"方家"的说法发现的。王振铎先生在《司南、指南针与罗经盘（中）》中说："沈括《梦溪笔谈》记磁针指南之创制出于道家，其文首句即：'方家以磁石磨针锋，则能指南'矣。寇氏引存中之文，不云出自存中。程氏记云：'阴阳家为磁石引针定南北'，足见指南针发明非始于存中明矣。"[2]其下文又云："指南针之发明时代，以《萍洲可谈》海舶用磁针及沈括谓方家制磁针，信其创始必早。"因此可以确定沈括只是记叙了这一事实，而非这一事实的发明、发现者。[3]

王振铎先生对"指南针"和"磁偏角"问题做出了公认的奠基性贡献，他对"方家""阴阳家"亦即风水术士的关注，对后人产生了直接影响。

1961年，英国李约瑟在著名的《科学》（Since）杂志上发表《中国对航海罗盘研制的贡献》，参考王振铎先生的研究，进一步明确指出从《管氏地理指蒙》《九天玄女青囊海角经》等风水文献中又发现了更早的记载，认为："磁石指向性转移到它吸过的铁块的发现在中国大约在一世纪到六世纪。在十一世纪以前的某个时期就已发现，不仅可以用铁块在磁石上摩擦产生磁化现象；而且还可以用烧红的铁片，经过居里点（Curie Point），冷却或淬火而得到磁化，操作时，铁片保持南北方向。磁针取代磁石可能是隋唐时期（七世纪和八世纪）；磁倾角的发现可能发生在九世纪，唯由磁针的帮助才能获得此项发现。顺序的磁偏角，先向东后偏西，体现在中国堪舆罗盘的设计的同心圆，这些同心圆一直存留至当代。毋庸置疑，磁罗盘在中国用于堪舆目

---

[1] 王振铎：《司南、指南针与罗经盘（中）》，《中国考古学报》1949年第4期，第185—223页。

[2] 同上。

[3] 参见王从好：《古代堪舆著作中关于指南针发明和应用的早期史料研究》，硕士学位论文，华东师范大学，2006。

的很久以后，才被用于航海。但是航海罗盘确是中国人的发明，它可能发生在十一世纪以前的某个时期或更早的时期。"①也正是在王振铎、李约瑟研究的基础上，20世纪80年代后，潘吉星、王其亨等学者又进一步论证了风水术士在发明指南针、发现磁偏角中的贡献，肯定了风水文献在记载、保存这些发明方面的贡献。潘吉星明确指出："早期堪舆师对其技术隐秘，有关著作流传下来的较少，现存多是宋以后的，其中一些保存了前代的内容，尤其含有关于早期指南针的重要记载，不能对堪舆著作中的记载都予怀疑或否定。正确的态度应是，既要与堪舆书中的迷信思想成分划清界限，又要尽力挖掘其中的科学精华。"②

总之，有关风水术的科学史研究，也是在1949—1980年间奠定了基础的。

五、《徽州明代住宅》：风水的建筑学研究

1952年，建筑史界的前辈刘敦桢及其同事张仲一等，在徽州断续开展了数年的明代住宅调查，于1957年出版了《徽州明代住宅》③。在这本著作中，作者对徽州民居的风水理念进行了相当多的关注与研究。例如，徽州民居住宅的朝向以偏西南者居多。统计这次调查所得的资料，多数在朝南偏西27°至67°之间，少数在朝南偏东20°至65°之间。究其原因，可能由于下列三点："一、因该区三面都有山峰环抱，仅在西南山脉较少处留有缺口，过去为了迷信风水，因此面向该方。二、与日照可能有关。因为徽州处于北纬29°52′，日光照射的角度较大，房屋如朝正南，冬季阳光射入屋内的距离不够深，因此房屋的朝向采取西南，可使冬季阳光射入的角度较小，射入的深度稍大。三、在山区早晚每有南北向的'谷风'吹袭，为了避免直对谷风吹袭的方向，故此偏向东西。"④

---

① ［英］李约瑟：《中国对航海罗盘研制的贡献》，转引自王从好《古代堪舆著作中关于指南针发明和应用的早期史料研究》，硕士学位论文，华东师范大学，2006，第5页。

② 潘吉星：《中国古代四大发明——源流、外传及世界影响》，中国科学技术大学出版社，2002，第335页。

③ 张仲一、曹见宾、傅高杰等：《徽州明代住宅》，建筑工程出版社，1957。

④ 同上书，第12页。

又如，在调查中发现徽州古建筑"大门的地位和别处建筑物略有不同。例如浙东宁波一带多开在靠近中轴线的地位，北京的住宅多开在建筑物的一隅，这里则正在中轴线上。有时全宅仅有一个大门出入，并无后门，但也有另有一门与大门并列以代替后门的，据当地人说所以如此有三个原因：一是因为山区偏僻，过去时有盗警。二是在封建时代，当地人迷信风水之说，有北风吹了人丁衰，和北风吹了生白蚁的传说，而住宅多面向西南，如开设后门必对向东北方，故避免不开。三是为了当地时有山洪暴发，房屋又多是背山而筑，恐后门受洪流冲击，发生危险。据推测第三说的可能性较大。至于有时边门与大门平列一点，也许由于是封建社会为了妇女及佣工购买杂物、晾晒衣物与挑水进出时不必直接穿越客厅的缘故"[1]。

近30年来，有关徽州民居的风水著述不下百种，但真正从建筑文化史的角度予以科学研究的成果，尚未有超过20世纪50年代的这部著作的。

六、关于历代"反风水"的思想史研究

中国历史上，自风水思想产生以来，其中包含的明显的迷信性，就一直受到部分知识精英的批判。对这些知识精英的"反风水"思想进行研究，也是史学界的一项重要课题。其中，侯外庐的《中国思想通史》、田昌五的《战斗的唯物主义思想家——王充》、冒怀辛等人的《中国历史上反对鬼神迷信的斗争》等著述，对王充、司马光、黄宗羲等人的反风水迷信思想都进行了思想史方面的研究，也特别关注了近代以来的反对风水迷信的社会思潮："清代末年，随着人民反对封建意识的不断高涨，无神论者结合当时西方传入的近代自然科学知识，进行了广泛的无神论宣传。当时在东京、横滨等地的中国留学生和革命党，创办了宣传反清反对列强的杂志，如《江苏》《浙江潮》《民报》《中国女报》等不下一二十种，其中载过不少反鬼神、反迷信、反风水的文章。民主革命的战士秋瑾在弹词小说《精卫石》中曾这样写道：'……每以疑心喧有鬼，更将木偶敬为神，身受欺凌称罪孽，求神保护怕神

---

[1] 张仲一、曹见宾、傅高杰等：《徽州明代住宅》，建筑工程出版社，1957，第15页。

嗔。……更可笑婚姻大事终身配，但卜神前筊几巡，疾病贫穷委之命，不思自立卫生身。人生原是最灵物，土木何能有性灵？……神仙鬼佛诸般说，尽是谣言哄弄人。'"①应该说，对于批判风水迷信的思想史研究，一直是中国史学界关注的领域，也反映了史学界对待风水的态度。

通过对以上六个方面的综述，可以看出1949—1980年学术界关于风水研究的基本概况和特点。这一时期有关风水的研究，主要是对风水文献、风水器物的研究，关注的重点是风水文献、器物的史料价值。当然，在研究过程中也会涉及风水思想的分析、风水观念的影响以及对风水人物的考证等等，但这种分析考证，仍然以关注历史价值为主。即便是关于风水的科技史研究，其关注的重心仍然是"历史"，而不将其"外溢"为风水的当下价值与意义。所以，1949—1980年的风水研究是一种比较规范、比较谨慎的历史学研究，其路数和方法，以及研究旨趣，都是历史学的范式。虽然近35年的风水著述也有一部分传承和延续了前30年的历史学范式，但大部分则将重心转移至"风水的当下意义"上，其中尽管也不乏杰出的研究成果，但更多则是著述的漫无节制与混乱，泥沙俱下、鱼龙混杂的情况相对严重。就总体评价而言，后35年风水著述只是在数量上取胜，在学术水准上，尤其是历史学的研究水准上并未后来居上，也未出现所谓"百花齐放"、欣欣向荣的局面。

第二节 1981—1990年：风水研究路径的拓宽和类型的丰富

一、梁容若的一项被遗忘的重要研究

梁容若的文章《中国丧葬制度之回顾与前瞻》，是1981—1990年间最

---

① 冒怀辛、金隆德、胡俊贤：《中国历史上反对鬼神迷信的斗争》，《江淮学刊》1963年第6期，第59-68页。

早、最重要的一项风水方面的研究成果。

梁容若，河北省行唐县人。1922年入读北平师范大学，历任台湾大学、台湾师范大学、东海大学中文系教授。梁容若于东海大学任教末期，曾与新儒家之一的徐复观论战。1981年回大陆，任北京师范大学教授。1983年患眼疾后赴美，1997年在美国逝世。他的《中国丧葬制度之回顾与前瞻》[①]发表于《北京师范大学学报》1982年第5期。由于该文发表后作者即赴美国未归，因而没有引起太多的关注，这篇文章也未出现在任何风水研究的综述中。该文共分六节，其中第四节为"风水思想与堪舆书"，是近60年来第一篇以"风水"为标题的专章，系统梳理了从汉代《堪舆金匮》到1975年间风水的理论与实践，虽然简要，却极为清晰全面。

作者论宋代风水思想与风俗尤其精辟。其一，认为宋代五行风水思想大为发展。他特别列举了《宋史·艺文志》中的五行类收书八百五十三部，二千四百二十卷。南宋郑樵编《通志·艺文略》，五行类第八收书三十种，一千一百一十四部，三千三百三十九卷。单是葬书就有一百四十九部，四百九十八卷。依托诸葛亮著的有二部，依托郭璞著的有八部。这种统计与列举不仅仅是提供了几组数字，而是借此说明宋代风水术是以阴阳五行为其理论架构的，而这种架构的最终指向则是"理气"。这正是宋代风水术的时代特点。其二，认为宋代知识群体和精英阶层多沉溺风水，如王洙是艺文作家，有《地理新书》三十卷；蔡元定是理学名儒，有《发微论》一卷。其三，梁容若是近30年来最早关注朱熹风水思想的学者，他指出，朱熹作为理学大师，竟然笃信风水，选墓迁墓，唯蔡元定指教是听。绍熙五年（1194）一再上书争论宋孝宗陵寝选地失当，甚至说"不复广询术人，以求吉地……"，而朱熹本人及其父母就有三个墓地，目的就是广占风水地。

尽管梁氏的这段论述简单，但宋代风水的主要话题则尽列其中。

作者概述清代风水习俗，以及介绍我国台湾的风水著述与习俗也颇为可观，如谓："台湾风水思想极盛，大地主无不有大规模墓园。杜月笙、陈诚等

[①] 梁容若：《中国丧葬制度之回顾与前瞻》，《北京师范大学学报》1982年第5期，第50—59页。

人也在台大修坟墓。……白崇禧也是迷信风水的，在重庆时代，就曾和人因争墓地涉讼。……台中的大肚山公墓一选定，有许多流亡豪门一块块买空，把他们大陆祖坟一代一代迁来，空坟立碑，很快就占满了。蒋介石死后，因找不到超过陈诚的墓地，就停灵慈湖，殡于空气之中，独占一个风景区。"[①]梁容若是我国台湾的文史名家，文风诙谐又有力度，治学也不专守一途，这篇以北京师范大学教授身份刊发的文章，历史人类学的色彩较浓，其文风与观点都值得长久关注。

二、潘谷西、何晓昕的东南风水研究与"风水建筑学"的开端

在1981—1990年这一时期，同样成绩显著的是东南风水研究方面，代表性人物是东南大学潘谷西教授及其学生何晓昕。他们的研究使风水在建筑领域有了存在的科学性，建筑有了风水这一独特性。

潘谷西，著名的古建筑学家，1947—1951年先后就读于中央大学和南京大学的建筑系，历任南京大学教授和南京工学院（现东南大学）教授，1987年被评为博士生导师。从20世纪50年代起，潘谷西开始从事中国建筑史、中国古园林及古建筑尤其是宋明官式建筑营造法式的研究，先后发表《中国园林的意境构成》《中国建筑史》《中国建筑史研究·元明卷》《明代官式建筑范式》及《曲阜孔庙建筑》等著作。关于风水研究，潘谷西教授在何晓昕的《风水探源》[②]一书的序言中指出风水"是传统建筑理论的一部分"：

> 风水的核心内容是人们对居住环境进行选择和处理的一种学问，其范围包含住宅、宫室、寺观、陵墓、村落、城市诸方面，其中涉及陵墓的称为"阴宅"，涉及其他方面的称为"阳宅"。风水施加于居住环境的影响主要表现在三个方面：第一，是对基址的选择，即追求一种能在生理上和心理上都得到满足的地形条件；第二，

---

① 梁容若：《中国丧葬制度之回顾与前瞻》，《北京师范大学学报》1982年第5期，第57页。
② 何晓昕：《风水探源》，东南大学出版社，1990。

是对居处的布置形态的处理，包括自然环境的利用和改造，房屋的朝向、位置、高低、大小、出入口、道路、供水、排水等因素的安排；第三，是在上述基础上添加某种符号，以满足人们避凶就吉的心理需求。……分析风水，不难发现其中不少对事象因果关系的歪曲认识或处理，也明显带有巫术的气息，但更多的则是科学的总结，凝聚着中国古代哲学、科学、美学的智慧，有其自身的逻辑关系，风水理所当然地是传统建筑理论的一部分。①

何晓昕，潘谷西教授的硕士研究生，后为英国曼彻斯特大学哲学博士，东南大学建筑系教师，之后就职于英国宗教与环境保护联盟，并作为联合国环境问题顾问从事宗教与环境保护的研究及实际项目的决策和管理。20世纪80年代，她发表了《东南风水初探》等文章，对江南地区的建筑与风水问题进行了有深度的讨论，同时在潘谷西指导下，完成了其有关风水研究的硕士论文《风水探源》（1990年出版）。该书中举证了不少涉及东南地区的"阳宅"风水的民间资料，这是其一大特色。《风水探源》共三部分，第一部分系统阐述了风水的历代发展情况，第二部分则将东南建筑与风水结合起来分析，最后一部分在结语中对于风水的未来发展做出评价。何晓昕认为：

> 风水满足了人类的基本需要……风水是中国古代哲学、科学、巫术礼仪的混合，也可以说风水作用下的传统建筑同样体现着中国古老哲学、科学、巫术礼仪混合的特征，因而风水具有不可忽视的价值。②

风水的核心便是探求建筑的择地、朝向、布局与天道自然、人类命运的协调关系，它将中国古老哲学命题"天人合一"引入建筑，所谓"天时、地

---

① 何晓昕：《风水探源》，东南大学出版社，1990，"序言"第1页。
② 同上书，第154页。

利、人和"，建筑也由此得到了一种勃勃生机。[①]

1995年，何晓昕与罗隽合作，在《风水探源》的基础上，增写出版了《风水史》，2008年修订为部头更大的《中国风水史》。

但就学术意义而言，何晓昕在20世纪80年代的开拓性研究似乎更有价值，其观点在今天看来仍然有指导作用：

> （形法与理法）两大派系长期左右着山清水秀的东南方域，使数千万人产生了执着的追求、寄托和希望，却也带来了神奇的迷惘乃至荒唐的迷信，而客观实际上则限定了中国东南地区传统建筑的定型格局，装点了连绵起伏的大好河山，使中国东南的文化景观呈现出独特的魅力。[②]

2003年，她在《景观的阅读与理解》一文中也指出：

> "下里巴人"的风水随乡土热而被"文人"承认其在中国传统建筑景观中的地位乃至风靡全球也是一个不争的事实……遍及于乡野的风水则给整个中国景观蒙上神秘的色彩，无处不有的风水宝塔成为中国景观的明珠和参数。显然，这些趣味和禁忌规则是中国景观特殊的文法，也是阅读中国景观的钥匙。[③]

这也使得她与其导师潘谷西的相关研究成为"风水建筑学"的开端。

三、尹弘基、于希贤与"风水地理学"的开端

尹弘基，美籍韩国人，新西兰奥克兰大学地理学家，据称是首个从美国伯克利大学获得风水学博士的韩国人。北京大学于希贤教授曾在自己的论文

---

① 何晓昕：《风水探源》，东南大学出版社，1990，第155-156页。
② 何晓昕：《东南风水初探》，《东南文化》1988年第5期，第105页。
③ 何晓昕：《景观的阅读与理解》，《建筑师》2003年第1期，第59页。

中，介绍了尹弘基教授早年在风水学研究领域的著述及成就，并给予了很高的评价：1976年尹弘基"出版了英文版的《韩国堪舆研究——风水的文化与自然之关系》一书"，"此书以崭新的科学系统，全局介绍了风水地理的理论与实践，风水地理在朝鲜的方法与流派，是近世影响很大的风水地理著作"，"他1980年在国际著名的《地理杂志》上发表的题为《风水地理透视》的论文，论述了风水地理的基本原则及其在东亚的实践"。[①]1989年，尹弘基在中国著名的《自然科学史研究》杂志上发表《论中国古代风水的起源和发展》，指出："风水是为找寻建筑物吉祥地点的景观评价系统，它是中国古代地理选址布局的艺术，不能按照西方概念将它简单地称为迷信或科学。"尹弘基正是在《自然科学史研究》刊载的这篇文章中指出了中国古代风水的三个前提：

中国风水建立在以下三个前提的基础上：

1. 某个地点比其他地点更有利于建造宅第或坟墓；2. 吉祥地点只能按照风水的原则通过对这个地点的考察而获得；3. 一旦获得和占有了这个地点，生活在这个地点的人或埋葬在这个地点的祖先的子孙后代，都会受到这个地点的吉祥影响。

第一个前提是评价人类居住地点地理景观的原则。虽然有各种各样的地点，而只有某些类型的地点被认为适合于作为宅第或坟墓。

第二个前提反映了古代中国人有关选择有利居住地点的民间科学。在中国北方恶劣的自然环境中，像黄土高原这样冬季刮着大风，气温年较差大，早期的人们一定会设法选择一个比较合适的地点，建造尽可能舒适的住房形式以保护他们免受恶劣环境的袭击。对于黄土高原上的先民们，最好的建筑形式就是挖一个窑洞。风水这种居住形式成功地代表了对黄土高原环境的适应性，反映了古代

---

① 于希贤：《中国风水地理的起源与发展初探》，《中国历史地理论丛》1990年第4期，第93—94页。

中国人把他们的居住地点看作与当地环境有关的科学认识。现有证据都表明有关地形和方向的主要风水原则一定是从早期窑洞的建造者在黄土高原上的选择地点和建造窑洞的准则中发展起来的。

第三个前提代表了风水实践者的愿望，可被认为是运用风水原则选择吉祥地点的逻辑成果。这一前提是风水迷信成分的基础与根源。它对风水的发展起了控制和统治的作用。[①]

此外，依据风水的三个基本原则——周围的地形、水和方位，尹弘基进行了大胆的假设："山峦起伏，附近又有水的黄土高原很有可能是中国古老风水的发源地。"[②]他认为黄土高原上窑洞居住者发展了这种风水，并从以下四点进行了论述：黄土高原的地形条件、土壤条件、中国五行和五色的宇宙论以及穴是中国风水的吉祥地点。而他对陕西省黄陵县窑洞的实地考察更是印证了风水起源于中国黄土高原的假设。

尹弘基在地理学上的学术背景，使得其风水方面的研究成果首先在中国地理学界产生了影响。北京大学于希贤教授长期从事地理学史和历史地理研究，1985年前后即与尹弘基有学术上的联系与合作。

于希贤在《中国历史地理论丛》1990年第4期上发表了论文《中国风水地理的起源与发展初探》，文章分为两部分，进一步明确了风水地理中的一些概念，如"阴阳""龙脉"等，阐释了风水地理学中选择"风水宝地"要山水环抱，阐释了风水地理起源于《诗经·大雅·公刘》，并讲述了其历代发展，列举了历代有影响的风水书籍及国外风水地理著作，通篇系统地阐释了风水地理的科学性及价值。在他看来，风水地理中的科学性容易被人忽略，实际上风水地理体现了对自然与社会环境进行区域分析与规划的思想，且具有科学的内涵与占卜、祸福感应等迷信的外衣。他指出：

---

① 尹弘基：《论中国古代风水的起源和发展》，《自然科学史研究》1989年第8卷第1期，第84—85页。

② 同上书，第84页。

风水地理是在古代哲学思想支配下，生长于东方文明土壤里的使自然与文化环境互相协调的独特而复杂的知识系统。它是中国古代的人们在当时文化素养与世界观支配下，由于生产和生活的需要而选择宅地、墓地、居住区、乡村、城乡的最佳位置与地理环境，即"风水宝地"的过程中发展起来的知识领域。人们在生产和生活的实践中发现，所选取的地址、被利用的环境，有的会给人们带来鸿运；有时地理环境选择不当，会给人们带来不便，甚至带来祸殃。于是，人们总结其中的道理，并用当时的文化观念来解释它。这样，就逐步总结出了中国古代选择利用地理环境的各种准则与原理，风水地理也就应运而产生了。风水地理追求的目标是自然界本身的和谐、人和自然关系的和谐以及人类社会环境本身的和谐。选择、保护这种和谐、协调的关系就会给人们带来吉祥、昌盛的鸿运；反之，破坏了这种和谐与协调的关系，就会给人们带来灾难。所以说，风水地理实际上是东方的文化生态地理。风水地理的一些思想和原理，不仅具有认识人和自然环境之间关系的学术价值，而且在城市与区域规划、保护生态环境以及创造人和地理环境之间和谐关系等问题上，它也是具有广泛应用前景的科学。对风水地理，应该用今天的科学思想来分析研究它，取其精华、弃其糟粕，从中汲取营养，以利于当前的国民经济建设。[①]

"风水地理学"的概念可能就是由这篇文章发端的，尽管"风水地理学"的内容后来也是日渐"繁盛"，但基本要义还是体现在上面所引这段论述中。

四、《金翼》与《银翅》："风水人类学"的学术开端

除"风水建筑学""风水地理学"之外，20世纪80年代风水研究的另一

---

① 于希贤：《中国风水地理的起源与发展初探》，《中国历史地理论丛》1990年第4期，第83页。

种新的趋向就是"风水人类学"的开展。这一领域最具代表性的是林耀华的《金翼》和庄孔韶的《银翅》。

林耀华（1910—2000），著名的人类学家、社会学家和民族学家，美国哈佛大学人类学博士（哲学博士），曾经担任燕京大学社会学系主任，中央民族大学民族学系主任。其主要著作有《严复研究》《义序的宗族研究》《凉山彝家》《原始社会史》和《民族学通论》等。

《金翼》（The Golden Wing: A Sociological of Chinese Familism）是林耀华的经典代表作，写于1940年，脱稿于1941年。1944年，《金翼》英文版在美国太平洋关系研究所腊斯克（B. Lasker）教授的推荐下首先于纽约印行，当时所用副标题是"一部家族的编年史"（A Family Chronicle）。该书面世后，美国、英国曾有多篇书评。1948年英文修订本于伦敦出版，英文修订本以"中国家族制度的社会学研究"（A Sociological Study of Chinese Familism）为副题，并由英国著名社会人类学家弗斯（R. Firth）教授为之作导论。1977年中译本（宋和译，桂冠图书公司出版）在台北出版，1989年中译本（庄孔韶、林宗成译，生活·读书·新知三联书店出版）在北京出版，并于1991年在香港出版。《金翼》出版后在国内外学术界产生了极大影响，林耀华先生对此曾有一段相对低调的概括："我的老师吴文藻先生曾向日本学术界举荐，英、美、日等国素享权威的人类学家、社会学家都做出了积极的、广泛的评论、研讨和介绍，评价较高。时至今日，海外一些大学的人类学系还把此书选为研究中国社会的主要参考书。前几年，我曾先后去日本东京、京都、大阪等处，并到美国加州、哈佛、耶鲁、哥伦比亚、密西根等大学访问，足迹所至，主人们总是提到《金翼》，读了这本书，似乎觉得往昔中国古老、神秘的一切，变得比较逼真、切实了。对于作者而言，这已经是很大的满足了。"①

《金翼》一书采用小说的形式，讲述了福建一个小村庄里毗邻而居的两

---

① 林耀华：《金翼：中国家族制度的社会学研究》，庄孔韶、林宗成译，生活·读书·新知三联书店，2008，第5页。

个家族的兴亡史，描述分析了自辛亥革命以后的30年间社会经济、政治、文化等的各个方面，其中包含了作者的亲身体验与家族历史，具有一定的真实性，是当时的东方乡村社会与家族体系的缩影。《金翼》一书中多次提到了中国文化的传统组成部分"风水"对于家族兴衰的影响。庄孔韶在《"金翼"黄村山谷的风水实践》一文中指出，《金翼》描写两个家族的兴衰过程就是以主人公黄东林和张芬洲民居的风水开始的[①]，风水成为影响"黄村山谷"家族社会兴衰的重要因素。作者在《金翼》前言中这样写道：

> 一度不相上下的两个家族为什么能在仅20余年间为两种截然不同的命运所左右？何至于此呢？我听很多人说过，一个家族的兴衰是由"风水"的好坏决定的，人类的意愿完全无力与命运的力量抗衡。[②]

《金翼》一书的主人公黄东林的"金翼之家"正是得名于附近一座形状很像金鸡的山，山峦的一侧如翅膀一般伸向他家的房舍。看风水是中国古代占卜术的传统组成部分，人们认为好风水会使家族兴旺发达。而另一主人公张芬洲的家地处山谷里最平坦的地方，背靠龙头山，前流小溪水，这被风水先生誉为"龙吐珠"，这种好风水是其昌盛的原因，后来龙头断了，水漫山谷，张芬洲家族便日渐衰落。此后，据庄孔韶的考察，除了这种"阳宅"占尽"风水宝地"，黄东林家的"阴宅"也是个好地方，"那墓穴坐北朝南，可眺望水口大营山的主峰，其峰峦秀丽，正是'笔架'山。因它高高在上，就发科甲"[③]，就连黄东林家堂屋两侧的首要石联阴文也饱含风水理念。风水，被当作家族兴衰的最佳解释。

最值得注意的是《金翼》中关于"金翼之家"来历的一段描写：

① 庄孔韶：《"金翼"黄村山谷的风水实践》，《民俗研究》1999年第4期，第52页。
② 林耀华：《金翼：中国家族制度的社会学研究》，庄孔韶、林宗成译，生活·读书·新知三联书店，2008，第8页。
③ 庄孔韶：《"金翼"黄村山谷的风水实践》，《民俗研究》1990年第4期，第52-53页。

一天，香凯正和三哥、他的三个弟弟在房后的山坡上玩耍，他望着山脊惊叹道："兄弟们，这就是好风水呀！这山看上去像一只鸡，它的头和脸朝向一边，而它的一只金色翅膀伸向你家的房子，这可能就是为什么你们家繁荣兴旺的原因。让我们称你们的宅居为'金翼之家'吧！"三哥和弟弟们听到这个说法后十分高兴，他们把这一切告诉了黄家的人，他们非常认真地看待这件事，因为香凯是个受过良好教育的人。他们认为他的话比农村的民间占卜家的话分量要重。这个称呼从家里传到村民，从村民传到镇里，最后东林的"金翼之家"便尽人皆知了。

香凯从此和这个家庭建立了关系，这是从一种普通方式开始的，但是我们以后会看到，这对这个家庭的今后生活有着极大的影响。[1]

文中的香凯，全名为陈香凯，是福州的大学生，他是随黄家的三哥到福建的这个小山村度假的。作为一名受到现代教育的大学生，他对风水的理解和他在风水方面的影响力都是发人深思的，这一细节对于我们理解朱熹等宋代知识精英的风水观也是很有启发的。在这一问题上，简单地冠以"科学"或"迷信"显然都不太合适。这也正是《金翼》最大的价值所在。

当然，《金翼》也存在一些学术上的遗憾，就是这本英文著作对中国传统风水资源的观照和接引还存在不少欠缺。例如，有关"金翼之家"的得名，作者如能关注到类似以下的史料，显然会更有力度。比如刘克庄的《跋蔡公杂帖》：

> 莆人重黄涅槃、厉伯韶两墓师如神，其所点穴，或在高峰，或在旷野，有凤凰展翅、玉带出匣之说。[2]

---

[1] 林耀华：《金翼》，庄孔韶、林宗成译，生活·读书·新知三联书店，1999，第51页。

[2] 刘克庄：《后村先生大全集》卷一○五《跋蔡公杂帖》，转引自王玉德《古代风水术注评》，北京师范大学出版社，1992，第92页。

又如刘克庄的《承奉郎林君墓志铭》记载：

　　林氏皆祖九牧，为莆大姓，而居前埭者尤蕃。将作监主簿矩，君四世祖也。君讳传，字叔宝。早孤自立，场屋顿挫，乃尽力教子，塾致名师，榻迎嘉宾。诸子竞力于学，君与朱孺人益勤生茸家，累分铢为幅尺，拓碗癖为上腴。然他人为之者或损誉丧德，君丰啬适中，不以俭废礼，有无相资，不以富害仁。窭人昏暮叩门，谒必有获。盖君资庬厚，而孺人又辅之以贤智，里中称其长者。绍定壬辰，以希孔入学沾恩封迪功郎。淳祐改元，希孔擢第，转承奉郎。人谓君夫妇寿禄未艾也，不幸孺人先卒，甫祥禫而君病。初若无苦者，君前知将终，以家事传子曰："吾幸有薄田旧庐，汝辈能读书寡过，吾目瞑矣。"卒以淳祐甲辰七月己亥，年六十七。三子：长希道；次希孔，迪功郎、福州长乐县尉；次希言。二女：长适吏部侍郎刘公季子克永；次适文林郎方伯春，早卒。孙男一人，孙女三人。某年十二月壬申，诸孤奉二亲合葬于北亭山之麓，从治命也。初，佛者黄涅槃为君鼻祖武卫公卜葬乌石峰，曰："凤凰展翼形也。"后君之宗上下数百年科第簪绂不绝，人以涅槃为神，墓师必稽焉。以余所闻考之，有既葬而露其棺之前和者，有不知其墓者，然其后周公、孔子出焉，岂天生圣德不可以常人论欤？抑其偶然欤？吾意涅槃复出，必曰：科第簪绂不绝，诗书之泽、积善之庆也。君葬处距武卫家一牛鸣许，亦吉阡云。君曾祖天伦。祖伯成，迪功郎。父鸢。铭曰：

　　窦氏五桂义方力，王氏三槐由阴骘。君亦好善著州域，三秀煌煌灿珠璧。仲也策名探囊获，勉哉联翩季与伯，其祥不专在兆宅。[1]

---

　　① 刘克庄：《承奉郎林君墓志铭》，载曾枣庄、刘琳主编《全宋文》第331册，上海辞书出版社，第223—224页。

这是南宋同为福建莆田人的刘克庄关于"凤凰展翼"的两则记载，涉及的地域恰恰就在福建，正是"金翼之家"的所在地。而且两条史料都提到"黄涅槃"，与黄家又有一种巧合。这两条风水史料所反映的核心观念都是"诗书之泽、积善之庆"，凤凰展翅的风水形胜固然重要，但一个家族的忠厚、勤勉、苦读等更重要，"其祥不专在兆宅"。这与"金翼之家"的风水观念也高度一致。假如《金翼》能关注到这些史料，并恰当地使用，显然会使这本经典著作更加添彩。

《金翼》在风水学方面的探讨，还通过另一部著作《银翅》体现出来。

《银翅》，全名为《银翅——中国的地方社会与文化变迁》，作者庄孔韶，是林耀华的弟子，而其著作《银翅》，也在一定意义上是其师所著《金翼》的继承。庄孔韶是新中国成立后培养的第一位民族学（人类学）博士，著有《父系家族公社形态研究》（1984年）、《教育人类学》（1989年）、《银翅》等。

庄孔韶作为人类学家，在20世纪80年代的研究主要集中于人类学领域，包括《原始的信息传递》[①]《恩格斯与柯瓦列夫斯基的家族公社观》[②]《人类学观点：中国文化的选择与分解》[③]等。而这一时期，庄孔韶对于"风水人类学"范畴的研究，都与其师林耀华的《金翼》有关。1984年，庄孔韶开始对《金翼》一书展开细致研究，在《从〈金翼〉谈林耀华教授》[④]一文中，他指出《金翼》是林耀华运用人类学理论研究中国文化的一次大胆的尝试，并评价道：

全书自始至终贯穿的那种细致描写，涉及中国南方传统农业、商业、地方政治、民间盟会乃至土匪面目；刻画了看风水、供灶神、祭祖先、婚葬仪式、节日娱乐的栩栩如生的画面；从微观上不

---

① 庄孔韶：《原始的信息传递》，《化石》1980年第4期。
② 庄孔韶：《恩格斯与柯瓦列夫斯基的家族公社观》，《民族学研究》1984年第7期。
③ 庄孔韶：《人类学观点：中国文化的选择与分解》，《云南社会科学》1987年第4期。
④ 庄孔韶：《从〈金翼〉谈林耀华教授》，《读书》1984年第1期。

带偏见地推出了各辈亲属及人际关系网络中的数十个人物形象，并刻意记述了中国同姓村落与四世同堂大家族的亲属关系、礼节与纷争。这无疑弥补了有关中国同姓村落与家族制度研究的论文不可能有大量细节描述的缺失。[1]

通过《金翼》一书，庄孔韶首次深刻认识了福建乡村社会的过去，他在1986—1989年间5次访问《金翼》一书描写的同一县镇，追踪"金翼之家"的后裔和书中的尚存者，采访400多人，最后写成《银翅——中国的地方社会与文化变迁》一书，并于2000年正式出版。通过重新探访《金翼》中的县镇，庄孔韶对《金翼》中所体现出的风水特征给予了更加明晰的解释：

> 不同时代的风水师沿袭了相同的风水理念，而且地方人民认同这一生活方式。这里，关于当代人对堪舆之道的是非评价，以及内外世界的日新月异的变迁，几乎未能动摇金翼山谷乃至更广泛地区人民的风水实践。[2]

> 黄村的多数墓地、新居都由阴阳先生测算过，多有一套套浅显的风水解释（林耀华，1977，第41、71页）。……黄村的风水先生黄友兴还使用罗盘，用阴阳、五行、八卦、天干、地支的认知系统比照现时的阴、阳宅地位置进行综合测算、分析，最后确定。其中我们看到了科学的成分，但堪舆本身有人为数术操纵，最终落点是对人事的重视。[3]

庄孔韶认为，风水师不仅仅是用传统的八卦理念占卜、测算，他们还采用了罗盘作为风水判断的工具，使得风水越来越具备"科学性"，越来越为乡

---

[1] 庄孔韶：《从〈金翼〉谈林耀华教授》，《读书》1984年第1期，第125页。
[2] 庄孔韶：《银翅——中国的地方社会与文化变迁》，生活·读书·新知三联书店，2000，第388页。
[3] 同上书，第389页。

土社会所承认，逐渐成为民间习俗甚至是民间信仰。在庄孔韶看来，风水师在本质上看既是"最后的乡村儒家"，也是"民俗与信仰杂家"，更是"文化的媒人"。

> 在黄村山谷，每当新屋落成的宴会上，总要把风水先生、木匠和泥瓦匠待若上宾，在座次上风水先生居中央，这是象征在他的领导下，为一个新家庭命卦确定住宅方向，整合天地人和谐的空间。人们完成了天时（吉日）、地利（好风水）、人和（欢聚一堂）的伟大的文化综合，人们由此获得的天地人象征符号的感应（有风水先生操演），履行天地人社会之和谐的宇宙认知观念，正是人生的目的。①

除此之外，他还对朱熹有过多次描述，认为"朱熹的风水观有无遗传要从田野中去看"②。虽然朱熹这位高层文化的儒学精英不信"风水影响子孙祸福"，但赞同"形势拱揖环抱之论"，且多次迁其父母遗骸，因而以其言行为依据，当地人们认为朱熹"不仅擅长看风水，还会破坏他人的风水"。庄孔韶认为，"古今精英与农人之上行下效并不是简单模仿，而是依生活之需而变通文化的原则"③。风水知识成为一种沟通精英与俗民的文化桥梁，这都是十分精辟的观点。而至于认为朱熹"还会破坏他人的风水"，只是乡里的传说，在文献中找不到印证。但这不是说这种"传说"没有价值，即使这完全是虚构的，也可以看出朱熹是如何"被风水"的。这种"被风水"在许多正规文献（如地方志、书院志书）中也是一种常态。

《银翅》与《金翼》具有一脉相承的关联性，但它绝不是对于《金翼》的简单续写，在某些方面，它在继承《金翼》的同时，甚至超越了《金翼》。这两部著作的出版，标志着近30年来中国风水人类学研究的真正开端。

---

① 庄孔韶：《"金翼"黄村山谷的风水实践》，《民俗研究》1999年第4期，第53页。
② 同上书，第54页。
③ 同上。

五、王玉德、邵本武等关于风水的历史学考察

与风水建筑学、风水地理学、风水人类学的研究相比，有关风水历史学的研究基本上延续了1980年之前的学风与路数，格局也是不温不火。20世纪80年代最值得重视的是王玉德和邵本武的研究。

王玉德，1954年出生于武汉，历史学博士，华中师范大学历史文化学院教授，博士生导师，从事历史学、历史文献学、传统文化等专业的研究，曾任华中师范大学历史文化学院院长、历史学学术委员会主任等职务。

王玉德关于风水的研究主要体现在其著作《堪舆术研究》①一书中，在此书的后记中王玉德提到，早在20世纪80年代他就在台北出版了《中华堪舆术》一书，后经过修改著成《堪舆术研究》在北京出版。王玉德是职业历史学家中最早研究风水的学者，他的研究方法也是"历史学"的，即从历史文献中解读风水，从堪舆的精髓、伦理、方法和原则等角度剖析了"龙与穴""宅与水""阳宅"等风水学的主要内容。他认为他所做的工作就是"从历史文献解读风水，探寻古代原初形态的风水文化"②。

> 对于堪舆，我们应当采取实事求是的态度，既不要全盘否定，也不宜拔高。作为高校的学者，有责任对堪舆展开研究，否则，黄钟毁弃，瓦釜雷鸣，正义的东西得不到伸张，而沉渣泛滥。我对时下流行的一些乱七八糟的江湖风水十分反感，希望有良知的学者参与对堪舆的研究，还堪舆真面目，给科学的评价。③

1991年，王玉德主编的《中华神秘文化书系》由广西人民出版社出版，其中有一部他写的《神秘的风水——传统相地术研究》，他指出：

---

① 王玉德：《堪舆术研究》，中央编译出版社，2010。
② 同上书，第248页。
③ 同上。

　　风水是从古代沿袭至今的一种文化现象，一种择吉避凶的术数，一种广泛流传的民俗，一种有关环境与人的学问，一种理论与实践的综合体。风水可分为阳宅和阴宅两大部分，阳宅是活人的居住活动场所，阴宅是死人的墓穴。风水理论有形势派和理气派之分，前者重在以山川形势论吉凶，后者重在以阴阳、卦理论吉凶。风水的核心是"生气"，它的概念十分复杂，涉及龙脉、明堂、穴位、河流、方向等。它有许多禁忌，对时间、方位、地点都有讲究，阴宅学说有浓郁的迷信色彩，极大地毒害着民众。阳宅的理论与实践有一定的合理性，可以化腐朽为神奇。①

　　此外，王玉德还主编了《中国神秘文化研究丛书》，他撰写了其中的《古代风水术注评》②一书，认为风水是一种具有神秘色彩、朴素思想、浓厚迷信成分、少许合理因素的经验积淀。此外，他在书中对于反映传统风水术的古籍如《黄帝内经》《葬书》《博山篇》《阳宅撮要》《阳宅十书》，以及王充、吕才、司马光、赵汸、谢应芳、张居正、黄宗羲、吴敬梓、梅漪老人批判阴宅迷信的檄文进行了注评，这种对于堪舆古籍的梳理，使得人们对于历代风水的演变发展有了更加深刻的认识。

　　自20世纪90年代开始，王玉德对风水术的"历史学"研究也有向风水建筑学、风水环境学的明显"外溢"。例如，1993年他在《试论中华风水文化》③一文中，着重介绍了阴阳宅理论。在分析阳宅风水原则的基础上，他提出阳宅风水有利于社会的进步，有利于城市的建设和政权的巩固，有利于民房的设计和个人身心健康的发展，同时利于人文景观的创建和风景名胜的形成等观点，他将阳宅文化看作风水文化的精华部分。至于阴宅理论，则在总体上成为风水文化的糟粕，但是"阴宅文化中有某些内容——诸如形胜、

---

① 王玉德：《神秘的风水——传统相地术研究》，广西人民出版社，1991，第3页。
② 王玉德：《古代风水术注评》，北京师范大学出版社，1992。
③ 王玉德：《试论中华风水文化》，《华中师范大学学报（哲学社会科学版）》1993年第2期。

绿化等观念，可以借鉴到阳宅建设中"①。1993年，王玉德还撰写了《中国风水与环境问题》②一文，分析了古代风水理念及风水的十二大原则，认为风水术的任务是揭示一切能够趋利避害的环境因素，而我们可以在风水理论的指导下更好地认识环境、选择环境、改造环境甚至保护环境，最终实现人与环境协调、全面、可持续的发展。

20世纪80年代，另一位从历史学的角度对风水学进行研究的是邵本武。

邵本武，1965年9月出生，1989年毕业于安徽大学历史系，后长期在绩溪县档案局（县档案馆、党史办、方志办）负责党史和地方志工作。他在《徽州崇尚风水之俗的历史考察》③一文中，以历史上素来有崇尚风水习俗的徽州地区为例，进行了全面的考察分析。他认为历史上特定的经济、文化、自然因素，诸如历史的惰性、程朱和徽商的倡导、美好的山水条件以及当地盛产杉、漆、石等，都决定了徽州崇尚风水之俗存在的必然性。这是近30年来最早对徽州风水进行历史研究的一篇论文。

第三节　1990—2013年：风水著述的繁盛与混乱

一、该时期研究状况一般综述

1990年，何晓昕的硕士学位论文《风水探源》出版（见前节）。1992年，《风水理论研究》出版，此书由王其亨主编，其主要目的是"以今天的科学认识论为武器，去发掘和揭示传统建筑文化的奥秘"④。此书汇集了有关

---

① 王玉德：《试论中华风水文化》，《华中师范大学学报（哲学社会科学版）》1993年第2期，第65页。

② 王玉德：《堪舆术研究》，中央编译出版社，2010，第244页。

③ 邵本武：《徽州崇尚风水之俗的历史考察》，《安徽大学学报（哲学社会科学版）》，1989年第2期。

④ 王其亨主编《风水理论研究》，天津大学出版社，1992，第9页。

风水理论研究及评价的论文23篇（包括译文5篇），涉及风水沿革、流派宗旨等基本内容，同时也提出风水在古代建筑选址及其营建中的应用，认为风水具有哲学、美学和科学的内涵。

在这之后，程建军、孔尚朴1992年出版的《风水与建筑》，高友谦1995年出版的《建筑风水理论与实务资料集》，金实、程建军1999年出版的《风水与建筑集》，亢亮、亢羽1999年出版的《风水与建筑》及《风水与城市》等著作相继面世。[①]在论文方面，华南理工大学余英1994年的硕士学位论文《客家建筑文化研究》，清华大学王贵祥1996年的博士学位论文《文化、空间图式及东西方的建筑空间》，以及清华大学王其钧1996年的硕士学位论文《厅堂：中国传统民居的核心空间》等一些涉及风水文化的建筑学硕士或博士学位论文也相继发表。这些研究使得中国古代建筑的历史研究更加完善，也使得人们对于中国古代建筑文化有了更加深刻的认识，丰富了建筑理论。但这些研究依然局限于建筑学和地理学两大学科领域，除此之外，研究者仍然自觉或不自觉地遵循着二分式思维范式——或者科学或者迷信，认为风水既有封建迷信的成分，也有其必然存在的科学道理，从而对风水的认识由"全盘否定"转向了"辩证地肯定"。

进入20世纪90年代，从历史学的宏观角度对风水进行研究的学者也陆续出现。比较有代表性的学者及著述包括：四川大学詹石窗1994年出版的《道教风水学》，衡阳师范学院刘沛林1995年出版的《风水：中国人的环境观》，浙江省社会科学院徐吉军1998年出版的《中国丧葬史》，高友谦1992年出版的《中国风水》，妙摩、慧度1993年出版的《中国风水术》，刘晓明1994年出版的《风水与中国社会》，张荣明2000年出版的《方术与中国传统文化》等。[②]这些著述尝试突破风水通常在建筑学领域研究的局限性，探讨了风水与宗教、

① 程建军、孔尚朴：《风水与建筑》，江西科技出版社，1992；高友谦：《建筑风水理论与实务资料集》，中国国家建设部研究中心，1995；金实、程建军：《风水与建筑集》，中国建材工业出版社，1999；亢亮、亢羽：《风水与建筑》《风水与城市》，百花文艺出版社，1999。

② 詹石窗：《道教风水学》，文津出版社，1994；刘沛林：《风水：中国人的环境观》，生活·读书·新知三联书店，1995；徐吉军：《中国丧葬史》，江西高校出版社，1998；高友谦：《中国风水》，中国华侨出版社，1992；妙摩、慧度：《中国风水术》，中国文联出版公司，1993；刘晓明：《风水与中国社会》，江西高校出版社，1994；张荣明：《方术与中国传统文化》，学林出版社，2000。

哲学、人文、政治等方面的关系。例如，詹石窗在《道教风水学》一书中，首次就道教风水学的渊源、道教风水的实践与学说、道教与风水巫术、道教与风水科学的关系等进行了系统的论述；徐吉军在《中国丧葬史》一书中，利用丰富的资料阐释了风水和中国历代丧葬习俗变迁的问题，其中有多处涉及朱熹的风水思想的某些方面。

　　随着对风水的认识与了解逐渐深入，一些史学学者和人类学学者也将眼光投向与风水相关的社会整体史的研究当中，对风水理论进行宏观全面的探讨。以关注中西文化冲突背景下的风水习俗与传统社会的互动问题为例，郭双林在《论晚清思想界对风水的批判》[①]中指出，晚清中国思想界对风水的批判，本意在于为兴建新式工矿业和交通运输业扫清思想障碍。范正义的《基督教与中国民间信仰——以福建为研究中心》[②]则从教案着手分析基督教与福建民间风水习俗的冲突问题，强调这种中西文化冲突为基督教的中国化和本色化运动提供了某种契机，有利于文化的交流与传播。

　　2000年以来，国内对风水的相关研究表现出越来越强劲的发展趋势，一大批硕博论文相继涌现，这些研究在某种程度上开始脱离了"科学""迷信"二分法的束缚。例如，上海师范大学周蓓2003年的硕士学位论文《宋代风水研究》对宋代风水的全貌做了一个整体描述。福建师范大学温春香2006年的硕士学位论文《风水与村落宗族社会》，以赣南三僚村为个例，对风水、村落宗族社会进行研究，作者认为乡民出于对风水的信仰而对村落进行改造，社会精英们则充当"环境的改造者""环境的保护者"以及"和谐居住环境的创造者"的角色，利用他们所掌握的风水理论知识对村落进行改造。

　　这一时期的硕士学位论文还有：2003年浙江大学丘民的《葬书考辨》，2004年浙江大学冯静的《〈黄帝宅经〉考》，2007年南昌大学经本钊的《中国传统风水学的哲学蕴涵及其现代价值》，2012年长春师范学院铁颜颜的《论辽代墓葬与堪舆术》，2013年福建师范大学林起北的《试论传统风水学在居住

---

　　① 郭双林：《论晚清思想界对风水的批判》，《史学月刊》1994年第3期，第43-51页。
　　② 范正义：《基督教与中国民间信仰——以福建为研究中心》，硕士学位论文，福建师范大学，2001。

建筑设计的科学运用》等。对于这一时期的硕士学位论文，可以归于以下几类：

一是风水的断代史研究：2011年西北大学王瑜的《两汉风水信仰研究》、2010年浙江大学闫淳纯的《唐代风水活动考》以及2012年江西师范大学黄伟波的《明代术数分类研究》等。

二是风水与宗族的个例探讨：2012年赣南师范学院董莉的《风水与宗族的"双赢"》以及2012年山西大学刘惠芳的《改革开放以来山西中青年的民间信仰》等。

三是阳宅风水的研究，认为风水实质上是古代人民用来指导环境规划的总体思想，有利于人们在选择设计居住环境时追求人与自然的协调发展：2005年西北师范大学韦宝畏的《从风水的视角看传统村镇环境的选择和设计》、2007年厦门大学高思缘的《中国古代风水思想与宅居择址理念研究》等。

四是敦煌风水文献的探索与揭示：2002年首都师范大学朱俊鹏的《敦煌风水类文书初探》、2009年中央民族大学项欠多杰的《敦煌吐蕃占卜文书研究》等。

此外，2009年福建师范大学罗金财的《风水与晚清福建教案》还从风水这一角度对晚清时期福建民教间的冲突进行探讨，进而揭示中西方文化的冲突；2012年山西大学魏蓉的《风水观对中国现代丧葬文化的影响》则通过对丧葬习俗、墓葬文化、葬法葬式、选择风水宝地等方面的描述，分析丧葬文化中相关的风水思想，并提出其对于现代丧葬文化的借鉴意义。

这一时期的博士学位论文有：同济大学蔡达峰的《宅术略论》和2002年厦门大学陈进国的《事生事死：风水与福建社会文化变迁》等。浙江大学余健在其博士学位论文《堪舆考源》中，通过对古代神话、文献及文字的训诂考证，阐释了堪舆与规矩之间的关系，提出堪舆术的中心所在是规矩的种种原始意象和功能，如正法、征伐、辟邪、荫后等。

当然诸如此类的论著还有很多，如2012年浙江大学康京京的博士学位论文《风水理念中的空间传播思想分析》，探讨了风水与空间传播的关系，认为风水学说对于空间的重视与跨文化传播中的空间传播具有内在一致性。此外，还有2005年重庆大学杨柳的博士学位论文《风水思想与古代山水城市营建研究》、2006年清华大学李静静的博士学位论文《科学实践哲学视野中的风水研究》等等。

其中，以下三本著作（博士学位论文）值得重点关注：

一是余欣博士的《神道人心——唐宋之际敦煌民生宗教社会史研究》[①]。该书研究的是唐宋时期的敦煌地区，作者将自己提出的"民生宗教"作为主要的研究对象，但实质上它仍没有脱离传统的敦煌学范畴。涉及风水的内容主要体现在该书的第二篇中，通过解读敦煌风水文献，对敦煌地区的风水信仰进行了深刻的分析。余欣博士在研究中意识到，风水信仰对于中国古代社会生活所产生的重要影响不是仅用单纯的"民间信仰"这一概念就能加以解释的。因此，作者把风水信仰纳入其构建的所谓"民生宗教"这一概念体系中进行研究，并以此作为文章的着力点，对这些信仰如何作用于人们的生活方式和思维方式进行了重点考察，从而进一步考察作为意识形态和社会行动的信仰在国家政治、地域社会、利益集团、精英阶层和人民大众之间的互动关系。

二是陈进国博士的《信仰、仪式与乡土社会：风水的历史人类学探索》[②]。该书风水信仰出发，着重对以下几个议题进行了讨论：首先是风水与社会生活的关系；其次是风水信仰的民俗化过程；第三是风水信仰与士绅、家族的关系。该书借助契约文书等文献资料和田野调查资料，以及一些典型的家族个案，运用"历史人类学"的方法对福建地区风水信仰的历史状况、社会生活和信仰世界进行了深入讨论，这是其最主要的特点。作者认为，风水观念和信仰为家族和乡族势力的发展提供了一套合理化的新体系，为宗族的内部整合及权威控制提供了思想依据。而作者所称的"历史人类学"探索其实就是将研究的对象从社会现实变为一种历史文献的研究，但是有关讨论的理论基础仍然秉承西方的人类学框架。

三是张齐明博士的《亦术亦俗——汉魏六朝风水信仰研究》[③]。该书从宅

---

① 余欣：《神道人心——唐宋之际敦煌民生宗教社会史研究》，中华书局，2006。
② 陈进国：《信仰、仪式与乡土社会：风水的历史人类学探索》，中国社会科学出版社，2005。
③ 张齐明：《亦术亦俗——汉魏六朝风水信仰研究》，中国人民大学出版社，2011。

法、墓法和厌胜三个方面对汉魏六朝时期的风水吉凶模式进行了系统考辨。他指出，汉魏六朝不仅是古代风水理论体系的构建、形成、发展时期，也是中国古代风水理论和吉凶推演体系逐步完善的时期，同时也是风水信仰阶层逐步扩大并不断上移的时期。在这一时期，天人感应、孝道、命运观念等主流思想逐步融合到风水术中，而阴阳、五行、八卦以及四时、四方、天干、地支等知识和思想体系为风水术趋吉避凶的模式构建了基本框架。此外，风水术迎合了人们择吉避凶的心理需求，为人们提供改变他们命运的种种期望，术士的风水活动及佛、道二教对风水术的吸收与移植，则进一步强化了人们的风水意识，风水术官方信仰地位最终确立。因此，他将汉魏六朝时期当作中国古代社会风水信仰形成和确立的关键阶段。

此外，张齐明博士采用了三分法，将风水著述分为三类，这对本书的学术史综述产生了很大影响。他的三分法，一是来自建筑学领域，将风水术作为一种景观的科学和中国古代的建筑理论进行研究，主要关注的是风水术的实践意义；二是来自人类学领域，从风水信仰的角度观察中国社会，将风水作为一种特殊的文化现象加以研究，关注风水信仰在社会中产生的作用，并试图对风水术和风水信仰进行解释，使其成为一种体系；三是来自哲学、思想和历史研究的领域，主要关注风水术的哲学基础、风水信仰的思想价值及历史意义。而在这三个主要研究领域中，建筑学和人类学领域的相关研究已经形成了相对套路化的话语体系，得失参半。这在上述列举的文章中不难看出。[1]

二、该时期有关风水、堪舆研究与著述的年度统计结果

表1-2 1990—2013年间有关风水、堪舆研究与著述的年度统计

年 度	数量／篇	数量范围／篇
2013年	257	
2012年	244	200～300
2011年	270	

---

[1] 参见张齐明：《亦术亦俗——汉魏六朝风水信仰研究》，中国人民大学出版社，2011。

年 度	数量/篇	数量范围/篇
2010年	258	200～300
2009年	226	
2008年	200	
2007年	297	
2006年	224	
2005年	165	50～200
2004年	147	
2003年	75	
2002年	64	
2001年	56	
2000年	48	10～50
1999年	39	
1998年	37	
1997年	30	
1996年	44	
1995年	47	
1994年	55	
1993年	17	
1992年	20	
1991年	8	0～10
1990年	8	

三、"风水的泛滥"：批判与反弹

21世纪初，由于社会原因和互联网技术的发展，出现了严重的"风水泛滥"现象。"风水"像是投入湖中的一块大石头，在社会各界激起了波涛。这一期间有两个影响比较大的事件。就事件本身而言，虽非学术研究，却与专家学者的参与有着直接关系。这就是"风水师认证班"风波以及《科学与无神论》杂志对"风水泛滥"的批判。

"风水师认证班"的风波发生在2005年。当时媒体披露了建设部中国建筑文化中心同N（南京）大学易学研究所将合作举办"建筑风水文化培训班"的消息，立即掀起了轩然大波，引发了一场"以'风水'是否为迷信，是否可以公开培训，大学能否办这样的培训班等问题为焦点"[①]的激烈争论。最终这场热闹的争论在其焦点问题没有得到深度探讨的情况下被强行打上句号。

根据张爱华、贺晓星的研究[②]，针对"培训班"形成了明显对立的两派，提倡并支持成立"风水师认证班"的一方认为风水自身具备存在的合理性、科学性因素，并提出了应该成立"风水师认证班"的几点依据：

第一，他们认为在世界各国越来越重视"风水研究"的形势下，作为风水发源地的中国不应该落后于世界潮流。据统计，"1970年后，韩国重视风水，不少国立机构研究风水，首尔大学甚至开设了风水理论课程；1989年日本成立'风水研究者学会'，把风水作为一门科学来对待；英国早在1837年就出版过《中国风水塔》，此后有22本有关风水的著作问世；德国于1864年、法国于1903年，也都出版过风水相关著作；在20世纪世界风水著作中，欧美最多、水平最高……把风水作为一门科学来研究的思想越来越浓厚"[③]。

第二，他们认为在科学发展观的前提下，应当重新发扬风水这一传统的中国文化，与其由巫婆神汉进行封建迷信的宣扬，不如将其公开化，由研究风水的专家学者进行传统风水文化的复兴。

第三，事物是不断发展、变化的，"建筑风水也不例外，它是集地理学、

---

① 张爱华、贺晓星：《高等教育场域中的知识建构——建筑风水文化培训班事件的案例研究》，《北京大学教育评论》2012年第10卷第4期，第86页。

② 参见张爱华、贺晓星：《高等教育场域中的知识建构——建筑风水文化培训班事件的案例研究》，《北京大学教育评论》2012年第10卷第4期。

③ 邵龙飞：《为〈风水〉正名》，《城市规划汇刊》1994年第2期，第61-64页。

生态学、景观学、建筑学、美学于一体的中国古建筑理论精华"①。

然而随着"风水师认证班"的准备开办，社会质疑的声音也越来越猛烈。根据张爱华、贺晓星的研究②，反对者的意见是：

第一，一直受到批判与否定的"风水"被看作是唯心主义、封建迷信，"（风水培训班）真不知是在彰扬科学还是迷信"③，这是媒体批判的第一声。

第二，"作为传播科学知识和人文精神的大学殿堂，尤其不应该迎合这种带有迷信色彩的东西，'风水'培训还是不搞为好"④，将批判的矛头直指大学。

第三，风水在本质上是迷信的。中国古代的确有地理学，但这和风水没有关系，郦道元、徐霞客等学者并不是占卜为生的风水师，《水经注》《徐霞客游记》等也不是风水著作，我们可以把风水作为一种历史现象、文化现象来研究，但绝不能打着"科学"的幌子推广风水文化。⑤"培训班"不过是耍小聪明的书呆子想出个"建筑风水"来往上靠，以便巧立名目，将伪术先在大学校园内"扶正"而已。⑥

第四，政府应该是科学、理性和良好社会风俗的领导者、维护者，不应当对"风水师"进行认证，且建设部直属的中国建筑文化中心没有权力开展这项认证培训并颁发证书，这种证书不具有合法效力。

反对派在这场论战中占了上风，迫于各界的压力与质疑，建设部最终对网上盛传的"培训认证建筑风水师"的说法予以否认。无法得到权威机构资格认证的"风水师认证班"并没有遭到取缔，而是改变策略，将"培训班"变成"学术研讨班"，并移师阆中，使阆中成为近10年颇有影响力的风水古城。

---

① 搜房网：《南北论战：风水培训班是弘扬国粹还是利欲熏心》，http://home.soufun.com/bbs/bjzxlt~-1~19/12643318_12643318.htm，2005年11月20日。

② 参见张爱华、贺晓星：《高等教育场域中的知识建构——建筑风水文化培训班事件的案例研究》，《北京大学教育评论》2012年第10卷第4期。

③ 刘效仁：《"风水文化大师"且慢进大学》，《扬子晚报》2005年9月6日。

④ 孙正龙：《让人看不懂的"风水"培训》，《工人日报》2005年9月7日。

⑤ 方舟子：《风水究竟是科学还是迷信》，《北京科技报》2005年9月28日。

⑥ 陶世龙：《风水是科学？请拿证据，勿偷换概念》，http://seiteeh.people.com.cn/GB/25509/37822/40305/3718259.html，2005年9月22日。

与此同时，互联网上存在的一系列风水迷信问题也引起了学术界和政府的关注。这些问题可以归纳为以下五个方面：第一，大谈"风水科学"和"风水术"的专业迷信网站数量不断增多，迷信活动猖獗。第二，没有合法身份的风水算命师非法敛财，利用网络诈骗，要价之高令人难以想象。第三，某些"学者"为封建迷信的"风水术"披上科学的、优秀文化传统的外衣，利用网络招摇撞骗。第四，"风水热"等迷信网站构成严重的社会危害，有些风水师甚至以"风水"预测高层政治，扰乱国家的政治秩序。第五，政府主管部门不够重视，且对封建迷信整治力度不够。[①]

为此，《科学与无神论》杂志在2005年前后组织了多期文章，对"风水泛滥"的现象进行批判。这些文章有《风水迷信流行值得严重注意》《学术界不应该吹捧风水术》《破除风水迷信》《建筑有学问，风水是迷信》《风水问题资料》等。

针对这次批判，部分研究风水的学者比如韩增禄、胡义成等进行了反驳。这次批判并没有收到明显的效果，2006年以后，有关风水的研究与著述也没有受到阻碍或减少，反而在2007年的时候达到近60年来数量的顶峰。但不可否认，论战也产生了一定的作用，就是促进了风水研究者在增强自律的同时，加强自我整顿，使得风水研究在批评与调整中前进。

第四节　国外有关中国风水问题的研究

一、欧美关于风水研究的三个阶段[②]

关于西方国家对风水的研究，最早可以追溯到风水第一次进入西方人的

---

① 参见田垣、陈志华、段启明等：《"风水学"是什么？》，《社会科学报》2006年3月16日，第5版。
② "三个阶段"的分期最早由何晓昕提出。本书关于欧美方面的综述，主要参照了何晓昕、罗隽的《中国风水史》中的相关研究。

视野，罗马天主教耶稣会教士利玛窦就是第一位将风水介绍到西方的人。从1583年到1610年，利玛窦将其在中国的见闻记于日记中。1615年，他的日记被整理成《利玛窦中国札记》出版。在这本札记中，利玛窦记述了他在中国的风水见闻，受其基督教背景的影响，他将风水视为迷信，并没有深入研究。

早在19世纪前半叶，有关风水的风俗、习惯及思考方法就被西方人当作他们所关心的中国科学、哲学、宗教等传入西方。直至19世纪末，欧洲才真正开始了对于风水的讨论研究。东南大学的何晓昕、罗隽在《中国风水史》[①]中，将19世纪末以来西方人对风水的研究和兴趣大致归纳为三个阶段：

第一阶段即初始阶段，时间大约是19世纪末到20世纪初。1840年的鸦片战争用武力打开了中国的大门，西方列强希望在文化和思想上进一步侵略中国，于是越来越多的西方人开始关注作为中国社会特征的风水习俗，并将风水译为"geomancy"（欧洲的一种土占方法）。此时大部分西方人士对风水的看法受到了诸如西方"现代"科学带来的逻辑模式以及他们自己所持有的基督教观念的限制，对于这种异国的异教风俗大多持有否定态度，认为风水是原始的、粗浅的、天真的甚至是迷信的，忽视了风水作为社会存在的意义以及风水体现于精神的价值。

第二阶段，时间是20世纪50年代末至60年代。当时新中国在国际政治舞台上的影响越来越强大，此时西方对中国文化与社会整体的兴趣和研究逐步深入，弄懂中国的社会特征成为关键的问题，因此他们对于作为中国传统文化附属部分而为人所知的风水的兴趣逐步加强。受到杨庆堃先生对中国宗教的研究以及以李约瑟为代表的西方汉学家对中国科技与文明的研究的影响，西方人士对风水的态度有所改变，对风水的本质开始有了更深刻的认识，注意到了风水术中具有某种合理因素，他们的研究逐渐倾向于阴宅、阳宅两大侧重点，开始以肯定性的眼光讨论阳宅。

第三阶段，时间是20世纪60年代末至今。西方此时面临"人口爆炸""资源枯竭""环境污染"三大问题，其自然科学领域的世界霸主地位受到挑战，

---

① 何晓昕、罗隽：《中国风水史》，九州出版社，2008。

社会科学也开始试图寻找出路，而以中国为代表的从整体角度认识世界的观点和方法，引起了西方学者的兴趣和反思。他们开始跳出巫术和科学的二分研究模式，将风水纳入中国传统文化的特殊背景中加以思考。这一阶段西方风水研究的重点放在了阳宅风水上，研究领域拓展到了人类学、地理学、建筑景观学、生态学、环境科学等其他领域，呈多元化趋势，西方学者开始注重风水本身的原理及其实际应用，而不仅仅是将风水作为中国传统文化的一部分来研究。

二、伊特尔与李约瑟的研究

在西方风水研究的历史上，伊特尔和李约瑟的研究是最具代表性的。

在大部分西方人对风水持否定态度的19世纪末20世纪初，伊特尔对风水的态度是相对比较开明的。受宗教改革后基督教新教思想的影响，他在审视风水时，比利窦玛等人多了近代科学与哲学的眼光，对中国风水做了比较全面的审视和批判。

伊特尔认为，风水中一定"有什么意义"令中国人如此普遍而固执地坚持风水原则，于是他专门对风水进行了比较系统的梳理，试图站在风水与中国人生活的关系角度，真正地理解风水的本质。他对风水欺人的迷信进行了毫不留情的批判，却也承认了风水理论赖以建立的中国古代科学基础。在他看来，风水是自然科学的另一种名称，这些观点都集中体现在其1883年出版的著作《风水：古代中国神圣的景观科学》[①]中。伊特尔从近代科学的角度，对中国的风水加以研究，一方面对风水的迷信成分加以批判，另一方面对风水的合理内涵加以肯定，但对于风水的未来，他还是给予了否定的判断。伊特尔研究的另一个特殊之处，体现在他1873年出版的《风水，或中国自然科学的初阶》中。在这本书中，他使用了"Feng Shui"代替"geomancy"，并且将风水直接翻译成了"风和水"，认为风水"像风一样，你无法理解，像水一

---

① 王蔚、戚珩：《毁誉交加风水说——［英］E. J. 伊特尔〈风水：古代中国神圣的景观科学〉评介》，载王其亨主编《风水理论研究》，天津大学出版社，1992，第328页。

样，你无法抓"①。尽管他的理解依然有些肤浅，但他肯定了风水作为一门学科的价值，这在当时是十分与众不同的。

从总体上来讲，伊特尔对于风水的评价是毁誉参半的。一方面，他指出风水有它的科学意义，中国古代建筑活动中运用的风水理论及手法的本原是以下基本观念：一是"自然的法则"，即万物都处于一个天地相应的整体关系中，这在风水理论中对应着"理"；二是"自然的数值比"，即宇宙天体和谐的存在与显现，这中间的平衡在风水理论中对应着"数"；三是"自然的气息"，即推动世界形成并作为一切存在物生命过程能量的是风水中的"气"；四是"自然的外形"，即一切事物都以其外在的"形"潜在反映着"理""数""气"。这些风水中的基本观念体现了人与自然的和谐。此外，他还赞美了风水对中国风景景观的作用，认为风水除了能使自然气息良好运行，还可以借助人工去改善不利的环境。另一方面，他认为风水在科学的发展过程中注定消亡。伊特尔指出，风水命题下的中国自然科学，在一代代的子孙传承中不再通过实践分析来解剖自然，再加上传统的封建观念、祖先崇拜观念以及道家的出世无为、佛家的宿命观念，限制了中国古代科学的发展，从而导致了风水中迷信因素的发展。风水在中国"成为一种法术，并且，那些精于此道并以此为生的人，为了自身利益，使风水变得像欧洲炼金术和占星术所伴随的幻想一样神秘"，进而沦为"一种迷信体系"。②他指出，风水是一种缺乏精确科学实验，未能发展成熟的古老科学理论，而这种"以人的思辨和迷信而不是对自然的精确研究为基础的风水体系，显然是陈腐的和要消亡的"。③

正如何晓昕、罗隽在《中国风水史》中评价的那样，在当时哲学和科学占主导地位的西方，大部分人对风水持有非理性的异教徒式东方实践的鄙视，而伊特尔对风水所做的研究分析，对风水的宽容和理解，对风水跨文化

---

① 何晓昕、罗隽：《中国风水史》，九州出版社，2008，第191页。

② 王蔚、戚珩：《毁誉交加风水说——［英］E. J. 伊特尔〈风水：古代中国神圣的景观科学〉评介》，载王其亨主编《风生理论研究》，天津大学出版社，1992，第269页。

③ 本节内容主要参照了何晓昕、罗隽的《中国风水史》中的相关研究。

的阐释，具有深远的影响。

西方学术界对于风水研究的另一个代表是英国学者李约瑟，他对风水的研究实质上是从西方科学的角度出发，把科学与否作为判断的准绳。1956年到1962年，英国剑桥大学出版社推出其多卷本巨著《中国科学技术史》[①]，其中的第二卷《科学思想史》共十八章，第十四章为《伪科学和怀疑主义传统》，该章的a节为"占卜"，李约瑟将中国传统的"占卜"体系分为九个大类，即"龟卜与蓍筮，利用易经中的卦，占星术，择日（吉日、凶日），干支推命，堪舆（风水），相术和手相，占梦，拆字"。李约瑟认为："'风水'在很多方面都给中国人带来了好处，比如它要求植竹种树以防风，以及强调住所附近流水的价值。但另外一些方面，它又发展成为一种粗鄙的迷信体系。不过，总的看来，我认为它体现了一种显著的审美成分。"[②]与之前西方学者的描述不同的是，李约瑟对非科学的风水的观察，准确而生动，对于一些风水细节进行了仔细的调研与琢磨。他指出："在许多方面，风水对中国人是恩物，如劝种树和竹以作防风物，强调流水靠近屋址……我初从中国回到欧洲，最强烈的印象之一是与天气失去密切的感觉。在中国，木格子窗糊以纸张，单薄的抹灰墙壁，每一房间外的空廊走廊，雨水落在庭院和小天井内的淅沥之声，使个人温暖的皮袍和木炭——再有令人觉得自然的意境雨、雷、风、日，等等，而在欧洲人的房屋中，人完全孤立在这种境界之外……就整体而言，我相信风水包含显著的美学成分，遍及中国农田、屋宇、乡村，不可胜收，皆可借此得以说明。"[③]这种描述表明李约瑟对风水的本质有着清楚的认识，他认为风水不仅仅像阴宅风水所显示的那样，基于人们对祖先的崇拜与敬畏，还考虑了诸如审美、社会地位、社会等级等各个方面，这是中国文化的特征。这种分析突破了传统的旧框架。他提出今后的新研究要加强对阳宅的探讨，探讨风水与建筑、环境和景观的关系，而不是只研究阴宅，以至于20世纪70年代以后，对于阴宅的研究不再占据主导地位。

---

① ［英］李约瑟：《中国科学技术史》第2卷，中译本，上海古籍出版社，1990。

② 同上书，第388页。

③ 何晓昕、罗隽：《中国风水史》，九州出版社，2008，第195页。

李约瑟还在《中国科学技术史》中讨论了朱熹理学的科学思想，称朱熹理学"反映了近代科学的立足点"，认为朱熹理学是一种有机的自然主义，是现代有机自然主义的先导。但令人遗憾的是，李约瑟对朱熹的阳宅风水思想则没有任何关注。事实上，朱熹不但重视"阳宅风水"，而且主张混一阴阳，故提倡"天地风水"。

此外，李约瑟提出，罗盘的发明应该归因于风水。他从《古今注》《管氏地理指蒙》《九天玄女青囊海角经》等书的记载中推测出如下结论："磁石指向性转移到它吸过的铁块的发现在中国大约在一世纪到六世纪。在十一世纪以前的某个时期就已发现，不仅可以用铁块在磁石上摩擦产生磁化现象；而且还可以用烧红的铁片，经过居里点（Curie Point），冷却或淬火而得到磁化，操作时，铁片保持南北方向。磁针取代磁石可能是隋唐时期（七世纪和八世纪）；磁倾角的发现可能发生在九世纪，唯由磁针的帮助才能获得此项发现。顺序的磁偏角，先向东后偏西，体现在中国堪舆罗盘的设计的同心圆，这些同心圆一直存留至当代。毋庸置疑，磁罗盘在中国用于堪舆目的很久以后，才被用于航海。但是航海罗盘确是中国人的发明，它可能发生在十一世纪以前的某个时期或更早的时期。"[1]这种所谓前科学和罗盘与风水的关系等得到了很多研究者的响应，其倡导的科学认识的方法论演化为在风水中寻找科学的研究取向，激励了中国新一代学者对风水的研究。

三、小林宏至与日本人类学风水研究的阶段划分

日本自身具有丰厚的变异了的风水文化遗存。其风水文化开始于中国的周易思想，此后风水与日本的地理环境、宗教信仰及文化习俗逐渐融会贯通，形成了具有日本特色的风水文化。因此在风水研究方面，日本学者也取得了较大的成就。

关于日本风水研究的历史，日本著名学者小林宏至在他的著作《日本人

---

① 王从好：《古代堪舆著作中关于指南针发明和应用的早期史料研究》，硕士学位论文，华东师范大学，2006，第5页。

类学的风水研究》[①]中做了详细的介绍，并将日本风水研究主要划分为五个阶段：

一是前现代时期日本对风水的认识。介绍了一些记录风水传入的文献，其中具有代表性的是宫内贵久的《家相的民俗学》，它使人们对于"家相"和"墓相"有了初步的认识，家相在这一时期流行起来。

二是现代以后的风水研究，出现了国内外事例的调查报告。村山智顺的《朝鲜的风水》探讨了日本本土以外的风水实践状况，是日本近代最早的一本风水研究的书，这一时期的特色是日本人不研究本国风水。此外，1977年服部宇之吉的《吉冈博士还历纪念〈道教研究论集〉》开启了现代以后日本风水研究的大门。这一时期的研究成果还有牧尾良海的《风水思想论考》《道教的风水思想》，以及仲松弥秀关于区域民俗学的调查研究等。

三是日本风水研究吸收欧美人文学科中的研究成果，翻译了大批欧美研究论著，如内桥卓介翻译了弗雷泽的《金枝》等，同时欧美学者的成果对渡边欣雄等人的研究产生了深刻影响。

四是20世纪80年代之后，日本出现风水研究的热潮。风水被视为可与受西方社会牵引而来的现代科学相抗衡的一种替代物概念，是被西方现代的新式思考方式所取代的概念。代表性著作有中泽新一的《与树对话的风水师》、毛纲毅旷的《现代风水术塑造了前卫都市》、堀込宪二的《风水思想和中国的城市》等，而1994年荒吴宏《风水先生》的出版成为风水热的开端。

五是2000年以后，研究者把风水事例报告作为各地区各时代的风水实践来理解和把握。关于中国各地区的风水调查事例的报告开始出现，如2000年聂莉莉、韩敏、曾士才、西泽治彦的《大地的生机——中国风水的思想与实践》以及濑川昌久的相关研究等。

四、日本风水研究的代表人物：渡边欣雄与濑川昌久

在日本风水研究的过程中，最有代表性的学者是渡边欣雄和濑川昌久。

---

① 小林宏至：《日本人类学的风水研究》，张晶晶译，载金泽、陈进国主编《宗教人类学》第四辑，社会科学文献出版社，2013，第349-369页。

渡边欣雄，是日本公认的一位风水研究的领军人物。[①]其代表作《汉族的民俗宗教》，1998年即在中国出版。早在20世纪七八十年代，渡边欣雄曾到中国北京郊外的承德、明十三陵、清西陵、清东陵等地进行实地调查。他注意到，在"文革"及以后的一段时期被当作封建迷信而禁止使用的"风水"，却成为一些媒体宣传这些旅游胜地的标语，这些景点被称作"风水宝地"。由此他开始意识到风水在中国的复活问题。[②]我们应当承认渡边欣雄的"敏锐"，但从另一个方面来讲，使用"风水"的概念，以及风水的次生概念，如"龙脉""来龙去脉""地灵人杰"等，也只是表达了某种吉祥的期待，与风水信仰以及风水的复活未必有关系。

渡边欣雄反对将风水视作迷信或科学、拟似科学，认为把"风水"作为科学比把它视为迷信更能理解其内容，主张从风水本身去理解风水。他认为：

> 在中国，人们所说的"风水"乃是这样一种思想：因气而产生的广义的气候现象，根据环境条件的好坏，能够给人们的生活带来伴随着吉凶祸福之类的作用和影响，给人们的生活带来积极影响的气叫作"生气"，带来恶劣影响的气叫作"杀气"。[③]

他把风水思想看作中国"天人合一"宇宙调和之思想原则的具体体现之一，在此基础上，提出了人类宇宙认识及人类行动的"环境开发型"与"宇宙调和型"两种类型。此外，他将中国的风水观分为"机械论风水观"和"人格论风水观"，这两种风水观反映了汉族民俗性知识的一种复合性现象。他认为"机械论风水观"，"就是以'风水'的生气—祖先—子孙这样的单向影响力为判断前提，生气与祖先和子孙的性格毫无相关，它存在于外在的自

① 参见陈进国：《事生事死：风水与福建社会文化变迁》，博士学位论文，厦门大学，2002，第14页。

② 渡边欣雄：《汉族的民俗宗教》，周星译，天津人民出版社，1998，第278页。

③ 同上书，第279页。

然当中，诱发一种仅能通过地理学测定才能理解的机械式运动"。而"人格论风水观"则认为，风水的好坏取决于祖先在永久性的居所中对墓地环境和子孙的埋葬措施、祭祀活动是否满意，这种风水判断的背后，潜藏着以人格的祖先与子孙之间的道德的应酬关系为内容的知识表现形态。对于"机械论风水观"和"人格论风水观"，可看作透过"中和位育"实现"天人合一"目的的两种手段。机械论的解释主要是在"天或自然界的秩序"中追求中和状态；而人格论的解释则是在"（祖先与子孙之间）社会体系"中追求中和，甚至可将其置换为"社会体系"的解释。2001年，渡边欣雄在《风水的社会人类学——中国及其周边比较》中强调要从"知识人类学"角度反思风水的"民俗知识"，并将中国古代的文本风水与源于日常生活的情景风水加以区别，通过对中国江浙地区的实地考察，并借助童乩、巫觋等风水判断案例，深入探讨了风水民俗的多样性。[①]

瀨川昌久则反对将风水简单地看作迷信或疑似科学的价值判断，他认为研究风水应该超越风水知识原有的既定框架，去关注"风水的社会性存在方式"，即风水的服务对象是以何种态度参与风水活动的。[②]在其著作《族谱——华南汉族的宗族·风水·移居》[③]中，他以香港新界数部族谱资料为基础，探讨了"宗族参与墓地风水活动的具体方式"，以及"宗族对风水活动的参与发生了一些什么样的变化"。他认为宗族对于墓地风水的积极参与、投资，与宗族的兴盛期之间具有密切的联系，主张用祭祀模式来解释风水信念与祖先祭祀之间的密切关联问题，提出气是构成中国风水的基本要素，并认为祖先的骨骸与子孙乃一气相承，"对祖先遗骨的祭祀，就与希望在现实环境中寻得好影响的风水习俗，实现了联结"。此外，基于华南的族谱资料，瀨川昌久提出了对于夸大风水理论和习俗的民族志差异的质疑，他认为"风水与祖先祭祀之间的密切关联成为一种必然的结果；同时，它也支撑着对包含墓

---

① 参见陈进国：《事生事死：风水与福建社会文化变迁》，博士学位论文，厦门大学，2002，第15-16页。

② 同上书，第14页。

③ 瀨川昌久：《族谱——华南汉族的宗族·风水·移居》，钱杭译，上海书店，1999。

地风水、祠堂风水在内的各种祖先纪念物风水的信仰及其习惯行为的兴盛繁荣"。此外，他还提出，"对于汉族社会这样经历了漫长的历史和拥有文字记录的社会来说，单纯的仪礼观察和口头传承记录，毫无疑问是不能用来作为接近他们的生活和生存世界真相的手段"[1]。他认为"仅仅以社会人类学所谓的'共时性分析'框架为原则的风水研究，往往是忽视了历时性的考察，片面夸大了不同区域之间的风水观念及习俗的异质性，从而平添一些孩子般的'奇怪的提问'罢"[2]。

五、日本风水研究的"新生代"学者

20世纪80年代之后，日本出现了一批从多学科领域研究风水起源及其应用价值的学者，代表人物包括堀込宪二、毛纲毅旷等。[3]

堀込宪二在《风水思想和中国的城市》一文中，以清代城市为中心对中国的风水学说进行了论述，认为"龙脉思想"是风水学说的基本思想，并从龙脉的保护、龙脉和风水山的修补、城的坐向及城门位置的变更等方面论述了风水在建城中的重要性。毛纲毅旷则与三浦国雄合著《风水与城市形象》，文章运用中国古代风水学说对城市规划进行了全面解读。该文指出，中国古代风水中的"气"可以说是一种生物能，与秩序的"理"相反，在风水中可以把大地看作有生命的物体，"气"在大地中运行，并认为风水中还含有非常直观的景观论的内容，风水实际上是受到了儒教理念的影响。

① 濑川昌久：《族谱——华南汉族的宗族·风水·移居》，钱杭译，上海书店，1999，第9页。
② 同上书，第176页。
③ 参见张竟无编《风生水起》第二册，团结出版社，2007，第214-238页。

第五节　关于朱熹风水思想的相关论述

一、近30年来以朱熹为专题的重要研究著作（含博士学位论文）

20世纪80年代有关朱熹的重要研究著作有：邱汉生的《四书集注简论》（中国社会科学出版社，1980年）；张立文的《朱熹思想研究》（中国社会科学出版社，1981年）；杨天石的《朱熹及其哲学》（中华书局，1982年）；范寿康的《朱子及其哲学》（中华书局，1983年）；陈正夫、何植靖的《朱熹评传》（江西人民出版社，1984年）；陈来的《朱熹哲学研究》（文津出版社，1984年）；蒙培元的《理学的演变——从朱熹到王夫之、戴震》（福建人民出版社，1984年）；高令印、陈其芳的《福建朱子学》（福建人民出版社，1986年）；杨金鑫的《朱熹与岳麓书院》（华东师范大学出版社，1986年）；高令印的《朱熹事迹考》（上海人民出版社，1987年）；周德昌的《朱熹教育思想述评》（吉林教育出版社，1987年）；邓艾民的《朱熹王守仁哲学研究》（华东师范大学出版社，1989年）；李邦国的《朱熹和白鹿洞书院》（湖北教育出版社，1989年）。在这些重要著述中，只有高令印的《朱熹事迹考》和《福建朱子学》涉及风水思想稍多。

20世纪90年代研究朱熹的重要著作有：束景南的《朱熹轶文辑考》（江苏古籍出版社，1991年）、《朱子大传》（福建教育出版社，1992年）；张立文的《朱熹评传》（南京大学出版社，1998年）；林振礼的《朱熹与泉州文化》（福建人民出版社，1999年）。他们三人的著述都涉及了朱熹的风水思想，其中束、林二人的著述对此关注较多。

21世纪前10年有关朱熹的重要研究著作有：方彦寿的《朱熹书院与门人考》（华东师范大学出版社，2000年）；汤勤福的《朱熹的史学思想》（齐鲁书社，2000年）；郭齐的《朱熹诗词编年笺注》（巴蜀书社，2000年）和

《朱熹传》（四川大学出版社，2000年）；莫砺锋的《朱熹文学研究》（南京大学出版社，2000年）；卢仁淑的《朱子家礼与韩国之礼学》（人民出版社，2000年）；蔡方鹿的《朱熹与中国文化》（贵州人民出版社，2000年）；朱杰人主编的《迈入21世纪的朱子学——纪念朱熹诞辰870周年、逝世800周年论文集》（华东师范大学出版社，2001年）；束景南的《朱熹年谱长编》（华东师范大学出版社，2001年）；田浩的《朱熹的思维世界》（江苏人民出版社，2002年）；彭永捷的《朱陆之辩——朱熹陆九渊哲学比较研究》（人民出版社，2002年）；徐刚的《朱熹自然哲学思想论稿》（福建教育出版社，2002年）；陈代湘的《现代新儒家与朱子学》（湖南人民出版社，2002年）；洪军的《朱熹与栗谷哲学比较研究》（中国社会科学出版社，2003年）；金永植的《朱熹的自然哲学》（华东师范大学出版社，2003年）；姜广辉、吴长庚主编的《朱子学与当代社会》（黄山书社，2003年）；蔡方鹿的《朱熹经学与中国经学》（人民出版社，2004年）；邹其昌的《朱熹诗经诠释学美学研究》（商务印书馆，2004年）；赵峰的《朱熹的终极关怀》（华东师范大学出版社，2004年）；张加才的《诠释与建构——陈淳与朱子学》（人民出版社，2004年）；徐公喜的《朱熹理学法律思想研究》（江西人民出版社，2004年）；林振礼的《朱熹新探》（中国广播电视出版社，2004年）；朱杰人、严文儒主编的《〈朱子全书〉与朱子学——2003年国际学术讨论会论文集》（华东师范大学出版社，2005年）；张丽华的《朱子的鬼神观》（武汉大学出版社，2006年）；戴从喜的《研究朱子与文献整理》（华东师范大学博士学位论文，2006年）；陈良中的《朱子〈尚书〉学》（华东师范大学博士学位论文，2007年）；蔡方鹿的《新视野新诠释：朱熹思想与现代社会》（四川大学出版社，2007年）；郑俊晖的《朱熹音乐著述及思想研究》（福建师范大学博士学位论文，2007年）；陈荣捷的《朱子新探索》《朱子门人》（华东师范大学出版社，2007年）；束景南的《朱熹研究》（人民出版社，2008年）；李锋的《朱熹政治哲学研究》（南开大学博士学位论文，2009年）；殷慧的《朱熹礼学思想研究》（湖南大学博士学位论文，2009年）。在林林总总的相关著述中，陈荣捷的著作、林振礼的著作，对朱熹的风水思想都有专节讨论。

21世纪10年代初有关朱熹的重要研究著作有：乐爱国的《朱子格物致知论研究》（岳麓书社，2010年）；刘克兵的《朱熹知识论研究》（湖南大学博士学位论文，2010年）；郑春的《朱子〈家礼〉与人文关怀》（福建教育出版社，2010年）；秦家懿的《朱熹的宗教思想》（厦门大学出版社，2010年）；吴志翔的《朱熹理学的美学意蕴》（武汉大学博士学位论文，2010年）；郑俊晖的《朱熹音乐著述及思想研究》（人民教育出版社，2010年）；陈明娥的《朱熹口语文献词汇研究》（厦门大学出版社，2011年）；林维杰的《朱熹与经典诠释》（华东师范大学出版社，2011年）；叶玉英的《朱熹口语语言修辞研究》（厦门大学出版社，2011年）；冯青的《朱子语类学归》（江西人民出版社，2011年）；陈支平的《展望未来的朱子学研究》（厦门大学出版社，2012年）；胡秀娟的《朝鲜古写徽州本朱子语类研究》（浙江大学博士学位论文，2012年）；陈来的《哲学与时代：朱子学国际学术研讨会论文集》（华东师范大学出版社，2012年）；王云云的《朱熹礼学思想渊源研究》（西北大学博士学位论文，2013年）；李士金的《朱熹文学思想研究》（人民文学出版社，2013年）；徐时仪的《〈朱子语类〉词汇研究》（上海古籍出版社，2013年）。

上述著作中，约有三分之一或多或少地讨论过朱熹的风水思想，涉及朱熹的阴宅风水、阳宅风水，以及山川形胜的风水审美，间接（如从神秘性、宗教性或自然观的角度）涉及朱熹风水思想的则更多。

需要说明的是，上述所有有关朱熹研究的著作，无论是否涉及风水的专门讨论，对本书的写作都产生过影响。

二、陈荣捷、林振礼、束景南等：关于朱熹风水思想的认识

在上述著述中，专章讨论过朱熹风水思想的有陈荣捷、林振礼等。

陈荣捷（1901—1994），著名美籍华人史学家，也是近代研究朱熹思想的大家。他的《朱子门人》《朱子论集》《朱子新探索》以及《四书集注》的英译本等，在欧美学术界和中国海峡两岸学术界有着广泛的影响①。1986年，他以85岁高龄完成了《朱子新探索》（台湾学生书局1988年版，华东师范大学出版社2007年版），其中专列《朱子之世俗信仰》，集中讨论了朱熹的风水思想。他认为，朱熹风水思想主要是一种"风水美学的观点，与迷信相去远矣"。从这一意义上说，"朱子绝无风水信仰"。尽管陈荣捷先生的这一观点因与相关史料存在着明显冲突（其实是一种"表面冲突"），因而遭到不少学者的明确质疑②，但他的观点对于把握朱熹风水思想的本质特征有着重要的启迪意义。

林振礼是国内学者中对朱熹风水思想研究最为系统的学者。他的《朱熹新探》中列有"朱熹风水观的文化解读"专章，集中讨论了朱熹的阴宅风水、阳宅风水思想。作为福建的学者，他的著作在史料运用方面的地缘优势比较明显。但这些史料，尤其是明清和民国时期的史料，以及民间传说等，是否都能反映朱熹的风水思想？朱熹在后世是否不断地"被风水"？这些都是值得深思的问题。

除专章研究外，美国著名汉学家田浩在《朱熹的思维世界》中讨论了朱熹的鬼神观及风水思想，认为朱熹具有吉凶祸福的风水思想。

加拿大华裔学者秦家懿，是继陈荣捷之后，欧美影响最大的华裔学者③。

① 黎昕、赵妍妍：《当代海外的朱子学研究及其方法》，《哲学研究》2012年第5期，第32-41页；卢睿蓉：《美国朱子学研究发展之管窥》，《现代哲学》2011年第4期，第122-126页。

② 参见肖美丰：《朱熹风水堪舆说初探》，《齐鲁学刊》2010年第4期，第22-25页；林振礼：《朱熹风水观与闽南民俗》，《闽都文化研究》2004年第2期，第975-997页；朱荣贵：《朱子与风水》，载陈来、朱杰人主编《人文与价值——朱子学国际学术研讨会暨朱子诞辰880周年纪念会论文集》，华东师范大学出版社，2011；林振礼：《朱熹选择人居环境的文化意蕴》，《福建师范大学学报（哲学社会科学版）》，2011年第3期，第101-106页；林振礼：《从朱熹的风水观看殡葬改革——婺源朱子文化新考察》，《泉州师范学院学报》2002年第5期，第27-35页。

③ 秦家懿（Julia Ching, 1934—2001），加拿大多伦多大学宗教学、哲学和东亚学教授，是海外知名的汉学家、宗教学家。她精通宋明理学，兼治儒学和基督教的比较研究，主要著作有《获得智慧之道：王阳明》（英、中、韩文版）、《儒学与基督教比较研究》（英、德、中文版）、《基督教与中国宗教》（与德国基督教神学家孔汉思合著，有德、英、中、法等10多种文字版本）等。国内知名学者李幼蒸说，秦家懿是他心中的"两位女哲学家'偶像'"之一；伍贻业在《哲学并不高于宗教》中称她是"国际上享有盛誉的中国宗教和哲学的学者"。

2000年她在牛津大学出版《朱熹的宗教思想》[①]，虽无讨论朱熹风水思想的专门章节（只有一个约2000字的小目：占卜与风水），但书中的许多内容与朱熹的风水思想有着直接或间接的关联，该书"以介乎哲学、宗教、历史综合分析视角，以一种广阔历史文化框架内的文本注释法，明确指出，朱熹的儒学具有儒教特质，带有明显的宗教思想而具有宗教哲学的解释体系"，是西方世界朱子学研究的里程碑。《宗教杂志》（The Journal of Religion）评论说，该书是"一本内容翔实甚至一流的关于朱熹最有争议的宗教性质的研究著作"；《美国宗教学术杂志》（Journal of the American Academy of Religion）评论说，"秦家懿的这本书，不仅是她所有的著作中最好的著作之一，而且，如果不是英语著作中最好的研究朱熹的著作，那也是最好的研究朱熹的著作之一"，"这本书被认为是西方世界介绍朱熹的里程碑著作，也是说英语的世界进一步以及未来研究朱熹必不可少的参考文献"；《亚洲研究杂志》（The Journal of Asian Studies）评论说，此书是无数研究朱熹的著作中"脱颖而出的"一本，它为我们提供了"一本无价的一卷本的介绍朱熹哲学的主要特征的英语专著"。就全书而言，朱熹的风水思想并不是秦家懿关注的重点，但秦家懿是将"风水信仰"作为宗教思想的一部分而予以论述的，这就使得其整本著作都值得关注。事实上，除"占卜与风水"这一小目（第104—108页）之外，秦家懿在这本著作中的确也多次提到朱熹对风水的信仰，如该书第116页甚至写道："我们还会发现，作为人民的代言人的朱熹，对人民的信仰和习惯，包括占卜、风水和萨满教都有着极大兴趣，一旦他能找到做这些事情的理由，他就会对这些表示赞同。"此外，她在著作中还多次引用美国史学家伊佩蕾（即伊佩霞）的《宋代新儒学论风水》，甚至强调"在这个主题上，我们等待朱荣贵正在进行的把朱熹当作风水师的研究，这个研究利用主要的风水文本证明朱熹在风水传统中的崇高地位"[②]。

　　由此也可以看出秦家懿的这种表述的学术指向，因为朱荣贵是陈荣捷的学

---

① 中文版由曹剑波译，厦门大学出版社2010年出版。本节有关此书的评价，主要引自汉译本的附录。

② ［加］秦家懿：《朱熹的宗教思想》，曹剑波译，厦门大学出版社，2010，第120页。

生。秦家懿在朱熹的风水思想问题上，极欲"强调"与陈荣捷不同的一种学术判断，事实上这使她在风水问题上成为欧美学界与陈荣捷明显对立的代表性学者。

束景南的《朱子大传》和《朱子年谱长编》，（韩）卢仁淑的《朱子家礼与韩国之礼学》，徐刚的《朱熹自然哲学论稿》，（韩）金永植的《朱熹的自然哲学》，赵峰的《朱熹的终极关怀》等，也都较多地关注过朱熹的风水思想，其观点大致相同，都认为朱熹存在明显的风水思想，但这种风水思想只是朱熹贯彻儒家人伦孝道或理学"格物致知"，即通过"风水"（格物）而体会天理、地理的一个环节。

上述陈荣捷、秦家懿、束景南等人关于朱熹风水思想的研究，在本书随后的各章中都会较多地涉及，这里不再一一具体讨论。

三、其他有关朱熹风水思想研究的著述

以上重点综述了朱熹研究专著中与风水问题相关的情况。除此之外，一般思想通史类著述，科技史、地理学史，以及风水类、术数类著述中也有许多涉及朱熹风水思想的内容。

张荣明教授在《方术与中国传统文化》[①]中列有"大儒朱熹与风水"一节，主要以《山陵议状》为例，从风水学角度介绍了《山陵议状》提出的背景和应该遵循的风水原则及择地技巧，同时也注意到了朱熹对民间风水术的认同。但张荣明先生说："朱熹受蔡元定的影响，曾经向朝廷上书，对于皇家陵墓的选择安葬，提出了一己之见。"事实上没有直接材料可以证明，朱熹上书是受蔡元定的影响，却有材料证明蔡元定明确反对朱熹入朝；还有材料说明朱熹给蔡元定写信邀其入朝，但被蔡元定明确拒绝。

由朱瑞熙先生指导的硕士学位论文《宋代风水研究》（周蓓，华东师范大学，2002年）是目前唯一一篇对宋代风水进行整体研究的硕博论文。其中，涉及朱熹风水思想的内容约3000字，是迄今有关朱熹风水思想最系统的阐释。

---

① 张荣明：《方术与中国传统文化》，学林出版社，2000，第247-252页。

台湾大学历史系刘祥光教授的《宋代风水文化扩展》是目前学术界关于宋代风水文化研究的代表性成果。该文以宋代风水文化的大视角入手，详细讨论了风水文化在宋代的发展，并且评价朱熹的风水观"是南宋理学面对风水文化的一次转折"①。但由于其讨论视域较为宽泛，所以对朱熹本人的讨论着墨较少，甚至对体现朱熹风水思想的典型篇目《山陵议状》仅有一句话引述②。许怀林的《朱熹的〈山陵议状〉及其风水观》，则是依据《山陵议状》讨论朱熹风水思想的一篇长文，也是迄今为止唯一一篇专题讨论《山陵议状》的论文。这篇文章的一些重要观点在本书的相关章节中都有汲取和借鉴。

以朱熹风水思想为专题的单篇论文共有5篇，分别为肖美丰的《朱熹风水堪舆说初探》③，朱荣贵的《朱子与风水》④，林振礼的《朱熹风水观与闽南民俗》⑤和《从朱熹的风水观看殡葬改革——婺源朱子文化新考察》⑥，周志川的《宋明理学的自然观——以朱熹的风水思想为中心》⑦。这5篇文章篇幅都不大，其中肖美丰的文章在讨论朱熹规范风水文献方面有所创获；朱荣贵的文章在与其老师陈荣捷先生商榷方面立论鲜明；林振礼的文章重点关注了朱熹的阴宅、阳宅风水思想，为其他研究所不及；周志川的文章简要论述朱熹的理气观、格物致知与风水思想的关联。

其他诸多单篇论文中，美国学者伊佩霞（Patricia Buckley Ebrey）的《宋代新儒学的风水观》（Sung Neo-Confucian Views on Geomancy）、中国学者王越的《南宋的反道学斗争》、朱瑞熙的《评〈南宋的反道学斗争〉》，以及日

---

① 刘祥光：《宋代风水文化扩展》，《台大历史学报》2010年第45期，第55页。

② 同上书，第25页。

③ 肖美丰：《朱熹风水堪舆说初探》，《齐鲁学刊》2010年第4期，第22-25页。

④ 朱荣贵：《朱子与风水》，载陈来、朱杰人主编《人文与价值——朱子学国际学术研讨会暨朱子诞辰880周年纪念会论文集》，华东师范大学出版社，2011。

⑤ 林振礼：《朱熹风水观与闽南民俗》，《闽都文化研究》2004年第2期，第975-997页。

⑥ 林振礼：《从朱熹的风水观看殡葬改革——婺源朱子文化新考察》，《泉州师范学院学报》2002年第5期，第27-35页。

⑦ 周志川：《宋明理学的自然观——以朱熹的风水思想为中心》，《市北师院语文学刊》2005年第9期，第119-128页。

本学者水口拓寿的《试论宋明理学家对风水的改造》等，对朱熹的风水思想均有较多的讨论。

　　以上分三部分综述了朱熹风水思想的主要研究现状。由于其中的大部分观点都将在随后的相关章节中得到讨论，故此处不再具体展开。

第二章 阴宅风水与"送终之孝" ≫

　　朱熹的阴宅风水思想，在很大程度上是与其忠孝人伦观紧密联系在一起的。"地理（风水）之学虽一艺，然上以尽送终之孝，下以为启后之谋，其为事亦重矣。"①这段话基本表达了朱熹的阴宅风水理念。本章主要通过朱熹为父母的改葬和择葬，讨论他在阴宅风水方面的知识、信仰，以及儒学立场。

第一节 朱熹为父亲的择葬"改葬"

一、朱熹为父择地改葬

　　朱熹之父朱松（1097—1143），字乔年，号韦斋，是南宋有影响的理学家和诗人。关于朱松的主要生平和事迹，朱熹《皇考左承议郎守尚书吏部员外郎兼史馆校勘朱

---

① 束景南：《朱熹佚文辑考》，江苏古籍出版社，1991，第514页。

府君迁墓记》曾有介绍：

> 府君生于绍圣四年（1097）闰二月戊申，性至孝，有高志大节，落笔语辄惊人。政和八年（1118），以同上舍出身授迪功郎、建州政和县尉。承事公卒，贫不能归，因葬其邑，而游官往来闽中。始从龟山杨氏门人为《大学》《中庸》之学，调南剑州尤溪县尉，监泉州石井镇税，循左从政郎。绍兴四年（1134）召试，除秘书省正字。丁内艰，服除召对，改宣教郎，除秘书省校书郎。迁著作佐郎、尚书度支员外郎，兼史馆校勘。历司勋、吏部两曹，皆领史职如故。以史劳转奉议郎，以年劳转承议郎。丞相赵忠简公、张忠献公皆深知府君，未及用而去，秦桧以是忌之。而府君又方率同列极论和戎不便，桧益怒，出府君知饶州。去赴请间，差主管台州崇道观。以十三年（1143）三月辛亥卒于建州城南之寓舍，年四十有七。所为文有《韦斋集》十二卷。娶同郡祝氏，处士确之女，封孺人，后二十七年卒。男熹，尝为左迪功郎差充枢密院编修官。女嫁右迪功郎、长汀县主簿刘子翔。孙男塾、埜、在，女巽、兑皆幼。[①]

朱松于绍兴十三年（1143）三月二十四日在建瓯环溪病逝。朱松逝世前，将后事托付给崇安好友刘子羽。朱松逝世一年后（1144），15岁的朱熹随母来到崇安县（今武夷山市）五夫里投靠刘子羽。朱熹定居武夷山初期，第一件大事就是安葬亡父朱松。《皇考左承议郎守尚书吏部员外郎兼史馆校勘朱府君迁墓记》记载："（朱松）卒于建州城南……将殁，欲葬崇安之五夫。卒之明年，遂窆其里灵梵院侧。"[②]另据《建宁府志》载："按熹年谱云，绍兴十四年（1144）葬韦斋于西塔山。"[③]在父去世后第二年，朱熹葬父于崇安

---

① 朱熹：《皇考左承议郎守尚书吏部员外郎兼史馆校勘朱府君迁墓记》，载曾枣庄、刘琳主编《全宋文》第253册，上海辞书出版社，2006，第206页。

② 同上。

③ 高令印：《朱熹事迹考》，上海人民出版社，1997，第125页。

县五夫里西塔山灵梵院侧。但是，这次朱松并没有入土为安。朱松去世27年后，即乾道六年（1170）七月，朱熹为父亲朱松进行了改葬，《皇考左承议郎守尚书吏部员外郎兼史馆校勘朱府君迁墓记》中记载：

> 时熹幼未更事，卜地不详，既惧体魄之不获其安，乃以乾道六年（1170）七月五日迁于里之白水鹅子峰下。熹攀慕号殒，痛贯心骨。重惟先君既不得信其志以殁，而熹又无所肖似，不能有以显扬万分，敢次叙姓系、官阀、志业梗概，刻而掩诸幽，且将请文作者，以表其隧。昊天罔极，呜呼痛哉！①

该文中道出了朱熹为父改葬的原因，是因为当时朱熹年幼，"未更事，卜地不详，既惧体魄之不获其安"。所谓"卜地不详"，就是在风水择地方面考虑欠周详，而导致内心一直惴惴不安，以至于成为朱熹的一块心病，于是在时隔27年后，将亡父"迁于里之白水鹅子峰下"。应该说，朱熹在《朱府君迁墓记》中对于风水的表达是比较隐晦的，为父改葬，是由于担心体魄不安，朱熹把孝道放在了第一位。

为父改葬的原因，朱熹在《皇考左承议郎守尚书吏部员外郎兼史馆校勘累赠通议大夫朱公行状》中亦有记载：

> 公卒之明年，熹奉其柩葬于建宁府崇安县五夫里之西塔山，而硕人别葬建阳县崇泰里后山铺东寒泉坞。然公所藏地势卑湿，惧非久计，乃卜以庆元某年某月□□日奉而迁于武夷乡上梅里寂历山中峰僧舍之北。盖公之诗尝有"乡关落日苍茫外，樽酒寒花寂历中"之句。呜呼，此岂其谶耶？不肖子熹追慕攀号，无所逮及。窃惟纳铭幽堂，具著声烈，以告万世，盖自近古以来未之有改。而公赠官

---

① 朱熹：《皇考左承议郎守尚书吏部员外郎兼史馆校勘朱府君迁墓记》，载曾枣庄、刘琳主编《全宋文》第253册，上海辞书出版社，2006，第206-207页。

通议大夫，正第四品，准格又当立碑，螭首龟趺，其崇九尺，刻辞颂美，以表于神道，用敢追述其平生论议行实之大者如右，以请于当世立言之君子。伏惟幸垂听而择焉。谨状。[1]

因为"公所藏地势卑湿"，担心非长久之计，于是又重新"卜"了新址和迁葬时日。朱熹所卜墓地位于武夷乡上梅里寂历山中峰僧舍之北，其中也有对于葬法的精密计划。朱熹提到了先父曾有诗曰"乡关落日苍茫外，樽酒寒花寂历中"，与所卜藏地恰恰吻合。而且认为在规格上，"当立碑，螭首龟趺，其崇九尺"，体现了其先父后事料理应该具备的高度，合乎礼制又遵循正统。朱熹这样做，与上文所述一致，表达了对于先父应有的孝道。

"地势卑湿"，是朱熹为父迁葬的主要原因。在这次为父亲迁葬武夷乡上梅里寂历山之前，朱熹的妹夫刘子翔也曾为朱松卜过一块地，同样是出于水患的原因而不能用，朱熹《与刘共甫》中记载：

> 过崇安日，首诣三里，视彦集所开地，冈峦形势目前无大亏缺，而水泉涌溢，殊不可晓。问之邑人，亦无一人能言其所以为病者，但谓开圹太深使然。今若移穴近高而浅其圹，则无患矣。此语使人不敢信，因语彦集，莫若更呼术人别卜他处。此数日亦未闻有定议，政恐不易得耳。然留彼三日，三往谛观，亦觉形势有可疑处。所以致水，盖非偶然。顾高明未必信，故不复白，直论日前所处曲折耳。想闻此亦深辂念也。[2]

彦集即刘子翔，是朱熹的妹夫。从风水角度考察，刘子翔所选之地势没有亏缺，但无人能言水为何而来。只说是圹挖得过深，若移至近高之地，将

---

① 朱熹：《皇考左承议郎守尚书吏部员外郎兼史馆校勘累赠通议大夫朱公行状》，载曾枣庄、刘琳主编《全宋文》第252册，上海辞书出版社，2006，第329页。
② 朱熹：《与刘共甫》，载曾枣庄、刘琳主编《全宋文》第250册，上海辞书出版社，2006，第150页。

圹挖浅，则不会有问题。经朱熹三次观察，认为致水问题并非偶然，告诫彦集"更呼术人（风水师）别卜他处"。可见，避水患是朱熹为父亲改葬的主要动因。

关于朱熹为父亲改葬，还有以下两条记载，都是以往研究中未曾使用过的。

第一条，周必大的《史馆吏部赠通议大夫朱公松神道碑》[①]：

> 初，公卒之明年，葬建宁府崇安县五夫里西塔山，势颇卑下，乃卜庆元某年某月某日迁葬武夷乡上梅里寂历山中峰僧舍之北。公尝赋诗，有"乡关落日苍茫外，樽酒寒花寂历中"之句，兹其谶乎！待制以某先太师与公为同年进士，故来请铭。

周必大（1126—1204），字子充，初字弘道，自号平园老叟，吉州庐陵（今江西吉安）人。他在神道碑文中谈及朱熹于庆元某年为父改葬的原因是葬地"势颇卑下"，与前文所述"地势卑湿"缘由大致相同。于是"卜庆元某年某月某日迁葬武夷乡上梅里寂历山中峰僧舍之北"，在具体的操作方式上也并非抛开风水而进行。文中也提到了朱松曾作的诗句，此事好像冥冥中注定一般。

第二条，吴泳的《别少师改葬墓碑》[②]：

> 古不修墓，不改葬。盖谓葬者，藏也。一藏之后，虽万子孙莫能改也。然尝读《仪礼》至"丧服"，乃云"改葬，缌"。子思之答司徒文子，又从而释之，曰："礼，父母改葬，不忍无服送至亲也。"谷梁氏、郑玄氏、韩愈氏互有发明，以识其事。

---

① 周必大：《史馆吏部赠通议大夫朱公松神道碑》，载曾枣庄、刘琳主编《全宋文》第233册，上海辞书出版社，2006，第39页。
② 吴泳：《别少师改葬墓碑》，载曾枣庄、刘琳主编《全宋文》第316册，上海辞书出版社，2006，第382页。

是改葬之说，《礼经》有之矣。文王之葬王季也，以墓于栾水，故出棺而更葬焉；孔子之葬徵母开官氏也，以殡在五父通衢，故迁枢而合葬焉。是改葬之礼，大圣人亦尝行之矣。近世鸿儒巨公，盖有以虫之孽而改者，魏公之迁于大沩是也；有以水之啮而改者，濂溪之母之迁于庐阜是也；有以卜宅不祥而改者，文公之父之迁于白水鹅峰是也。谁谓改葬非礼之经欤？然未有因师旅而迁者。

吴泳（1180—?），字叔永（一作永叔），号鹤林，潼川府中江（今四川中江）人。嘉定元年（1208）进士，累官军器少监。理宗朝历秘书丞、著作郎，迁秘书少监，兼权中书舍人。吴泳的这篇改葬之文较长，全文共计1321字，是记录古礼改葬的一篇典型文章，值得特别关注。吴泳在文中追溯改葬的历史，从周文王到孔子，再到近世的韩魏公（韩琦）、周敦颐以及朱子，都对父母进行过改葬；又对反对改葬予以辩驳："谁言改葬有违经书之礼？"吴泳依次列举改葬的不同原因："盖有以虫之孽而改者，魏公之迁于大沩是也；有以水之啮而改者，濂溪之母之迁于庐阜是也；有以卜宅不祥而改者，文公之父之迁于白水鹅峰是也。"周濂溪以水患为父母改葬，韩魏公因虫患而改葬，而朱熹则是因"卜宅不祥"[①]而为父亲改葬。吴泳根据朱熹的改葬进行了进一步的论证："《礼经》有之矣。文王之葬王季也，以墓于栾水，故出棺而更葬焉；孔子之葬徵母开官氏也，以殡在五父通衢，故迁枢而合葬焉。"这里，吴泳对"古不修墓，不改葬"采取摆事实、讲道理的方式进行驳斥，可见改葬在当时是颇具争议的。

吴泳明确说明朱熹为父迁葬是风水之故，是由于"卜宅不祥"，即因为对于最早埋葬的地方所进行的风水勘察不甚满意。作为朱子门人，吴泳对以上迁坟方式均有认同，也代表了理学家在这一问题上的普遍思想，这是改葬之风在宋代的深度影响。朱熹等人作为儒士，尽孝之心可鉴，风水之学不可不

---

① 吴泳此处"卜宅不祥"，与前文朱熹在《朱府君迁墓记》中"卜地不详"应有区分。后文陈傅良的《朱公向圹志》中也有提及，"且三圣人者，不知水啮墓之为不祥"。"不详"为不周详，"不祥"为不吉祥，都可以讲通，但含义有别。

知，但总体而言是理性风水观，所有动机都是围绕祖孙一气、孝敬先祖的主题展开，体现了浓厚的道德伦理色彩，而没有葬先荫后、富贵发达之类的风水期盼。

二、改葬原因："惧其体魄之患"

关于朱熹为父亲改葬的原因，前引《朱府君迁墓记》中有明确交代，是出于"惧体魄之不获其安"，这一点在《朱文公文集·皇考朱公行状》中有更具体的说明："然公所藏地势卑湿，惧非久计。"这两条材料都表明了朱熹择葬的根本目的在于避免"体魄之患"，"既惧体魄之不获其安"，而欲求达到"体全灵安"，是以亲体灵魂永安为出发点的，这与传统儒学"以宁死者而赞慈孝"的思想是一致的。朱熹的这一思想在另一则史料《岳麓问答》[①]中表达得更为深刻：

---

①《岳麓问答》是一篇以师生答问的方式讨论阴阳风水的文章。提问者何人不详，从提问的口气看，应是学生或晚辈，回答者为朱熹，但这篇《岳麓问答》未被收入《朱子全书》。著名学者束景南认为系朱熹重要佚文。"朱熹绍熙五年赴长沙任，其在长沙究心《玉髓真经》并与人讨论地理风水之事，亦自有因。盖绍熙五年六月孝宗卒，朝廷方有孝宗山陵争议，朱熹尤为关注，除询之于蔡元定与研读地理风水之书外，还广访术士，《山陵议状》云：'臣自南来，经由严州富阳县，见其江山之胜，雄伟非常，盖富阳乃孙氏所起之处，而严州乃高宗受命之邦也。说者又言临安县乃钱氏故乡，山川形势宽平邃密，而臣未之见也……''说者'即术士，是朱熹由长沙赴临安途中亦尝寻访术士矣。"（束景南：《朱熹佚文辑考》，江苏古籍出版社，1991，第514页。）

尽管《岳麓问答》的内容与朱熹的风水思想比较吻合，但是否可以确断为朱熹佚文，显然还可进一步讨论。例如其开篇即言陆九渊来长沙讲学，即是大错。陆九渊卒于绍熙三年，朱熹赴长沙任则在绍熙五年，断无礼请陆氏讲学长沙书院之事。束景南先生解释说：考《岳麓问答》乃记朱熹所言之事，本与陆九渊了不相涉，问答开首忽插入陆氏一段，其后又无一言再提及陆氏；而所言陆氏一段又与朱熹淳熙六年请陆氏讲学白鹿洞书院颇相类，则必是后人模仿白鹿洞讲学之事伪造窜入，若去"未几"至"因得待教且款"数句，文自贯通，所以，稳妥的看法是：《岳麓问答》在内容主体上应是符合朱熹思想的，但其中必然还掺有后人的托付和伪作。

将《岳麓问答》中的思想与朱熹的风水思想，尤其是上文中所列举的朱熹为父母改葬、为子卜地，以及吕祖谦、张栻批评他的阴宅风水等进行比较，就可以看出二者是一致的。应该说，风水理念均符合朱熹的风水思想的某些表述，但《岳麓问答》中所论述的朱熹与弟子对于风水问题的集中的近乎专题式的讨论，似乎不太符合《朱子语类》中所记载的问答习惯，亦可能是后人将朱子在不同场合的风水说重新整合成文。

仆因问先生曰："亦常留意于地理乎？"

先生曰：通天地人曰儒。地理之学虽一艺，然上以尽送终之孝，下以为启后之谋，其为事亦重矣。亲之生身体发肤，皆当保爱，况亲之没也？奉亲之体厝诸地，固乃付之庸师俗巫，使父母体魄不得其安，则孝安在哉！故古贤垂训，卜其宅兆而安厝之，卜之而求安。圣人之意深远如此，而为人子者目不阅地理之书，心不念父母之体，苟然窀穸，则与委而弃诸沟壑者何以异？故为人子者，医药地理之书不可不知也，然不必泥鬼怪峨险之说。

以下我们具体讨论一下其中包含的几层意思：

第一，古人认为，"盖地理，术者之事，以儒者而兼通其说，特博闻多学之一端耳"①，说的是儒者掌握卜地之术只不过是学问的博学，多了一门手艺而已，这与上文所述"地理之学虽一艺，然上以尽送终之孝，下以为启后之谋，其为事亦重矣"观点一致，认同儒者可以兼具风水之术。朱熹也认为，起码可以学以致用，并不是什么坏事。强调主张研究地理风水之学，上尽孝，安其体，父祖安而内心安。薪火相传，家道兴旺；儒礼相传，世代荣昌。只有努力做到安其体魄，才能在后辈面前以身示范，做好表率，才能为子孙后代树立尊重父祖的形象。只有了解"地理之学"，了解地理风水中的地形地貌规律，才能择吉地安葬父祖而不使水患、蝼蚁、地风侵其遗体。这是朱熹对于风水择葬的根本态度，也是朱熹纳风水入儒学的理论依据。

第二，"亲之生身体发肤，皆当保爱，况亲之没也？"强调对于父母事死如生，研究地理之学，为父母安体敬神，这仍是"上尽孝"的具体阐释。孝的道德范围，狭义地来说，就是要孝亲敬长，主要表现为善事父母，赡养双亲以养亲身，体察他们的心情以体亲心，朱熹以儒家的忠孝观念作为衡量自己言行的价值尺度。父母死后，要按时虔敬祭祀，以怀念他们的哺育之恩。风水术把追求与自然环境的和谐看成是奉养父母的孝心表现，让他们生而居

---

① 黄溍：《赠余生诗序》，载李修生主编《全元文》卷938，江苏古籍出版社，1998，第50页。

安，死而葬吉。如果把父母奉养于凶宅恶境之中，使其遭殃罹祸，无异于置他们于死地；安葬于凶墓，使其受蚁泉沙砾之苦，无异于弃他们于旷野，都是不孝的表现，这完全背离了儒家的孝道观。

第三，"古贤垂训，卜其宅兆而安厝之，卜之而求安。圣人之意深远如此……"可见从传统的儒学孝道出发，理应妥当安置父母宅兆。朱熹点明其风水思想是"传承圣人之训，尊崇儒家之礼"，与圣人思想一脉相承。由此可以看出朱熹认为儒学和风水在孝道这一主旨上并不矛盾，这体现了朱熹将地理风水中的择地观和儒学孝道观融为一体的理论努力。

关于朱熹为父改葬的行为和原因，历代有不同的看法。清人孟超然在《诚是录》[1]中说：

> 福建、江西之明地理者，以为朱子笃信堪舆。不知韦斋公之葬始或未善，则不得不迁；而孝宗山陵用台史言，则明置之迫狭之所、水石沙砾之中，为人臣子于此心诚有所不安者，岂笃信葬师之谓乎？《尧山堂外纪》载：朱子为同安主簿日，民以有力得人善地者，索笔题云："此地不灵，是无地理；此地若灵，是无天理。"

孟超然认为朱熹为父亲改葬是因为"始或未善"，则不得不迁。学者高令印认为："孟超然是清代著名的朱子学家，笃信朱熹学说，不免有门户之见，其说仅参考。"[2]当然，这也是有道理的。

朱熹为父亲改葬的基本动因，除了有"惧其体魄之患"这种物质条件上的担忧，更有精神上的告慰，关于这一点在以往研究中极少为学者所关注。朱熹在《朱府君迁墓记》中有特别明确的记载："重惟先君既不得信其志以殁，而熹又无所肖似，不能有以显扬万分"，即体现了后人改葬是能够光耀门楣的一件事情。这里暗含朱熹父亲生不得志，而朱熹自己亦未能显扬万分以

---

① 孟超然：《亦园亭全集》卷一一，嘉庆十八年刻本。
② 高令印：《朱熹事迹考》，上海人民出版社，1987，第157-158页。

告慰父亲之意。在儒家家庭伦理中，为人子者，一要承先励子，二要光前裕后，"一朝得志，衣锦还乡"，这都是儒家孝道说的具体体现，故《孝经》中将"扬名后世，以显父母"列为大孝之一。

一般认为，阴宅风水中的"葬先荫后"观念是典型的风水迷信，是风水术士的骗术。后世的发达与否和先人阴宅风水确实也无关联。所以即便是讲求风水，这种葬先荫后、吉凶祸福的观点也不为正统儒学所认同，但朱熹的这段告白使我们理解了他孝敬父母的另一层苦心，表明风水术的吉凶内容中也隐含着儒家的孝道观念。

就总体而言，朱熹对改葬是持慎重态度的。他在《答程正思》中说：

> 迁葬重事，似不宜容易举动。凡百更切审细为佳，若得已不如且已也。异论纷纭，不必深辨，且于自家存养讲学处朝夕点检，是切身之急务。朋友相信得及者，密加评订，自不可废，切不可于稠人广坐论说是非，著书立言，肆意排击，徒为竞辨之端，无益于事。向来盖尝如此，今乃悔之，故不愿贤者之为之耳。[①]

陈荣捷、朱荣贵都曾关注并讨论过这条材料。朱荣贵在《朱子与风水》中说："朱子个人的风水行为尚有为父亲的坟墓迁葬三次，以及为自己寻找安葬之所，他花费了很大的心力。此事也遭受到不少的批评。不过，朱子基本上是反对因为求好风水而迁葬的。朱子《答程正思》云：'迁葬重事，似不宜容易举动。凡百更切审细为佳，若得已不如且已也。'[②]关于此事，陈先生说：'朱子十四岁，……葬其父于五夫里之西塔山灵梵院侧。乾道六年庚寅（1170）七月五日迁于里之白水鹅子峰下。又因地势卑湿，乃于庆元某年某日迁于崇安县武夷乡上梅里寂历山中峰僧舍之北。'[③]事出不得已才迁葬。也因

---

① 朱熹：《答程正思》，载曾枣庄、刘琳主编《全宋文》第247册，上海辞书出版社，2006，第236页。

② 同上。

③ 陈荣捷：《朱熹》，生活·读书·新知三联书店，2012，第35页。

为如此，朱子才用卜卦来决定安葬之所。但朱子强调卜卦的目的只是要求得一所'平稳处'，和求风水的动机不同。"①

其实，朱熹强调改葬要慎重，与其求风水并不矛盾。朱熹的观念是，初葬卜地时就要万分谨慎，"凡百更切审细为佳"，这样就可以防止日后迁葬了。朱熹之所以为父改葬，就是因为初葬时"卜地不详"。所谓"卜地不详"，就是在风水择地方面考虑欠周详，故后来不得不"更呼术人（风水师）别卜他处"。相关史料具见前引，十分清晰，所以大可不必像陈荣捷、朱荣贵那样回护。

朱熹也不会无缘无故轻易去找借口改葬，朱熹的这段告白使我们理解了他孝敬父母的另一层苦心。朱荣贵在《朱子与风水》中认为朱熹基本上是"反对因为求好风水而迁葬的"②，这种理解与朱熹所述的理由"地势卑湿"等原因一致，从孝道的角度对朱熹的改葬予以认可。

三、朱熹改葬的比较研究：宋代的其他改葬

朱熹为父改葬，正如前文吴泳所述，并非个例。其中原因各异，但大抵都是出于风水的考虑。尤其是在风水盛行的宋代，改葬的现象已经十分普遍了。现列举材料如下。

第一条，欧阳修的《河南府司录张君墓表》③：

> 以其葬之速也，不能刻石，乃得金谷古砖，命太原王顾以丹为隶书，纳于圹中。嘉祐二年某月某日，其子吉甫、山甫改葬君于伊阙之教忠乡积庆里。君之始葬北邙也，吉甫才数岁，而山甫始生，余及送者相与临穴，视窆且封，哭而去。今年春，余主试天下

① 朱荣贵：《朱子与风水》，载陈来、朱杰人主编《人文与价值：朱子学国际学术研讨会暨朱子诞辰880周年纪念会论文集》，华东师范大学出版社，2011，第545页。

② 同上。

③ 欧阳修：《河南府司录张君墓表》，载曾枣庄、刘琳主编《全宋文》第35册，上海辞书出版社，2006，第265-266页。

贡士，而山甫以进士试礼部，乃来告以将改葬其先君，因出铭以示余，盖君之卒，距今二十有五年矣。

……

与之居者莫不服其德。故师鲁志之曰："饬身临事，余尝愧尧夫，尧夫不余愧也。"始君之葬，皆以其地不善，又葬速，礼不备。君夫人崔氏，有贤行，能教其子。而二子孝谨，克自树立，卒能改葬君，如吉卜，君其可谓有后矣。自君卒后，文僖公得罪，贬死汉东，吏属亦各引去。

欧阳修（1007—1072），字永叔，号醉翁，晚号六一居士，庐陵（今江西吉安）人。幼孤力学，天圣八年（1030）第进士。他在《河南府司录张君墓表》中所述，张君初葬时地不好，急于下葬，不合礼仪。于是在时隔25年之后，其子皆有成就时，进行卜地改葬。从改葬的具体操作上看，也无外乎风水"吉卜"。上文还说了一个原因，就是张君夫人"有贤行，能教其子"，而且二子在母亲的教诲下，特别"孝谨"，可见孝道是改葬的重要动因。这与朱熹的"卜地不详""地势卑湿"原因大略相同。再者，"如吉卜，君其可谓有后矣"，这是张君二子成人且有所成就的一种证明，与朱熹"显扬万分"的情感表达亦有几分相似。

第二条，韩琦的《迁葬求郡谢赐批答不允表》[①]：

臣某言，伏蒙圣慈以臣上表陈乞知相州，或近乡里一郡，躬亲营护坟域，特降诏旨不允，许臣襄宅有期，即当暂往者。请郡以奉先茔，虽违素愿；赐告以护亲葬，亦示优恩。粗安人子之诚，特出圣宸之惠。……盖以早从稚岁，二亲则亡，暨窃荣阶，诸兄继谢。比缘西事，久在兵间，顾封树之未谐，每肺肝之如割。逮尘重任，

---

① 韩琦：《迁葬求郡谢赐批答不允表》，载曾枣庄、刘琳主编《全宋文》第39册，上海辞书出版社，2006，第29页。

正偶利年，寻得地于故乡，已涓辰于远日。臣尝私自省度，至于再三。视辒车而弗亲行，实孝心之不忍；处近位而求便假，必物议之有云。与其贪宠以抑情，孰若避贤而申志？是以辄由衷而露奏，冀解职以为藩。岂谓伏蒙皇帝陛下念进退之匪轻，欲公私之克济，曲颁纶诏，亲论玉音，俾襄事之如期，即驰骓而暂往。感深存殁，荣耀缙绅。敢不砥节愈坚，挺身思奋？他人之惮行者臣不惮，他人之难言者臣必言。倘犬马之未先，誓糜捐而无避。臣无任云云。

韩琦（1008—1075），字稚圭，安阳（今河南安阳）人。天圣五年（1027）擢进士甲科。与范仲淹同除枢密副使，时称"韩范"。上文指出，韩琦花了多年时间，终于在家乡找到了一块为父亲改葬的吉地，然而改葬期间恰好遇到圣上委任。对于葬父还是上任，在两难的选择面前，韩琦最终的选择是为父改葬。尽管宋代对科举功名极为重视，却也出现因改葬未完成而不能及时上任的情况。由此也可以看出，葬先尽孝乃各项大事中的重中之重，这是朱熹为父改葬的时代背景。

第三条，晁补之的《宋尚书刑部郎中知越州军州事赠特进吏部尚书南安晁公改葬记》[1]：

> 赠特进吏部尚书晁公以庆历四年九月己酉既葬于祥符大茔矣，后六十六年，实大观四年三月壬寅，改窆于任城鱼山。
>
> 先是，祥符地卑多水患，自特进公五子伯库部公而下，杂然以为虑，而叔虞部公尤患之，议迁不果。
>
> 至是，特进公子皆前没，而虞部公之子泰宁军节度推官、前知莘县事端礼，朝散郎、前通判徐州事端智相与议，必成其先志，以告群从诸孙，及库部公之孙补之等曰："祥符水患，诸子之责犹诸孙

---

① 晁补之：《宋尚书刑部郎中知越州军州事赠特进吏部尚书南安晁公改葬记》，载曾枣庄、刘琳主编《全宋文》第127册，上海辞书出版社，2006，第34页。

之责也，且特进公之子库部公而下皆葬鱼山，迁鱼山宜。抑族坟墓以安神，则从以蒸尝合食则类又宜。"

众曰："唯。"于时诸孙存者，莘县为长，莘县乃走京师，告特进公墓，并举河间县太君刘氏之枢，护奉以归，启窆易椁，改襚惟美，凡资用，皆莘县力也。

这是晁补之为父改葬的一篇记录。晁补之（1053—1110），字无咎，济州巨野（今山东巨野）人。元丰二年（1079）第进士。初授澶州司户参军，转北京国子监教授。元祐初，为太学正，召试，除秘书省正字，迁校书郎。北宋进士，著名文学家。晁补之为父改葬的原因与朱熹为父改葬原因一致，皆因墓地"地卑多水患"。而且文中将改葬过程及避水患的顾虑交代得很清楚：先是担心水患，继而引起了大家的焦虑，接下来讨论的意见趋于集中，如果不解决水患，就是子孙的责任，最终以迁鱼山为宜。这样，一方面可以让先人"安神"，另一方面，子孙在祭奠时，也可以让祖先一同分享。可见，孝道仍是主要因素，这与朱熹为父改葬原因一致。

第四条，刘才邵的《改葬先妣祭文》[①]：

维绍兴七年岁次丁巳，十二月戊午朔，三日庚申，男某暨新妇李氏、男孙某等，谨备清酌庶羞之奠，致祭于先妣安人尊灵。古之葬者，必择爽垲，谋之蓍龟，期以奉安神灵而已，后世阴阳家流始有祸福之说。然幽明之故难以智窥，而拘忌之术儒者不道，况其为说之纷纭，亦何从而尽信哉？伏自安厝先妣而后，祸衅相仍，术者皆以为风水乖戾，当须改卜。夙夜不遑，深惟其故，灾咎之来，必有以召。当缘某不肖，不能奉承慈训，无以徼福于神，归之先茔，于理非是。用是迟回累年，不敢轻议。今者童稚数人，相继夭横，

---

① 刘才邵：《改葬先妣祭文》，载曾枣庄、刘琳主编《全宋文》第176册，上海辞书出版社，2006，第86页。

深虑子孙之不蕃，实干慈念，而幽宅不利，难以致神灵之安。稽之
众言，遂图迁奉。载涓吉日，虔奉灵辄。愿即安于新阡，庶垂福于
后裔。慈颜永隔，血泪交流，殽醑备陈，仰祈歆格。

刘才邵（1086—1158），字美中，吉州庐陵（今江西吉安）人。大观二
年（1108）上舍释褐。宣和二年（1120）中宏词科。他在《改葬先妣祭文》
中记载了为亡母改葬的全过程，其中描述了刘才邵及其家人思想转变的过
程，这也是很多人之所以信奉风水思想的转变过程。虽然古人丧葬"必择爽
垲，谋之蓍龟"，通过龟甲占卜才能得到干爽的地，得到"爽垲"也才能让先
人地下安宁。阴阳决定祸福之说还是后来风水术士的说法，且这些说法众说
纷纭，"亦何从而尽信哉"，可见刘才邵并不完全相信。然而，自从安葬了母亲
之后依旧"祸衅相仍"、不得安宁，风水师认为这是风水不好，必须改葬。于
是，态度发生了转变："夙夜不遑，深惟其故，灾咎之来，必有以召。"而且担
心种种不好的兆头会由于自己的无动于衷而加剧，认为"幽宅不利，难以致
神灵之安"，这其中包含着明显的风水思想。由于无法理解家庭遭遇的变故，
于是求助于风水，这是一种很自然的选择。刘才邵对于风水态度的转变，符
合大多数人的心理特征。上文所述现象即"葬涉福祸论"。"葬涉福祸论"产
生的思想脉络，也是风水盛行的原因。当然这并非朱熹风水思想形成的原
因，却反映了朱熹风水行为发生的时代环境。

第五条，李弥逊的《朝奉大夫朱公宜人叶氏墓志铭》[1]：

大夫之丧，携诸孤自京师护以归，险阻千里，尽力襄事。既
葬，会二子以疾死，卜人曰："葬非其地。"夫人罄家资为改卜。

李弥逊（1085—1153），福州连江（今福建连江）人，大观三年

---

① 李弥逊：《朝奉大夫朱公宜人叶氏墓志铭》，载曾枣庄、刘琳主编《全宋文》第180册，上海辞
书出版社，2006，第361页。

（1109）登进士第。李弥逊在该墓志铭中指出改卜原因是大夫"既葬"后"二子以疾死"，对此术士认为是风水"葬非其地"的原因。这一理由与上文相同，都是因为家庭发生的变故，而推理至祖坟风水不好。于是，夫人罄家资为改卜。这是处理坏风水致害的极端方式，虽与朱熹不同，但都为宋代风水盛行增加了实证。

第六条，王之道的《迁葬告皇妣文》[1]：

> 往遭闵凶，岁在阉茂。日月漂流，七年以久。方当归葬，群寇满路。曾不旬浃，有伐其墓。皇天佑善，贼遂中止。幸不及棺，惭痛何已？哀哀先君，后兹五载，奄弃诸孤，欲养不逮。死则同穴，王诗所言。先君有命，岂敢惮烦？轩车之原，卜云其吉。祔于先君，万事永毕。童孙冢妇，夹侍其圹。肝心若裂，莫写悲怆。

王之道（1093—1169），无为县（今安徽无为）人。宣和六年（1124）进士，因上疏言和议辱国，大忤秦桧意，坐是沦废凡二十年。他在文中记载了一种较为常见的改葬，即将先茔归葬家乡。这种改葬原因与朱熹改葬不同，但都包含着明显的风水思想。

第七条，王之望的《改葬先考开故坟祭文》[2]：

> 伏自先考弃诸孤，家事陵替，继遭兵火，二兄凋丧。某与弟之先流落东南二十余年，罪逆不孝，使先考久兹权厝，每一念之，心肝如灼。乃戊辰岁秋，自太学博士得请于朝，出守荆门，以图襄奉。去年十二月授代还乡，得宅兆于小黄口蒋氏旧居之旁坎山之原，以先妣宜人张氏祔。又祖考朝奉自葬高屯，私门寡佑，术者以

---

① 王之道：《迁葬告皇妣文》，载曾枣庄、刘琳主编《全宋文》第185册，上海辞书出版社，2006，第137页。

② 王之望：《改葬先考开故坟祭文》，载曾枣庄、刘琳主编《全宋文》第198册，上海辞书出版社，2006，第20页。

风水为不利。且孤坟在远，看守为难，子孙后来缺于展扫。今亦改葬此山，与祖妣安人同穴。父子夫妇会于一区，魂灵有知，庶慰泉壤。今将以正月十四日掩圹，谨开故穴，徒灵柩于坟所。先考其去故即新，勿惊勿留，以永享安固之藏。

另，王之望在《改葬祖考开故坟祭文》中亦提及此事：

> 自祖考葬于高屯，家门多故，后嗣零落。诸子中绾、绰以无子绝，诸孙中之深、之美以兵祸绝，其余口夭折者不可悉数。术者以为风水不利所致。先人常欲改卜，力有未及。念孤坟在远，艰于看守，某游宦异乡，归省有时，恐子孙将来浸缺展扫。今述遗意，得宅兆于城之小黄口蒋氏故居坎山之原，以祖妣安人祔，先人先妣陪葬其旁。择正月十四日掩圹，谨开故穴，迎置新茔。父子夫妇会于一所，魂灵有知，庶慰幽冥。①

王之望（1104—1171），襄阳谷城（今湖北谷城）人。绍兴八年（1138）登进士第。王之望文中记载的改葬原因有以下三点：第一，归葬故里。与上一条王之道的《迁葬告皇妣文》动机一致，因为"孤坟在远，看守为难，子孙后来缺于展扫"，归葬后能够和亡母合葬。第二，又和刘才邵改葬亡母的原因一致，都是因为家庭多变故。文中指出，自祖考葬于高屯后"家门多故，后嗣零落"，"诸子中绾、绰以无子绝，诸孙中之深、之美以兵祸绝，其余口夭折者不可悉数"，说明风水似乎直接关乎后人福祸，风水师认为是"风水不利所致"。第三，是为了尽孝，认为自己流落在外二十余年，"罪逆不孝，使先考久兹权厝"，未能够安置妥当。这一点和朱熹为父改葬的原因相同，都是出于对尽孝道的考虑。

---

① 王之望：《改葬祖考开故坟祭文》，载曾枣庄、刘琳主编《全宋文》第198册，上海辞书出版社，2006，第20—21页。

第八条，史尧弼的《徙坟祭文》[①]：

> 易墓非古也，孔子闻雨甚至，防墓崩，泫然流涕，而况于体魄归复于地兹久，乃一旦震动，暴露以迁，为人子者其敢忍见？而情有大不可已者。前所葬地，水流于寅。在风水阴阳之法，当祸长。盖频年之间，血属相望于死凡六人，皆长也。寅之流祸无穷，血属之存无几。祭祀之承，其不可以多杀。意吾二父之灵，亦不得安于此土也。今改卜新兆，叶吉灵，其将永宁。呜呼，子孙幽昧愚塞，不娴习风水阴阳之故，使墓师恣为欺误诞谩，至于多杀灵之血属，且震动暴露以迁，其何所逃归罪戾？惟灵尚慈哀而赦佑之。

史尧弼（1119—？），字唐英，世称莲峰先生，眉州（今四川眉山）人。他的这篇文章提到的是典型的因风水原因而导致的改葬。史尧弼文中提及"前所葬地，水流于寅。在风水阴阳之法，当祸长"，认为从风水的角度考虑，原来的葬地是会惹来祸患的，于是"改卜新兆"。值得注意的是，史尧弼尽管迷信风水，但还是注意区分了风水术士的优劣，甚至强调只有娴熟于风水，才可能不为假的风水术所蒙骗。而且认为，先前被手艺不到家的风水师所害，就是因为"子孙幽昧愚塞，不娴习风水阴阳之故"。这种观念与朱熹的为人子者不可不知医术与风水的观点也是一致的。

第九条，陆游的《吕从事夫人方氏墓志铭》[②]：

> （方氏）初，从事葬于信州上饶县明远乡之德源山，以潦水啮墓趾，改卜于旧墓少东二百步，实庆元二年十二月庚申。而夫人初没时，祖平寰，不能以柩祔从事墓，乃即婺州武义县明招山祖墓之

---

① 史尧弼：《徙坟祭文》，载曾枣庄、刘琳主编《全宋文》第218册，上海辞书出版社，2006，第74—75页。

② 陆游：《吕从事夫人方氏墓志铭》，载曾枣庄、刘琳主编《全宋文》第223册，上海辞书出版社，2006，第222页。

旁葬焉。自改葬从事，诹日奉夫人归祔，而筮未得吉。

　　陆游（1125—1209），字务观，越州山阴（今浙江绍兴）人。年少能诗文，以荫补登仕郎。陆游与朱熹是好友，二人有多封书信往来，也有多次会面。陆游在文中记录的方氏最初"葬于信州上饶县明远乡之德源山"，后因"以潦水啮墓趾，改卜于旧墓少东二百步"。改葬原因是水患损坏墓穴，这一改葬动机与朱熹为父改葬的原因是一致的。

　　第十条，周必大的《参议董君昌裔墓志铭》[①]：

　　　　自君之没，其仲女适林氏者日奉君姑从夫宦游，深念父母之葬
　　有缺，又惟泉水之义重于归宁，数念其弟，谋改卜，不事薰泽，不
　　御酒肉，饭蔬饮水。越二十年，姑亡。终制，适提点君按行所部，
　　遂得偕来，毕精竭力，迁奉双柩葬抚州乐安县云盖乡西务之原，实
　　庆元五年九月壬寅也。

　　周必大在文中述及董昌裔的后人葬先人后惴惴不安的心理活动，虽然古礼讲究"一葬之后，不可复改"，但"惟泉水之义重于归宁"，于是"谋改卜"，且"深念父母之葬有缺"，可见地卑多水为改卜原因。除此之外，周必大在另外一则《程给事母宜人胡氏墓志铭》[②]中同样提到，"宜人初葬县之长遥山，大夫以其地下湿，别卜地于北山亭古城培之原"。改葬原因则为地湿。这与朱熹为父改葬的初衷一致，可见由于地下水的原因改葬在南宋较为常见。

　　第十一条，陈傅良的《朱公向圹志》[③]：

---

　　① 周必大：《参议董君昌裔墓志铭》，载曾枣庄、刘琳主编《全宋文》第233册，上海辞书出版社，2006，第71页。

　　② 周必大：《程给事母宜人胡氏墓志铭》，载曾枣庄、刘琳主编《全宋文》第232册，上海辞书出版社，2006，第310页。

　　③ 陈傅良：《朱公向圹志》，载曾枣庄、刘琳主编《全宋文》第268册，上海辞书出版社，2006，第283-284页。

阴阳之说，余不知起何时，而知其不出于三代也。王季之葬也，水啮其墓，见前和而后改葬，重动危其亲也如此。由今阴阳家言之，不祥莫大焉，而王季子孙皆圣人也。子孙圣与愚，阴阳家固不论，然造周数百年，其不得为不祥也甚著。若必曰改葬而后有此，则文武之生久矣，其造周不待改葬也又甚著。

且三圣人者，不知水啮墓之为不祥，而不速改，是不智也。知其为不祥，必见前和而后改，是不仁也，圣人虑不及此焉。而今日者曰："吾虑过圣人。"是果足信欤？然而举世惑之，何也？彼委巷之民怵于其言者，妄以其亲徼利然也。学士大夫，岂忍以其亲为利而惑焉者？又何也？

吾友朱黼使来告葬，曰："某先君子以隆兴元年某月日卒，祖妣以乾道二年某月日卒，而二伯母、伯兄若弟卒亦若干年矣。今为淳熙十有一年，某始克以十有二月庚申葬祖妣于邑施岩之西原，以先君子祔。去墓百步，得中屿，又以葬诸母、兄弟，凡四柩。

……

（朱黼）又曰："先考病且革，有以上世墓不利请迁者，先君泣禁之，曰：'暴吾亲之骨于地上，而苟得活，吾弗如死也。'"又曰："王母之治命曰：'而父生能养，死不可去吾侧。他日葬我，必以而父祔。'"黼之言云尔。

诚如黼言，其王母以祔葬为是，苟祔葬，虽死乐也；其父以迁葬为非，是苟迁葬，虽生不乐。则朱氏盖闻礼者也，不惑于阴阳之说者也。黼诵斯言也，以为称首，乞铭若是，而犹缓葬，余故曰：俗成，则知名之士不能免也。余为斯文，既以慰解黼之悲，因以劝人子也。

朱氏世家平阳杉桥里，黼祖母姓章氏，享年七十八，太学生升之女。父讳某，字公向，享年四十四，娶杨氏。子男二人，黻早卒，四柩之所谓弟也。女四人，适某人某人，一为浮屠。公向能教黼，章氏能成公向志，杨氏又世守之，黼故得为知名士云。

陈傅良[①]（1137—1203），字君举，号止斋，温州瑞安（今浙江瑞安）人。师薛季宣、郑伯熊，传永嘉之学。乾道八年（1172）登进士甲科。《朱公向圹志》追溯了周朝先人不轻易改葬父母的事实，认为这并未对周朝的兴盛产生任何负面影响。同时也赞扬了他的朋友朱黼和朱黼的先人不轻易改葬，不信阴阳风水。陈傅良这段话也是以"此朱"批评"彼朱"，对朱熹为父母频繁改葬给予批评。

一般而言，中国传统社会信奉的是"入土为安"，安葬后，不应再去惊扰先人遗体。对于改葬，朱熹在《家礼》中曾认同并引用二程的主张："夫葬者藏也，一藏之后，不可复改，必求其永安。故孝子慈孙，尤所慎重。"[②]可见，对于改葬，朱熹也是很慎重的。但是这里的先决条件是"安"。如果有种种原因使先人的遗骨不安，改葬无疑也是可以被认同的。

从朱熹和宋代绝大部分改葬的实例可以看出：

第一，改葬中的自然灾害因素比较明显，其中尤以水患为著。"地势卑湿"则水势上涌，容易对葬地棺椁造成侵蚀，以致先人遗骨被水土、害虫污染，"古人之葬，欲比化不使土亲肤。今奇玩之物，尚保藏固密，以防损污，况亲之遗骨，当如何哉？……地中之患有二，惟虫与水而已。所谓毋使土亲

---

① 关于陈傅良与朱熹的关系：绍熙五年，光宗内禅，宁宗赵扩即位，陈傅良、朱熹二人同被举荐入朝。《宋史·朱熹传》："宁宗即位，赵汝愚首荐熹及陈傅良，有旨赴行在奏事。"楼钥在《起居舍人陈傅良起居郎制》中称其"身方在于布衣，名已传于海内"（曾枣庄、刘琳主编《全宋文》第262册，上海辞书出版社，2006，第383页。）通过陈傅良的《跋江道士玉台庵额后》，朱陈二人的友谊可见一斑："道人为余言：此山在闽昭武，最深僻，人不迹处。吾求晦翁之字，请书其后，将刻之石。两翁未必以功业著见于世，或千载之下，有得残刻于荒榛乱石之间，庶两翁不泯耳。余笑而书之。"（曾枣庄、刘琳主编《全宋文》第268册，上海辞书出版社，2006，第16页。）该年闰十月十九日晚第七次侍讲，朱熹被宁宗罢逐后，陈傅良曾反复上奏援救朱熹，规劝赵扩括回心转意。《续资治通鉴》卷一五三记载："闰十月二十二日至二十五日，中书舍人陈傅良，封还录黄；起居郎刘光祖、起居舍人邓驿、御史吴猎、吏部侍郎孙逢吉、知登闻鼓院游仲鸿，交章留熹，皆不报"；十一月二十八日，陈傅良再荐朱熹入史院，不允；十二月九日，陈傅良以依托朱熹被罢。庆元三年十二月二十九日，韩侂胄设置"伪学逆党"党籍。被定为"伪学逆党"而"得罪"者共59人，待制以上有4人，分别为朱熹、陈傅良、孙逢吉、彭龟年。（参见毕沅：《续资治通鉴》卷一五三，中华书局，1964，第4118页。）

② 程颐、程颢：《二程集》，王孝鱼点校，中华书局，1981，第290页。

肤，不惟以土为污，有土则有虫，虫之侵骨，甚可畏也。"①据说墓葬风水的起源就是防水之术，后世无知，乃演成体系庞杂的风水学说。"古者圣人制卜葬之礼，盖以市朝迁变，莫得预测，水泉交浸，不可先知，所以定吉凶，决善恶也。后代阴阳家流，竞为诡诞之说，葬书一术，遂至百二十家。"②总之，在古人看来，防水是考察宅兆风水的关键，凡是容易引起水患的地方肯定不是吉地，凡是吉地一定不能有水患。宋人改葬，一个重要原因就是避免水患。

这方面的例子有很多，如前文提到的晁补之为父改葬，这里再举数例。欧阳修《尚书户部郎中赠右谏议大夫曾公神道碑铭》载："（曾致尧）初葬南丰之东园，水坏其墓，某年月日，改葬龙池乡之源头。"③这是水已坏墓，不得不改迁，"改葬龙池乡之源头"显然就避免了水患之忧。林光朝《左中大夫秘阁修撰赠光禄大夫林公行状》载："（林积仁）公既葬后十年，以夫人之枢来，卜者谓土薄下湿，遂改卜灵隐山之东冈。"④这是借夫妻合葬之机进行改葬的，改葬的原因也是"土薄下湿"。陆游《吕从事夫人方氏墓志铭》载："初（吕大同）从事葬于信州上饶县明远乡之德源山，以潦水啮墓趾，改卜于旧墓少东二百步……而夫人初没时，祖平窆不能以枢祔从事墓，乃即婺州武义县明招山祖墓之旁葬焉。自改葬从事，诹日奉夫人归祔。"⑤这也是因水患而改葬的，与前例类似，此例亦将改葬与合葬同时操办，可谓一举两得。

第二，之所以人们如此迷信对葬地的选择，这也与阴宅风水应验的很多传闻有关。古人相信"父母子孙一气而分形，亲之体魄安，则此心亦安；亲

① 程颐：《记葬用柏棺事》，载曾枣庄、刘琳主编《全宋文》第80册，上海辞书出版社，2006，第332-333页。

② 程颐：《葬法决疑》，载曾枣庄、刘琳主编《全宋文》第80册，上海辞书出版社，2006，第321-322页。

③ 欧阳修：《尚书户部郎中赠右谏议大夫曾公神道碑铭》，载曾枣庄、刘琳主编《全宋文》第35册，上海辞书出版社，2006，第228页。

④ 林光朝：《左中大夫秘阁修撰赠光禄大夫林公行状》，载曾枣庄、刘琳主编《全宋文》第210册，上海辞书出版社，2006，第95页。

⑤ 陆游：《吕从事夫人方氏墓志铭》，载曾枣庄、刘琳主编《全宋文》第223册，上海辞书出版社，2006，第222页。

之宅兆危，则此情亦危"①，在命运、前程、寿夭等问题上，风水往往起着决定性的解释作用。除上文所列之外，秦开凤在《宋代文化消费研究》②中也举了几个例子：洪迈《夷坚志》载"朱忠靖公墓"一例中，其湖州墓有术士言："山势甚吉，恨去水太远，秀气不集，子孙虽蕃昌，恐不能以科名自奋。"③故乾道中改葬山水祥和相配之处，果二十年后家中人接踵科第。王明清《挥尘录》载岳飞葬母时，即有僧言，其葬"子孙须有非命者。然经数十年，再当昌盛"。后亦应验，所谓"凡三十年……昔日之言，犹在耳也"④。何蓬《春渚纪闻》载某君"其居在汉铜官庙后，溪山环合"，有相宅者言："此地当出大魁。"其父云："与其善之于一家，不若推之于一郡。"即迁其居于后，以其前地为乌程县学。不二三年，县学中人接踵科第。故言："相宅之言为不妄。"⑤可见，当时风水好坏与前程相关的说法为人们所深信。

第三，进行改葬的不乏社会精英、鸿儒巨公。这些人士对于风水的态度往往是"俗成，则知名之士不能免也"。司马光曾说："今人葬不厚于古，而拘于阴阳禁忌，则甚焉。"⑥阴宅风水在宋代社会已经形成深入民心的风俗习惯，为死者卜地是非常重要且常见的事情，否则会受到别人的质疑。司马光《葬论》就举了一个真实且非常有趣的例子：

> 昔者，吾诸祖之葬也，家甚贫……金银珠玉之物，未尝以锱铢入于圹中。将葬太尉公，族人皆曰："葬者，家之大事，奈何不询阴阳，此必不可。"吾兄伯康无如之何，乃曰："询于阴阳，则可矣。安得良葬师而询之？"族人曰："近村有张生者，良师也。数县皆

① 吴泳：《别少师改葬墓碑》，载曾枣庄、刘琳主编《全宋文》第316册，上海辞书出版社，2006，第383页。
② 秦开凤：《宋代文化消费研究》，博士学位论文，陕西师范大学，2009。
③ 洪迈：《夷坚志》支景志卷1，中华书局，2006，第882页。
④ 王明清：《挥尘录·三录》卷3，载《宋元笔记小说大观》第4册，上海古籍出版社，2001，第3787页。
⑤ 何蓬：《春渚纪闻》卷1，中华书局，1983，第4页。
⑥ 司马光：《葬论》，载曾枣庄、刘琳主编《全宋文》第56册，上海辞书出版社，2006，第157页。

用之。"兄乃召张生，许以钱二万。……（张生）闻之大喜。兄曰：
"汝能用吾言，吾畀尔葬。不用吾言，将求他师。"张生曰："惟命是
听。"于是兄自以己意处岁月日时，及圹之浅深广狭，道路所从出，
皆取便于事者，使张生以《葬书》缘饰之，曰大吉，以示族人。族
人皆悦。①

迫于族人和风俗的压力，原本并不相信风水的司马伯康不得不请了一个
风水师，给了一个高于行价十倍的价格，让风水师按照自己的主意去解释，
虽然是走形式，其结果却使得"族人皆悦"。司马光在熙宁七年（1074）回
忆此事说：此时其兄弟二人皆长寿，位至高官，家中人口繁衍，仕宦者亦
多，以风水择地之家未必能及。这个例子告诉我们，"宋人举行墓葬，大潮
流是实行风水，司马光兄弟是极少数不信风水者，但也须找来风水师解围，
可见其背负压力之大"②。由此可见，在世俗面前，知识精英对于风水也面
临艰难选择。

第四，改葬者大多熟知风水。熟知风水是因为尽孝，也是为了防止被不
负责任的风水术士所蒙骗。懂风水，这是身为人子所必备的技能。如朱熹、
史尧弼等尽管并不是专业的风水师，但是对于风水都有着自己很深的研究。
蔡元定亦精通风水之术，其父蔡发（1089—1152）在《玉髓经发挥序》中曾
告诫蔡元定：

为人子者不可不知医药、地理。父母有疾，不知医药，以方
脉付之庸医之手，误杀父母，如己弑逆，其罪莫大。父母既殁，以
亲体付之俗师之手，使亲体魂魄不安，祸至绝祀，无异委而弃之于
壑，其罪尤甚。至于关生人之受荫，冀富贵于将来，特其末耳。③

① 司马光：《葬论》，载曾枣庄、刘琳主编《全宋文》第56册，上海辞书出版社，2006，第157-158页。
② 刘祥光：《宋代风水文化的扩展》，《台大历史学报》2010年第45期，第35页。
③ 蔡元定：《玉髓经发挥序》，载曾枣庄、刘琳主编《全宋文》第258册，上海辞书出版社，
2006，第401页。

该文中所述"为人子者不可不知医药、地理"，与当时流行的"不可不知山，不可不知医"所表达的意思是一致的。刘祥光认为，"这等于提供世人学习风水术一个理论基础"[①]。这也是理学家认同风水的一个原因，程颐有言："疾而委身于庸医，比之不慈不孝，况事亲乎？"[②]欧阳守道也说："夫人子不可以不知医，而亲没卜葬，其事尤重，委之庸卜可乎？……愚谓术有疏密，择葬地而术疏，犹之庸医也。"[③]此类见解与朱熹为父卜地的缘由也是一致的。

第五，改葬在当时是一种社会现象，不乏群众实践基础和先例。风水在当时确已根深蒂固，而且也是百姓所热衷的事情。朱熹在讨论孝宗陵寝风水时，也曾论及民间的葬俗，指出："近世以来，卜筮之法虽废，而择地之说犹存，士庶稍有事力之家，欲葬其先者，无不广招术士，博访名山，参互比较，择其善之尤者，然后用之。"[④]可见宋代风水已然成风。朱熹在这一社会背景下为父改葬，从风水角度来说，也实属必然。

第二节　朱熹为母亲择地分葬

一、朱熹为母亲择地分葬

朱熹14岁时父亲去世，一直跟随母亲生活，母子感情笃深。乾道五年（1169）九月，母亲去世，时年朱熹40岁。乾道六年（1170）庚寅正月，朱熹择地建阳县崇泰里后山天湖之阳的寒泉坞，即马伏太平山麓，葬其母祝氏，

① 刘祥光：《宋代风水文化的扩展》，《台大历史学报》2010年第45期，第55页。
② 程颐：《河南程氏粹言》卷1，载程颐、程颢《二程集》，王孝鱼点校，中华书局，1981，第1220页。
③ 欧阳守道：《送卜葬者覃生归宁都序》，载曾枣庄、刘琳主编《全宋文》第347册，上海辞书出版社，2006，第398页。
④ 朱杰人、严佐之等主编《朱子全书·晦庵先生朱文公文集》卷15，上海古籍出版社，2002，第119页。

葬地距今建阳县城约20公里，属莒口镇辖地。

朱熹为母择地，在其《尚书吏部员外郎朱君孺人祝氏圹志》中有明确记载：

> 先妣孺人祝氏，徽州歙县人。其先为州大姓，父讳确，始业儒，有高行。娶同郡喻氏，以元符三年七月庚午生孺人。性仁厚端淑，年十有八，归于我先君讳松，字乔年，姓朱氏。逮事舅姑，孝谨笃至，有人所难能者。以先君校中秘书赐今号。及先君卒，熹年才十有四。孺人辛勤抚教，俾知所向。不幸既长而愚，不适世用，贫病困踬，人所不堪，而孺人处之怡然。乾道五年九月戊午卒，年七十。
>
> 生三男，伯仲皆夭，熹其季也。尝为左迪功郎，差充枢密院编修官。一女，适右迪功郎、长汀县主簿刘子翔。孙男塾、塾、在，女巽、兑皆幼。越明年正月癸酉，葬于建宁府建阳县后山天湖之阳，东北距先君白水之兆百里而远。不孝子熹号慕陨绝，敢窃记圹中如此。昊天罔极，呜呼痛哉！[①]

在上文中，朱熹介绍了母亲的生平，以及子女的概况。然后交代了母亲葬地位于建阳县后山天湖之阳（今莒口镇马伏村良种场后），此地距朱松的葬地有百里之远。

嘉泰三年（1203），周必大在《史馆吏部赠通议大夫朱公松神道碑》中亦有相似记载：

> 公（朱松）娶同郡祝氏，处士确之女，赠硕人。事姑孝谨，待内外姻亲和顺，得其欢心，后公二十七年卒，别葬建阳县崇泰里后

---

① 朱熹：《尚书吏部员外郎朱君孺人祝氏圹志》，载曾枣庄、刘琳主编《全宋文》第253册，上海辞书出版社，2006，第207页。

山铺东寒泉坞。①

　　周必大在文中也提及祝氏殁后别葬于寒泉坞这一信息。由此可知，朱熹父母死后并未合葬，而是选择了分葬。朱熹到底是出于何种考虑呢？朱熹在《云谷记》中记录了为母亲择地的过程：

　　　　盖此山自西北横出，以其脊为崇安、建阳南北之境，环数百里之山，未有高焉者也。此谷自下而上，得五之四，其旷然者可望，其奥然者可居。昔有王君子思者，弃官栖遁，学练形辟谷之法，数年而去。今东寮即其居之遗址也。然地高气寒，又多烈风，飞云所沾，器用衣巾皆湿如沐。非志完神王（通"旺"）、气盛而骨强者，不敢久居。其四面而登，皆缘崖壁、援萝葛，崎岖数里，非雅意林泉、不惮劳苦者，则亦不能至也。

　　　　自予家西南来，犹八十余里，以故他人绝不能来，而予亦岁不过一再至。独友人蔡季通家山北二十余里，得数往来其间。自始营葺，迄今有成，皆其力也。②

　　上文所述，寒泉坞一地是朱熹与友人蔡元定共同选择的。朱熹和精通风水的蔡元定一道，来到先前曾游览过的建阳县崇泰里后山天湖之阳的寒泉坞考究风水，发现此地"旷然可望，奥然可居"，是块风水宝地。而且，此处还是王子思的遗址所在地，王子思是精通辟谷之法的。从风水上讲，这块地非常难得。

　　吴澄的《又跋朱子墨迹》对此也有类似的记载："朱子葬母祝令人之地，得自西山（蔡元定），盖其家母每欲得葬地，则必友之西山也。"③这是说，

　　① 周必大：《史馆吏部赠通议大夫朱公松神道碑》，载曾枣庄、刘琳主编《全宋文》第233册，上海辞书出版社，2006，第39页。
　　② 朱熹：《云谷记》，载曾枣庄、刘琳主编《全宋文》第252册，上海辞书出版社，2006，第58页。
　　③ 束景南：《朱子大传》上册，商务印书馆，2003，第289页。

祝氏的葬地是蔡元定所选。另据闽北朱子后裔朱泗洪回忆："前辈传说，祝氏（朱熹之母）墓地经当时风水先生所选定，可是对埋葬的穴位一时难定。朱熹亲自到山上徘徊数转，选择一地，站立不动曰：'葬前闭，葬后绝，宜葬于此。前开明道，以接阳光。'于是，以其立足之地定为墓穴。"①

二、朱熹为父母分葬的原因

朱熹将其父迁葬武夷乡上梅里寂历山中峰僧舍之北，暗合了先父"乡关落日苍茫外，樽酒寒花寂历中"的诗句，而别葬其母于建阳县崇泰里后山铺东寒泉坞，这一举动不符合常理。朱熹为何没有把父母葬在一起，而是把母亲葬于离父亲宅兆百里之远的异乡？

这里有一则典型史料，一直未被学术界所关注，这就是方大琮给林进礼的一封信，即《与林题干进礼书》，他在信中写道：

> 宅兆大事，宜尽吾心。求福于地下之枯骨，固温公所不取。吕氏自南渡来，子孙虽分散四出，多归葬婺之明招山，故成公为人墓志，遇祔葬者必喜道之，然或者谓吕之子孙不甚寿，亦祖山掘凿太过也。惟朱文公最喜风水，韦斋与祝氏皆别葬，文公又自葬唐石，门人执绋者数日乃至，水心笑之，谓其多占风水。前辈之不同盖如此。乡人宋卿茂洪三世不同穴，亦有议其多占者；今每季首岁节，子孙奔走不能遍，亦足以鉴。大抵人家此事最难，亦有指其佳处而力不足以谋者，亦有惑于道旁之议而不能定者。②

方大琮（1183—1247），字德润，号铁庵，又号壶山，兴化军莆田（今福建莆田）人。开禧元年（1205）进士，授南剑州教授。端平二年（1235）

---

① 何志坤、刘健：《朱熹在建阳》，载林振礼《朱熹新探》，中国广播电视出版社，2004，第136-137页。
② 方大琮：《与林题干进礼书》，载曾枣庄、刘琳主编《全宋文》第322册，上海辞书出版社，2006，第61页。

迁太府寺丞，三年擢秘书郎、兼景献府教授，迁著作郎，除右正言。方大琮认同宅兆是大事的观点，但认为"惟朱文公最喜风水"，对朱熹过度讲求风水则不以为然。他认为朱熹把父母分葬在不同的地方，又把自己葬在别处，这样做是为了多占风水，有贪婪风水的嗜好。明代项乔在《风水辩》中也对朱熹的这种行为有类似的解释：

> 曰："程、朱信大儒也。然以其事其言论之，则亦何能无疑？其曰：'地之善者，则其神灵安，子孙盛，若培其根而枝叶自茂。'不知所谓根者，果有生气者乎，抑既朽者乎？如曰既朽之根，而培之以求枝叶之茂，不可得矣。兆二亲于百里之远，而再迁不已，谓朱子纯孝之心，惟恐一置其亲于不善之地可矣。若谓缘此求荫，恐非圣贤明道正谊之本心也。"[1]

项乔（1493—1552），字子迁，号瓯东，永嘉人。嘉靖十七年（1538），项乔的母亲娄氏病故，葬后有风水先生说坟地不善。于是项乔乃作《风水辩》，驳斥堪舆之说的无稽。项乔对于朱熹将双亲分葬的行为是不赞同的，但项乔在上文为朱熹开脱时指出：朱子葬其二亲于百里之远，是出于让二老都能有善地。这样做可以说是出于一片孝心，唯恐置其亲于不善之地。如果说朱熹是为了"求荫"，恐怕不是圣贤的本意。而接下来对朱熹将双亲分葬，项乔却表示不解：

> 况生则同室，死则同穴，中古以来，未之有改也。使二亲而有灵，夫岂安于百里之睽违，而不抱长夜之恨乎？其所以屡迁者，或亦借以求荫焉耳。呜呼！其求之也力矣。何后世子孙受荫，不过世袭五经博士而已，岂若孔子合葬于防，崇封四尺，未尝有意荫应之求，而至今子孙世世为衍圣公耶？[2]

---

① 张履祥：《杨园先生全集·项乔风水辩》，陈祖武点校，中华书局，2002，第1452页。
② 同上。

项乔认为，"生则同室，死则同穴"，生死皆在一起，是自古以来的传统习俗，于情于理都应合葬。若不能合葬双亲，岂不是让二老在地下"抱长夜之恨"吗？而且例举孔子就是采用了合葬，并没有刻意追求"荫应"，然而至今子子孙孙无穷匮也，先人的思想和血脉仍在代代相传。项乔又说：

> 是故荫应之说，本不难辩，奈何聪明智巧者，既援程、朱以为口实，其冥顽者又附和而雷同焉？宜其说之炽行于后世也。自生民以来，未有盛于孔子事亲，如孔子，足以立人极矣。不师孔子，而必师程、朱乎？虽然，程、朱实善学孔子者，其嘉言善行足以佑启后世者多矣，此特贤者之过，偶一之失焉耳。率其素履而略其一节，又岂非善学程、朱者乎？[1]

在否定了"荫应"说之后，对于朱熹将双亲分葬，项乔继续质疑道："自生民以来，未有盛于孔子，事亲如孔子，足以立人极矣。不师孔子而必师程朱乎？"他认为自古以来人们崇敬孔子，把孔子的孝亲作为做人的根本，可见朱熹的做法是不可取的。然而，项乔并没有彻底否定朱熹，认为这只不过是大儒"偶一之失焉"。

朱熹不仅自己为父母异地而葬，在其他场合也持有同样的观点，如朱熹《答李晦叔》所载：

> 夫妇之义如乾大坤至，自有等差。故方其生存，夫得有妻有妾，而妻之所天，不容有二。况于死而配祔，又非生存之比？横渠之说，似亦推之有太过也。只合从唐人所议为允。况又有前妻无子、后妻有子之碍，其势将有甚扞阂而不安者。唯葬则今人夫妇未必皆合葬，继室别营兆域，宜亦可耳。[2]

---

① 张履祥：《杨园先生全集·项乔风水辩》，陈祖武点校，中华书局，2002，第1452页。
② 朱熹：《答李晦叔》，载曾枣庄、刘琳主编《全宋文》第249册，上海辞书出版社，2006，第148页。

朱熹认为，根据常理"夫妇之义如乾大坤至，自有等差"，"夫为妻纲"的夫妇关系乃天伦之理。妻妾相比，"妻之所天，不容有二"。按照传统观念，妻子死后应与丈夫合葬，这是天理，续弦另当别论。朱熹也承认"死而配祔"是惯例，而自己为父母分葬是个例。

三、朱熹分葬的比较研究：宋代的分葬与合葬

美国学者田浩在《朱熹的思维世界》中也关注到了朱熹分葬父母一事。田浩说："他（朱熹）没有遵照传统经典把她（朱熹母亲）葬在父亲的身旁，而是将她葬在离父亲大约100里（50公里）的地方。其后，朱熹移葬他父亲到另一个地方，但没有让父母的葬地相邻。数百年以后，一位清代笔记小说家注意到在南宋时期的大学者当中，有很多人把父母的遗骨分开埋葬，这种做法在当时是一条能够遵循的先例。很明显地，朱熹的这种做法并不具有独特性。"[①]

但田浩没有具体指出宋代到底有哪些人分葬父母。根据笔者掌握的史料，与"分葬"相关者，条列如下。

第一条，周必大《先夫人王氏墓志》明确记载分葬的一个案例：

> （先君）既薨，（先夫人）昼夜号慕，至累日水浆不入口。人固忧其毁，而某冥顽悖戾，不能解释调护如先夫人所以事父母者万分之一，竟以戊午岁正月十八日不起。会疆事未平，亟以二月十六日葬于州北之茶山，寿止三十七。
>
> ……
>
> 顾视先茔兆域相迮，不可以祔，别卜地于夹河二里间，惟长冈之麓食乡犹膏泽也，庚寅甫窆，丁酉窆。呜呼！我先夫人孝于亲不获其报，艰厌躬弗偿以寿，裕乃志弗究其成，十年教子而不及享一

---

① 钱泳：《履园丛话》卷5，中华书局，1979，第141页。

日之养。天不可问，理不可诘！[①]

周必大提到，先君殁后，先夫人王氏并没有与先君合葬，原因是经考察认为先茔兆域"不可以祔"，不能合葬一处是因为风水不行。于是只能"别卜地于夹河二里间"，且此处"犹膏泽"，是块肥沃的土地。这里直接提到了是由于风水的原因不能合葬，与朱熹分葬父母占风水宝地的原因大致是一样的。

第二条，蔡元定的儿子蔡渊所作《母江氏墓志》明确记载其父母葬地相距"一十里"。原文不长，全录如下：

> 先妣夫人江氏，家素业儒，世有隐德。夫人生于绍兴十年正月望日，年十有五，归于我先君讳元定字季通。尝以律历荐召，不赴，特给笔札著书。庆元初以党论谪道州，嘉定更化，追赠以官。夫人仁厚端淑，事姑孝谨，终其老无失色。处己严整，虽至乐无惰容，与先君相敬如宾。
>
> 先君既谪而死，渊兄弟顽钝，不能垣边时好，独尚古学，辛勤艰窭，人所不堪，而夫人处之怡然。嘉定十年二月十四日寝疾，辛，享年七十有八。子男四人：长渊，次沆，次沈，末沈早亡。沆六岁出继虞氏，领乡举，复归宗，以其子梓为虞氏后。女二人：长适进士王鞴，次适进士吴恭。孙男九人：格、模、杭、权、棫、楠、柄、楷、榆。孙女六人。
>
> 越四月二十五日，以亲朋赙赠，遂克葬夫人于建阳县崇泰□□九峰之源，西距翠岚先君坟茔一十里而近。不孝子蔡渊等号慕陨绝，敢窃志圹中如此。昊天罔极，呜呼痛哉！嘉定十年丁丑四月二十五日，男渊书。[②]

---

① 周必大：《先夫人王氏墓志》，载曾枣庄、刘琳主编《全宋文》第232册，上海辞书出版社，2006，第302页。

② 蔡渊：《母江氏墓志》，载曾枣庄、刘琳主编《全宋文》第292册，上海辞书出版社，2006，第214页。

蔡渊为蔡元定长子，这是蔡渊代表兄弟三人为母亲所作的墓志。文中提到葬母于建阳县崇泰□□九峰之源，而其父葬在翠岚，两地相距十里。这一距离与朱熹父母分葬百里的距离相对来说不算远。然而，在本质上是一样的，死后夫妻二人没有合葬。这里需要提及的是，蔡渊亡母所葬地与朱熹亡母所葬地一样，都是在建阳崇泰里。而此处，正是蔡元定和朱熹当年所卜之地。因而，蔡渊为父母分葬与朱熹为父母分葬更为相似，而凭蔡元定一家和朱熹的关系来看，蔡渊的做法是否学习了朱熹亦未可知。

第三条，北宋诗人程俱也在一篇墓表中提到了一个案例：

> 建昌军城东出天酒门十里，曰十里原。众山回礴，水由其间，起于癸，迤于乾，委于壬。水之南有墓，据离山癸向者，故大庾县尉邓公及其母夫人之墓也。东行五十举步，有墓据巽山乾向者，夫人夏氏之墓也。初，公以熙宁八年七月五日卒，明年，卜葬，既得离山之地矣，公母夫人徐氏又卒，于是公弟宣义公之纯，举二枢葬焉。徐夫人居左，公居右。夏氏素孝睦，日号泣，邑邑不自理，明年六月，又以毁卒，不阅月而葬。茔中无所容，故从别卜。①

程俱（1078—1144），北宋诗人，字致道，号北山，衢州开化（今浙江开化县）人。需要说明的是，在此案例中，夏氏虽然与其夫邓公分葬，不过其实相去不远，"东行五十举步"，还是在同一个风水空间中，这与朱熹父母宅兆相距百里之远不可同日而语。

在以上史料中，周必大是南宋著名政治家，蔡元定可列入大学者，但若将蔡渊列入大学者，显然勉强，至于程俱提及的"公弟宣义公之纯"更是名不见经传的小人物。更重要的是，南宋分葬父母（夫妻）的实在不多见。所以田浩关于"南宋时期的大学者有很多人把父母的遗骨分开埋葬"的观点需

---

① 程俱：《宋故南安军大庾县尉赠朝奉大夫南城邓公墓表》，载曾枣庄、刘琳主编《全宋文》第155册，上海辞书出版社，2006，第414页。

要重新考量。

与夫妻分葬相比，更为常见也更合乎情理的做法应当是合葬。生死相依，本是夫妻应有之义。除了以上朱熹、周必大、蔡渊的三例关于夫妻分葬的记录，根据笔者所掌握的材料，夫妻合葬的案例则相对更多，条列如下。

第一条，李吕的《万松开寿藏祭前妻墓文》[①]：

> 维庆元四年，岁次戊午，三月戊戌朔，十五日壬子，夫李某以家馔清酌昭荐于前妻高氏之墓。某与君结发六十年矣。共处九年而君长逝，卜葬溪东鸡笼之麓曰李窠，已五十年矣。君之行实，予尝铭其阡焉。惟是气序流易、松风草露有慨于予心者，迨今犹未忘也。
>
> 予后君一岁生，今七十七，既老且病，齿牙筋络，日夕作楚。中岁以来，又病脚气，自去夏发动，疾痛交攻，惟恃淡粥以苟全性命。思欲预为终制，卜于他所，又辄不合。尝因往来见君兆域之左正直坤维，约十举武，似可以为予归全之所。以问日者，莫不以为宜。退而喜曰：予与君契阔许久，今乃营寿藏于其侧，使异时尚获相依于冥漠之中，虽百千春秋孰究其终穷！既安且固，以利我后，虽前时相从之日浅，亦可无憾。
>
> 今也偶值岁月日时之良，日者以谓用之存殁俱便，遂鸠工平治基址，凡百务从质实。自首丘之外唯有水路，拜坛下创门庭，实不可阙者，粗令为之，庶彼此无害。但不至广有兴造，以侵伤山气。至于整治墓道，穿池栽树，修葺守屋，因以精舍，广开窗户，使子子孙孙中有好学喜静者肆业其中，因以省视丘垄，皆两地之所同也。当其始事，酹觞以告。

李吕（1122—1198），字滨老，一字东老，号澹轩，邵武军光泽（今福

① 李吕：《万松开寿藏祭前妻墓文》，载曾枣庄、刘琳主编《全宋文》第220册，上海辞书出版社，2006，第303—304页。

建光泽）人。与朱熹为益友。上文记载了李吕在世时为把自己和亡妻安葬在一起而筹措。文中所述，自中岁以来，由于自己身体的缘故，就开始为后事做打算。然而，"卜于他所，又辄不合"，在李吕看来，分葬显然不太合适。后发现在亡妻兆域十步之遥的一侧挺合适，觉得可以为身后之事做决定，且众人都认为这样做很合适。

第二条，刘宰的《前室安人陶氏启殡祭文》①：

> 大惧归葬之议不决于此时，则同穴之志遂乖于往日，是用不量其力，既为先人卜葬茅山之东麓薛村之原，复度地于先祖及祖妣茔前所谓沙墅山者。山势回合，土厚水深，草木畅茂，云烟蓊郁。虽俗师所未喻，而揆之地理，酌以人事，则所谓葬也者藏也，此地殆庶几焉。谨穴其左，以为君永归之地，而虚其中与右，庶某异时获没于地，得合葬焉。兹辰之良，肇启殡宫，扶携灵舆，即于长道。

刘宰（1166—1239），镇江府金坛（今江苏金坛）人。绍熙元年（1190）赐进士出身。刘宰也在为择地而犹豫，然"同穴之志"占了上风，"同穴"即合葬。一开始为先人卜葬在茅山之东麓薛村之原，后来又重新卜地在先祖及祖妣茔前所谓沙墅山。而且，这里"山势回合，土厚水深，草木畅茂，云烟蓊郁"，一般的风水师也未必能形容此处之妙。这里不仅可以安葬先人，也可以为自己百年之后进行合葬。可见，刘宰对此地作为合葬处甚为满意。

第三条，王十朋的《贾府君行状》②：

> 公与夫人丧久在殡，弟县慰君尝言："吾兄嫂事吾母尽孝，吾当

---

① 刘宰：《前室安人陶氏启殡祭文》，载曾枣庄、刘琳主编《全宋文》第300册，上海辞书出版社，2006，第349页。

② 王十朋：《贾府君行状》，载曾枣庄、刘琳主编《全宋文》第209册，上海辞书出版社，2006，第161页。

择地改葬吾母，以兄嫂祔焉。"屡以卜，后得邑之左原，其岗维吉，
躬治坟茔以奉窀穸。绍兴癸酉秋，循似泣谓某曰："吾将以冬十一月
十有七日合葬吾父母，欲丐铭大手笔以发其幽光，子盍状之？"

王十朋（1112—1171），字龟龄，号梅溪，温州乐清（今浙江乐清）
人。绍兴二十七年（1157）以进士第一及第。上文所述，贾府君去世后，其
弟为了将兄嫂与父母合葬一起而多次卜地，最后定在"邑之左原"，因该地形
势维吉。最终定下了合葬的日子"冬十一月十有七日合葬吾父母"。而且，这
处葬地不仅仅是父母的安葬之处，也将把兄嫂合葬在这里。这里的卜地之法
也有对风水的运用。

第四条，吕祖谦的《通判沅州刘公墓志铭》[①]：

> 淳熙二年秋七月甲辰，朝奉郎、通判沅州军州事、赐绯鱼袋
> 刘公及其夫人赵氏，合葬于婺州武义太平乡之清溪原，其孤刚中先
> 期请曰："吾父、吾母携持小子，至于湖水之北、沅水之旁，而大
> 弃之。累然孤身，东望故乡数千里，乃负乃载，乃陟乃降，更一寒
> 暑，而柩克达于家。躬亩肩畚，被除榛翳，乃规乃垦，乃涂乃塈，
> 又一寒暑而葬克安于兆。"

吕祖谦（1137—1181），字伯恭，婺州金华（今浙江金华）人。理学宗
师级人物，与朱熹、张栻齐名，号称东南三贤。上文载刘公及其夫人合葬于
婺州一地，他的孩子"乃负乃载，乃陟乃降"，携父母遗骨不远千里回到家乡，
"乃规乃垦，乃涂乃塈"，亲自在葬地垦荒、建墓，历尽千辛万苦，终于将父
母合葬。由此可见合葬更加深入人心。

淳熙三年（1176）二月，吕祖谦的另外一则墓志《方夫人志》亦有

---

① 吕祖谦：《通判沅州刘公墓志铭》，载曾枣庄、刘琳主编《全宋文》第262册，上海辞书出版
社，2006，第85页。

记载：

> 吕氏自东莱公而下皆葬婺州武义县明招山，惟我先祖暨先君兆
> 域别在信州上饶县之德源。不肖孤哀荒颠，冥未克合祔，恐旦暮即
> 死，不能终大事，亟以次年二月二十日奉夫人之丧葬于东莱公兆域
> 之旁。①

上述史料，也是合葬，但与夫妻合葬不同，是将夫人与祖上东莱公而下的祖坟合葬在一起，这也算是了了一桩心愿。然而，先祖与先君兆域仍与其他祖坟不在一个地方，未尝合葬，这也成了一块心病。

以上五则史料很有代表性，都是讲合葬的。其中有的是夫妻合葬；有的是先君和先祖合葬，并有可能作者在死后也与先祖合葬；有的是父母合葬；有的是后人与祖坟合葬。由于古代子嗣众多，家族庞大，会因各种原因而导致后人各分支未必葬到一起，但是家族葬于一处也是非常合理的传统，夫妻合葬一穴，更属应当。而朱熹为父母分葬，自己和夫人又葬在他处，为了多占风水，进行大范围的分葬，这种做法并不多见。

朱熹对于自己的做法，在《答胡伯量》中有解释：

> 伊川先生力破俗说，然亦自言须是风顺地厚之处乃可。然则亦
> 须稍有形势，拱揖环抱，无空缺处，乃可用也。但不用某山某水之
> 说耳。②

此条以程颐对葬俗的观点侧面作答，讳言"某山某水之说"，不愿意承

---

① 吕祖谦：《方夫人志》，载曾枣庄、刘琳主编《全宋文》第262册，上海辞书出版社，2006，第113页。

② 朱熹：《答胡伯量》，载曾枣庄、刘琳主编《全宋文》第249册，上海辞书出版社，2006，第166页。

认是出于风水考虑。陈荣捷先生认为这是朱熹"对择地之风作出肯定"[①]。肖美丰对此的理解是,"朱熹认为殡葬的风水选择,作为后人尽心于亲,可以理解,也不为害,但卜筮择时择地,且沉迷执意大可不必。程子虽力破风水,但也认为葬地要考虑地势、土质、风向等因素"[②]。朱荣贵对于朱熹的卜地也有自己的理解,"朱子不止认为要注意地之美恶来安葬祖先,还须要注意周遭环境的形势,这应该也是一种风水的考虑。不过我们也可以说这是一种美学的考虑"[③]。这从朱熹为母所卜葬地的形胜描写"旷然者可望,奥然者可居"可见。陈荣捷先生认为,"朱子也采取一种中庸的立场,即不当极意过求,但也不能完全不理会风水"[④]。换句话说,虽然朱子反对民间为了追求己身的利益而讲究风水,但他也不能完全免俗。

关于分葬一说的解释,朱熹在《答孙敬甫》中表达更明确:

> 阴阳家说,前辈所言固为正论。然恐幽明之故有所未尽,故不敢从。然今亦不须深考其书,但道路所经,耳目所接,有数里无人烟处,有欲住者亦住不得。其成聚落、有宅舍处,便须山水环合,略成气象。然则欲掩藏其父祖,安处其子孙者,亦岂可都不拣择,以为久远安宁之虑,而率意为之乎?[⑤]

先儒对阴阳家的评说虽为正论,然幽明之故,意见无法统一。只能按照风水的一般法则去选,"须山水环合,略成气象"。这也并非深泥于风水,只有恰到好处才合乎正理。如果卜地不吉,那么子孙也可能无处供奉,香火灭绝,这是非常可怕的。

---

① 陈荣捷:《朱子新探索》,华东师范大学出版社,2007,第68页。
② 肖美丰:《朱熹风水堪舆初探》,《齐鲁学刊》2010年第4期,第22页。
③ 朱荣贵:《朱子与风水》,载陈来、朱杰人主编《人文与价值:朱子学国际学术研讨会暨朱子诞辰880周年纪念会论文集》,华东师范大学出版社,2011,第543页。
④ 陈荣捷:《朱子新探索》,华东师范大学出版社,2007,第68页。
⑤ 朱熹:《答孙敬甫》,载曾枣庄、刘琳主编《全宋文》第249册,上海辞书出版社,2006,第196页。

清代李光地说："风水岂得云无？"他认为风水学说有其产生的合理性，但"风水之道，亦当以朱子为主"，"朱子只是讲到土厚水深，山环水抱，地气暖而止"[①]，指出儒者对待堪舆风水的取舍应以朱熹观点为原则。肖美丰认为这"可视为朱熹设置的儒者认可之伦理限制，体现出儒者风水堪舆说与术师风水堪舆说的区别界限"[②]。这些观点对理解朱熹的风水思想不无启示意义。

四、坟旁建房：寒泉精舍

精舍是指儒家讲学的学社。宋代吴曾有云："古之儒者，教授生徒，其所居皆谓之精舍。"[③]精舍，不仅用于讲学，还是儒者所居之地。出于孝心，朱熹在母亲坟旁建立了寒泉精舍，在此为母亲守孝，同时在这里著书讲学。寒泉精舍是朱熹葬母的另一个重要的话题，从这里可以管窥朱熹风水思想的一些底蕴。

戴铣在《朱子实纪》卷二《年谱》[④]中记载：

> （乾道）六年庚寅，朱子四十一岁，正月癸酉，葬祝孺人于后山天湖之阳，在建阳县崇泰里，名曰寒泉坞。先生自作圹记，家礼成，朱子居丧尽礼。既葬，日居墓侧，旦望则归奠几筵。

另外，《嘉靖建阳县志》卷五也有相关记载：

> 寒泉精舍，在崇泰里。宋乾道庚寅，朱熹葬母祝夫人于天湖之阳，遂筑室其傍，匾曰寒泉精舍。[⑤]

---

① 李光地：《榕村续语录》卷17，中华书局，1995，第799~800页。
② 肖美丰：《朱熹风水堪舆说初探》，《齐鲁学刊》2010年第4期，第22页。
③ 吴曾：《能改斋漫录·辨误二》，载曾枣庄、刘琳主编《全宋文》第193册，上海辞书出版社，2006，第265页。
④ 戴铣：《朱子实纪》卷二《年谱》，明正德八年（1513）刻本，第11页。
⑤ 高令印：《朱熹事迹考》，上海人民出版社，1987，第78页。

朱熹在母亲坟旁建精舍，取名"寒泉"，这也是出于孝道的考虑。"寒泉"在中国文化中，正是表达孝道的一个典型概念。[①]朱熹借用此名，正是看重了"寒泉"二字所包含的孝道意义。

从乾道六年（1170）起，寒泉精舍便成为朱熹讲学和著书立说的主要地方。为了照顾朱熹的生活，好友蔡元定也举家从麻沙迁居"西山"。由于云谷山与西山两山遥遥相对，相距仅八里，因而两人之间往来更加频繁。一时间，云谷、西山成了四方学者趋之若鹜、求学问道的风水宝地。直到淳熙二年（1175）七月云谷精舍建造全部就绪，朱熹讲学传道的中心才从寒泉转到云谷。

根据笔者所掌握的材料，两宋时期，在父母坟旁建精舍是一种普遍现象。不仅子女主动结庐于父母坟旁，甚至也有父母在选择坟地时就已经为子孙后代耕读于此提前做好各种准备。其他坟旁建宅的案例则更多，试举如下五条材料。

第一条，晁补之《永感堂记》[②]：

> 东平董耘武子，年少，以孝闻。既葬其亲天堂山之下，而筑堂其北，以享以居，而榜之曰"永感"。
>
> 书来求文，曰："非以记室宇之陋也，以极耘不孝之思也。"某泫然曰：某少孤不天，中年太夫人弃养，爱生不能死，以皇皇就食于四方，远者十年，近者四三年，乃一归。手拔墓上草，则泚吾颡，我尚忍记吾武子斯堂也哉！天下莫悲于言，言莫悲于音。若曰孤子之钩以为隐，九寡之珥以为的，则音无此最悲也。夫隐钩珥，奚取于为音？缘名而益悲，则武子之名斯堂，其意悲矣。天下岂有无亲

---

① 《诗经》记载："爰有寒泉，在浚之下。有子七人，母氏劳苦。"《凯风》诗序说："美七子能尽其孝道，以慰其母心。"《东观汉记·东平宪王苍传》记载："今以光烈皇后假髻、帛巾各一，衣一箧遗王，可时瞻视，以慰《凯风》寒泉之思。"《三国志·蜀志·先主甘后传》记载："今皇思夫人，宜有尊号，以慰寒泉之思。"晋陶潜《晋故征西大将军长史孟府君传》记载："渊明先亲，君之第四女也。《凯风》寒泉之思，实钟厥心。"以上五条所述，记载了"寒泉"的典故渊源。

② 晁补之：《永感堂记》，载曾枣庄、刘琳主编《全宋文》第127册，上海辞书出版社，2006，第33页。

之子哉？舍所厚而从其薄，或宦学远乡里，无朝夕养，死且不葬，闻斯堂之名，则怛然内热，如吾泚者多矣。而武子不泚，是乃武子之所为以孝闻者也。

这是晁补之受董耘武子之邀，为其精舍所写的一篇文章，从舍名"永感"亦能看出其孝心所在。"永感"是终生感伤的意思，唐代温大雅《大唐创业起居注》卷三："悯予小子，奄绍丕愆，哀号永感，五情糜溃。"其中的"永感"就是这个意思。这与朱熹命名"寒泉"异曲同工。

第二条，绍兴二十六年（1156）二月，黄次元《朱孝子墓亭记》[1]：

> 孝子朱氏讳道诚，字信中。本青州益都县人，后寓居清湘。笃好儒术。幼丧父，事母俞氏至孝。俞氏多病，孝子截发求医。俞氏于景祐二年二月戊寅卒，葬于湘山下景德寺之左。乃筑庵宿守于坟侧，至感冬笋生成瑞竹，以盖其坟。清湘、灌阳两县百姓僧道父老管殊等凡九百三十二人以其迹状闻于州，州以其事表闻于朝。四年闰四月丁亥，太傅、中书令寇准奉旨令全州赐道诚束帛、米各有匹硕，仍令本州常加安抚。其事备载《仁宗皇帝实录》，而《圣宋蒙求》亦有"道诚冬笋"之句，则信不诬矣。

黄次元，袁州宜春（今江西宜春）人。绍兴间官左通直郎、充全州州学教授。这里记载的是一个孝道的故事，而且还传出了一段佳话。朱道诚对于母亲非常孝顺，出于孝道在坟侧"筑庵宿"守孝，结果庵旁的"冬笋生成瑞竹"，众皆以为是其孝心所感动。于是，此事一直传到了朝廷，以至于"道诚冬笋"的典故进入《圣宋蒙求》的小学课文。这个故事的传奇色彩为时人所津津乐道。

---

[1] 黄次元：《朱孝子墓亭记》，载曾枣庄、刘琳主编《全宋文》第211册，上海辞书出版社，2006，第1-2页。

第三条，李吕《万松开寿藏祭前妻墓文》①：

> （前妻殁后）至于整治墓道，穿池栽树，修葺守屋，因以精舍，广开窗户，使子子孙孙中有好学喜静者肄业其中，因以省视丘垄，皆两地之所同也。

此条前文"合葬"处已引。李吕为了和亡妻合葬在一起，对坟墓进行修整，同时也修建了精舍。与他人不同的是，李吕不是为了给父母守孝，而是为了不远离亡妻。李吕在此建房子有对自己百年之后留下一个好地方的考虑。

第四条，周必大《敬思亭记》②：

> 嘉泰三年三月乙酉，登仕郎泰和萧知节母夫人詹氏以疾终，享年六十六，卜十月丙午葬本县高行乡龙角之原。知节泣而请曰："先人讳遵，不幸早世。吾母素知书，既嫠，力教知节以学，劬躬立门户，轻财重义，抚育宗族。凡知节得出入公卿之门，皆母之教也。今罔极之恩不可报矣，筑亭冢舍，取《祭义》'生则敬养，死则敬享，思终身弗辱'之训榜曰'敬思'，愿赐语以宠绥之。"

文中所言，萧知节母夫人詹氏逝世后，儿子为了表达对母亲的怀念之情，在坟旁"筑亭冢舍"。冢舍的名字"敬思"取自《祭义》"生则敬养，死则敬享，思终身弗辱"，取孝敬思念之意。这与朱熹取名"寒泉"、武子取名"永感"内涵一致，都是取孝道之意。

---

① 李吕：《万松开寿藏祭前妻墓文》，载曾枣庄、刘琳主编《全宋文》第220册，上海辞书出版社，2006，第303-304页。

② 周必大：《敬思亭记》，载曾枣庄、刘琳主编《全宋文》第231册，上海辞书出版社，2006，第258页。

第五条，真德秀《送高上人序》[①]：

> 钓台高上人，予之方外友也。……居一日，自言少丧其亲，贫不能治葬，去年冬归自三山，始幸如礼，又将治精舍于其侧，以"思亲"名之。予竦然曰：此即子之真实心地也！子而知此，则知大伦之非假，人世之非幻矣。

真德秀（1178—1235），字景元，建州浦城（今福建浦城）人。庆元五年（1199）进士及第，授南剑州判官。真德秀学宗朱熹，庆元党禁后，程朱理学复盛，其力为多。真德秀在文中提到了高上人幼年丧亲，因为家境贫寒不能治丧，直到"去年"才有能力按照礼仪安葬。安葬时也将在坟旁建立精舍，取名"思亲"。这一命名，一看便知是对亲人的怀念，与朱熹取名"寒泉"用意一致，同样是表达孝心。对于高上人的做法，真德秀评价"此即子之真实心地也"。

上述事例可证明，坟旁建宅其用意主要是表达后人对于先人的孝道和怀念。而在取名上也大抵采用了"寒泉""敬思""永感""思亲"等与孝道有关的典故用词。

宋代对于孝的重视，超越了一切。徐吉军在《中国丧葬史》中曾专门讨论过这一问题："赫赫炎宋，专以孝治"，在以"事死如生"为丧葬原则的传统社会里，孝子贤孙厚葬其亲自然无可非议。为了博得"孝"的美名，他们往往不惜以身试法，违礼逾制。这种现象使封建统治者陷于左右为难的境地。太平兴国七年（982），宋太宗令李昉等大臣重新制订士庶丧葬制度，李昉上奏曰："唐大历七年，诏丧葬之家送葬祭盘，只得于丧家及茔所置祭，不得于街衢张设。又长庆三年，令百姓丧葬祭奠不得以金银、锦绣为饰及陈设音乐，葬物稍涉僭越，并勒毁除。臣等参详子孙之葬父祖，卑幼之葬尊亲，

---

① 真德秀：《送高上人序》，载曾枣庄、刘琳主编《全宋文》第313册，上海辞书出版社，2006，第124页。

全尚朴素即有伤孝道。其所用锦绣，伏请不加禁断。其用音乐及拦街设祭，身无官而葬用方相者，望严禁之。其诏葬设祭者，不在此限。"[1] "孝道"的确成为当时压倒一切的根本。宋哲宗有言："奉先者如亡如存，追往者送终为大。"[2]宋光宗亦言："礼莫大于事宗庙……孝莫重于执丧。"[3]这种大的社会背景，也是我们在分析朱熹风水思想时应该注意的。朱熹卜地择葬，包括分葬父母、建寒泉精舍，虽然有"广占风水"的目的，但更多的则是一种"尽孝"的表达。

① 宋庠：《宋元宪集》卷一六《孝治颂》，转引自徐吉军《中国丧葬史》，江西高校出版社，1998，第448—449页。
② 曾枣庄、刘琳主编《全宋文》第149册，上海辞书出版社，2006，第314页。
③ 曾枣庄、刘琳主编《全宋文》第283册，上海辞书出版社，2006，第38页。

第三章 卜地、卜时与葬法中的风水 ≫

宋人下葬，必先卜地、卜时。卜地，卜兆域之美恶也；卜时，卜葬日之吉凶也。本章主要讨论朱熹为自己和妻子的卜地与择葬，为儿女的卜地、卜时与葬法，通过对朱熹卜地、卜时与葬法的研究，进一步明确朱熹在阴宅风水中的基本立场和取向。

第一节 朱熹夫妇的卜地与择葬

一、宋人卜地风习

"凡葬皆先相乃筮之，筮吉乃掘坎"，墓地风水堪舆古已有之，但宋代最盛，这也是宋代殡葬文化的一大特点。在宋人看来，选择一处"吉壤"作为墓葬之地，既是表达对先人的孝道，也是祈望给亲友乃至子孙后代带来福佑，"地之美者，则其神灵安，其子孙盛。若培壅其根而枝叶茂，理固然矣。地之恶者则反是"。①

受此风气影响，宋代发展出体系庞大的卜地堪舆之说，其中尤以"五音姓利说"为其代表。宋代的卜地堪舆之说几乎遍及社会各个阶层，上至帝王将相，下至引车卖浆者流，大多深信不疑。如宋代皇室的赵姓，按"五音姓利说"属于角音，故皇家陵园规划必合"国音"。《云麓漫钞》卷九："永安诸陵，皆东南地穹，西北地垂，东南有山，西北无山，角音所利如此。"《宋会要辑稿·礼三七》之"宋缘陵裁制下"："（绍圣元年四月）二十四日，三省（言）：'永裕陵三里内系禁山，而民坟一千三百余，当迁去，以便国音。'上曰：'坟墓甚众，遽使之迁，得无扰乎，不迁可也。宜再问太史，不害亦无所害则毋令迁，如于国音果非便，多给官钱以资改藏之费。'"②现代考古也已证明，河南巩县宋代陵墓和绍兴南宋攒宫的选址都是按照"五音姓利"的风水理论来确定位置的。

所谓"上有好者，下必甚焉"，民间宅兆卜地尽管不比皇家恢弘奢华，但因为当时人们认为此事关乎先人灵魂安宁与家族前途命运，操持者往往极尽所能，或遍请高人术士，或亲自钻研勘察风水之道，务求觅得"吉壤"，方能心安。宋代文献中记载了大量此类案例，这里略举两例，以观其风靡之状。

两宋之间的孙觌曾数度在常州为亲人卜地，为了寻觅佳地，他频繁地给朋友或常州地方长官通信，请求帮助，如《与张无即县丞帖》：

> 某今以卜葬十姐为急，访寻外棺，不可遽得。隐居旁近，恐不为之一访也。一切外观，无益于往者，独山当尽力为之，冀留意，幸甚。③

---

① 程颐：《葬说》，载曾枣庄、刘琳主编《全宋文》第80册，上海辞书出版社，2006，第320页。

② 秦大树：《宋代丧葬习俗的变革及其体现的社会意义》，载荣新江主编《唐研究》第11卷，北京大学出版社，2005，第325页。

③ 孙觌：《与张无即县丞帖》，载曾枣庄、刘琳主编《全宋文》第160册，上海辞书出版社，2006，第38页。

又如《与常守郑右司帖》：

> 谪去两日，老妻感疾而亡。适大暑，棺殓草草，薰葬山中。
> 欲谋宜兴官地为藏窆之所，然当自县申州，州申漕司，漕司给据出
> 卖，始敢用。[①]

孙觌（1081—1169）是两宋之间的知名人物，据说五岁即为苏轼所器，徽钦时期一度显达，曾出任知州，权直学士院，南宋高宗时任吏部侍郎等职。即便是如此显贵之人，都不免为卜地一事大费周章，选地之难，由此可见一斑。

再如南宋文学家周必大（1126—1204），乾道三年（1167），周必大辞官赋闲，悠游江南山水之间。即便在闲游之时，他与亲友也不忘卜地大事。他在日记《泛舟游山录》中频繁记录了他们在各处考察风水的事情：

> （四月）甲申晴。宜兴人谓尧时夏雨甲申而致九年之水，故甚畏之。早，同仲宁及地理僧净如过丁墅卜地，去寺约二十里……
> 庚寅，大风而晴，早，同仲宁、仲贤、如师再出南门卜地。一里许，曰画店。二三里，曰山门，盖自此入山地，南来诸山聚于阳羡，界太湖而止，对县治，号铜棺山，一曰君山，尤雄拔，故此邑多富贵之家……
> 乙未，早过湖㳇镇……仲宁兄弟同净如过山中观地，予乃与道士王见志字全隐者游惠氏南园，久之过北园……
> 甲辰，早撑舟至天喜桥，肩舆入胜业寺……顷之，出光化门里许，观武平墓庵，中有欧阳公所撰神道碑……完夫右丞父茔相去不远。初武平闻其弟死，自京师贻书族长云：“某处地葬后出两府君，

---

① 孙觌：《与常守郑右司帖》，载曾枣庄、刘琳主编《全宋文》第160册，上海辞书出版社，2006，第50页。

吾弟有子可当之。"谓完夫也，其后果验……

己卯……兴国梅山福盛长老大悦至自无锡，仲宁招之卜地也。[1]

相比于孙觌在卜地时的局促不安，周必大的卜地之旅则从容得多，但我们犹然不难发现当时人们对于此事是何等的上心，每到一处必定时时留意山水形胜，见有风水优胜之地，则反复勘察比较，甚至专程请术师参与卜地。周必大的记载，"让今人得以清晰地看到当时士大夫之家在墓地选择方面不惜工本地投入的情况，墓地风水习俗的流传与深入人心，以及士大夫对于墓地风水之术的认识"[2]。

可以说，孙觌与周必大代表了宋代大多数人对于卜地择葬的认识。当然，也有一些人能够坚守礼制而不惑于阴阳风水之说，如陈亮《何茂宏墓志铭》记载：

始公无恙时，尝欲营地于源深亭之上，曰："东望吾父，西望吾弟，其他可勿问也。"既而策杖于野堂之西，桂林之旁，徘徊顾望曰："是亦足以藏其身矣。"[3]

再如刘放《蔡君墓志铭》记载：

君卜葬于吴山乡吴山里，斥广其地，众为兆域，曰："兄弟子孙，葬而相从，死生之义备矣。"有告曰："是于阴阳之说为不利，

---

① 周必大：《泛舟游山录》卷一，载曾枣庄、刘琳主编《全宋文》第231册，上海辞书出版社，2006，第349-354页。

② 潘晟：《知识、礼俗与政治——宋代地理术的知识社会史探》，江苏人民出版社，2018，第233页。

③ 陈亮：《何茂宏墓志铭》，载曾枣庄、刘琳主编《全宋文》第231册，上海辞书出版社，2006，第95页。

请徙之。"君不许，刻石墓门，戒子孙毋以妄求福。[1]

考诸史籍，此类案例并不少见，所涉人物的身份也较为多样，这反映出当时人们对于地理风水之说也并非信奉不疑，在狂热的风潮之下，始终不乏理性的思考，这一点将在后文详述。

二、朱熹夫妇的异地择葬

淳熙三年（1176）十一月十三日，朱熹的妻子刘清四因病辞世，朱熹时年四十七岁。次年四月，葬妻于建阳县唐石大林谷。与朱熹将父母分葬百里的丧葬方式不同的是，朱熹夫妇选择了合葬。但是，他们的墓地为异地择葬，远离家乡三百多里。

朱熹为夫人卜地的过程并不顺利，朱熹《答吕伯恭》书五中记载了卜地的过程：

> 即日春和，伏惟尊候万福。熹杜门忽忽，意绪殊不佳。雨多，卜葬至今未定。更旬日间，且出谢亲知，并看一两处。若可用，即就近卜日也。[2]

朱熹在夫人去世后思绪不佳，精神恍惚。由于雨水多，夫人下葬的坟地还没有找好，这也是导致朱熹精神不振的原因。只等天气好转再去看几处，如果可用，就找个日子安葬了。《朱文公文集》卷六有诗曰："春风欲动客辞家，霖潦纵横路转赊。行到溪山愁绝处，千林一夜玉成花。"所咏与前文《答吕伯恭》书五所云"雨多，卜葬至今未定"相合，疑此诗即春间往唐石卜葬

---

① 刘敉：《故将仕郎郡守太子中允致仕赐绯鱼袋蔡君墓志铭》，载曾枣庄、刘琳主编《全宋文》第69册，上海辞书出版社，2006，第235-236页。

② 朱熹：《答吕伯恭》书五，载曾枣庄、刘琳主编《全宋文》第245册，上海辞书出版社，2006，第208页。

地时所作。①朱熹知道吕祖谦对于风水持否定态度，所以在这封信中对此有些轻描淡写，不愿多谈。即便如此，也可以看出朱熹对于风水的执着。

另外，朱熹《别集》卷四《与刘共甫》记载：

> 私门不幸，老妇自去夏得疾，荏苒逾年，疗治无瘳，此至后一日，遂至不起。痛悼悽切，不能自堪。加以幼累满前，将来百绪便有不能不关心者，尤非衰懒所宜，未知所以为计也。②

此文中讲朱熹夫人生病超过一年，久治不见好转，直到生命的尽头。朱熹除哀痛之外，也念及膝下小儿无人照料，百般惆怅让他不知所措。以上两段文字叙述了朱熹夫人从生病到去世的过程。言辞不多，却充满了对逝者难以割舍的昔日温情，可见二人感情笃深，这为后面超越常规的风水择葬提供了理由。

淳熙四年（1177）丁酉二月，朱熹在蔡元定的协助下，终于卜得佳地：

> 文公先生与蔡季通预卜藏穴，门人裹糗行绋，六日始至，盖亦慎择也。昔朱子论择地，谓必先论其主势之强弱，风气之聚散，水土之浅深，穴道之偏正，力量之全否，然后可以较其地之美恶。后之择藏地者，诚本朱子之说，而参以伊川光润茂盛之验及五患之防，庶得矣。③

此文中提到葬穴由朱熹和蔡元定预卜，后来是门人带着干粮，寻访六天才找到令人满意的地方，可见朱熹对于择地是非常谨慎的。所卜佳地位于建阳嘉禾里唐石之大林谷九峰山下。学者高令印描述，其地四周以层峦叠嶂、

---

① 束景南：《朱子大传》，商务印书馆，2003，第583页。

② 朱熹：《与刘共甫》，载曾枣庄、刘琳主编《全宋文》第250册，上海辞书出版社，2006，第148页。

③ 佚名：《儒门崇理折衷堪舆完孝录》卷8，文物出版社，1988，第2~3页。

脉落峰起、绵延不断的九龙岩为屏障，森林后面迤逦排列着九座山峰，即为"九峰山"。[①]可见，从地势上看符合风水佳地特征。朱熹将夫人刘氏葬在这里，后来朱熹自己也安葬在了这里。

关于大林谷九峰山墓地的选择过程，明人戴铣《朱子实纪》也有所记述：

> 太师徽国文公朱子墓在建阳嘉禾里唐石之大林谷九头峰下。按其地又名龙归后塘，乃朱子与蔡元定所卜，风吹罗带形。初朱子尝梦神人报云："龙归后塘。"既得此地，果后塘也。宁宗庆元六年十一月葬。令人刘氏葬同处。[②]

朱熹之墓位于建阳嘉禾里唐石之大林谷九峰山下，这是朱熹和夫人刘氏合葬的地方。从地势上看此地呈"风吹罗带形"，从山峦形势上看符合阴宅理想的地貌。这也是对于此地符合风水地貌的更直接的描述。

关于朱熹择地的过程还有一种不同的看法，南宋陈直《韦居听舆》记载：

> 丁卯腊月三日，过湖州，守孔应得说，文公初到刘夫人家，因为寿藏，叩之术家，有龙归后塘之兆。一日，至麻沙镇，归，睹十木牌自山溪贩至，问其所从来，以从唐石对，遂令导往，果类其境。[③]

上文所载朱熹为了寿藏一事，曾经咨询过风水先生。风水先生说朱熹"有龙归后塘之兆"，但是这后塘究竟在何处并未提及，直到一日突然发现自山溪贩来的木牌，才顺藤摸瓜找到了与众不同的后塘。这印证了朱熹为择葬而求助风水的行为。

最终的结果正如以上两则史料所记载的，朱熹夫人刘氏先卒，朱熹将刘

① 高令印：《朱熹事迹考》，上海人民出版社，1987，第122页。
② 戴铣：《朱子实纪》卷七，载朱杰人、严佐之、刘永祥主编《朱子全书》第27册，上海古籍出版社，2002，第3735页。
③ 陈直：《韦居听舆》，载王育济主编《中华野史》宋朝卷，泰山出版社，2000，第3161页。

氏葬于唐石里后塘大林谷并开双穴，朱熹卒后在此合葬。明代李默《朱熹年谱》卷一的记载更为简洁明了：

> 十一月，令人刘氏卒。
>
> 明年二月，葬于建阳县之唐石大林谷。名其亭曰宰如，而归寿藏于其侧，名其庵曰顺宁。[①]

此处所述信息与前面几条史料大致保持一致：十一月，刘氏卒，次年二月下葬唐石大林谷，为寿亭取名"宰如"。朱熹把自己预卜的墓穴开在其侧，总名其庵曰"顺宁"，有顺心康宁之意。朱熹临终前为亡妻刘清四写有《墓祭文》："岁序流易，雨露既濡，念尔音容，永隔泉壤。一觞之酹，病不能亲，谅尔有知，尚识予意。"[②]此文展现了二人感情之笃深，朱熹所有的风水努力，也就有了充分的理由。

三、异地择葬遭遇质疑

异地择葬，无论是宋代，还是其他朝代，都不多见。这里面包含着经济成本的问题，也有交通不便的问题，因而朱熹异地择葬也算是个例。朱熹及其夫人所葬地大林谷九峰山距建阳县350余里之遥，这种远距离的异地择葬，在当时引起较大关注，总体的态度是批评居多，尤其是在朋友圈子里。朱熹的好友韩元吉、吕祖谦、张栻纷纷致信给朱熹，表达出各自不同的意见。

1. 韩元吉的意见

韩元吉的《答朱元晦》书一[③]：

> 且闻尊夫人已毕大事，以我之艰，知元晦办集尤不易矣。仍审

---

① 朱杰人、严佐之、刘永祥主编《朱子全书》第27册，上海古籍出版社，2002，第122页。
② 肖晴：《喜欢朱熹》，《福建乡土》2003年第3期，第31页。
③ 韩元吉：《答朱元晦》书一，载曾枣庄、刘琳主编《全宋文》第216册，上海辞书出版社，2006，第55-56页。

少留茔次，动止之详，岂胜慨叹！

比日秋冷，孝履何如？某忧患寓居，号慕益远，仅未死灭，无足念者。江左苦旱，早晚稻皆损，岁事殊可虑也。哀苦亡聊，杜门却得理旧业，但殊无晤语之益耳。见教不必观佛书，固然。正以鄙性鲁钝，少年多寓僧寺，中岁复耽文词，尝出入其说。及粗窥圣学之门，若禅宗则久见其病，特欲穷佛之说所自，不敢便以他人之言为据也。两岁居丧，乃得取其经帙大者观之。料元晦高明，染指绝尘，不必如是之迂也。今亦尽止矣。其详未易遽陈，要之吾圣人妙处在合，故一以贯之，释氏之弊在分尔，余不足论也。如何？

……

去岁了两处葬事，今年又从人假借矣。他时稍有余，尚当相助，亦已转语赵德庄矣，渠为地主，必能周旋也。因其行，得以布问，不觉缕缕。向寒，更冀节哀，为遣体爱重不次。某叩首再拜。

韩元吉在信中写道："知元晦办集尤不易矣。仍审少留茔次，动止之详，岂胜慨叹！"由此可见朱熹为妻择葬悉心备至，十分辛苦，也表达了韩元吉对朱熹这一行为的感叹。韩元吉认为"吾圣人妙处在合，故一以贯之，释氏之弊在分尔"，从佛学角度暗示朱熹择葬不宜过远，也不必太拘泥阴阳风水。韩元吉的态度十分明显，但是碍于情面，仅仅是点到为止，更多的是出于担心老友为此劳碌奔波而心有不忍。

2.吕祖谦的意见

吕祖谦给朱熹写了五封信，对于从择地到安葬的整个过程，吕祖谦均给予委婉的劝诫。

第一封信，吕祖谦的《与朱侍讲元晦书》三二[①]：

某供职亦既逾月，以史事期限迫促，殊无少暇，它亦不足言

① 吕祖谦：《与朱侍讲元晦书》三二，载曾枣庄、刘琳主编《全宋文》第261册，上海辞书出版社，2006，第94页。

者。中间受之之归，闻以尊嫂属疾，其行颇速。后来询访自建宁至者，多云疾势不轻，方作书问范伯崇，区区不能无忧，不知已有退证否？

这封信是吕祖谦在朱熹妻子病重之后写的。信中表达了吕祖谦对朱熹夫人病情的关心，虽无细节描述，也旁证了刘氏病情恶化的过程。这里还没有提及择地的事。

第二封信，吕祖谦的《与朱侍讲元晦书》三三①：

岁时黄仲本行，既上状矣，是时虽闻尊嫂音问不佳，而未得的报，故不敢拜慰。近舍弟转致诲字，乃知所传不虚，累日怅怏，不能自释也。示谕明白劲正，诚中近岁诸人之病。盖所谓委曲将护者，其实夹杂患失之病，岂能有所孚格。到此两月，此等议论盈耳塞胸，忽闻至论，心自洗然，为之开明也。

这里主要是对于朋友的关心之情，也还没有提及择地的事。

第三封信，吕祖谦的《与朱侍讲元晦书》三四②：

见应仲说，比来复有族姻之丧，亦费料理，而孺人葬地犹有所未定，今莫皆就绪否？人事书问之类，亦莫有可简省者否？精神气力禀赋要有限，不可不厚为此道保惜也。匆匆作此，转托张元善转致，其迟速未可知，故所欲言者不能详布。

此信因要托人捎带，写得匆忙。吕祖谦在信中询问了近日丧葬之事处理

---

① 吕祖谦：《与朱侍讲元晦书》三三，载曾枣庄、刘琳主编《全宋文》第261册，上海辞书出版社，2006，第94-95页。

② 吕祖谦：《与朱侍讲元晦书》三四，载曾枣庄、刘琳主编《全宋文》第261册，上海辞书出版社，2006，第95页。

情况，出于对朱熹身体的关心，还是劝说"精神气力禀赋要有限，不可不厚为此道保惜也"。虽此时尚不知朱熹择地情况，还是委婉劝阻不可过于讲究丧葬的繁文缛节。

第四封信，吕祖谦的《与朱侍讲元晦书》三五[1]：

> 尊嫂想已得地，不知安厝有日否。阴阳家说，要不足信，但得深密处足矣。日来书问人事亦少简否？悼亡之后，气血岂无耗损，闻尚茹蔬，此殊非便切，须随宜肉食，以自辅养也。

此信中猜测朱熹夫人已经入土为安了，但是否安厝完毕还不知道。劝说朱熹不要完全听信风水师的话，只要有个"深密处"也就足够了。

第五封信，吕祖谦的《与朱侍讲元晦书》三六[2]：

> 葬地已有定卜，安厝莫须有期，莫若随分早了为善。

吕祖谦在信中得知"葬地已有定卜"，就劝朱熹不要把遗体下葬拖时太长。这是针对朱熹并没有及时安葬，而是停棺择日而言的。他认为"莫若随分早了为善"，还是尽早办完为好。

3. 张栻的意见

张栻《答朱元晦》二四[3]：

> 尊嫂已遂葬事否？卜其宅兆，固当审处。然古人居是邦即葬是

---

① 吕祖谦：《与朱侍讲元晦书》三五，载曾枣庄、刘琳主编《全宋文》第261册，上海辞书出版社，2006，第96页。

② 吕祖谦：《与朱侍讲元晦书》三六，载曾枣庄、刘琳主编《全宋文》第261册，上海辞书出版社，2006，第96页。

③ 张栻：《答朱元晦》二四，载曾枣庄、刘琳主编《全宋文》第255册，上海辞书出版社，2006，第109页。

邦，盖无处无可葬之地，似不必越它境，费时月，泛观而广求也。君子举动，人所师仰。近世风俗深泥阴阳家之论，君子固不尔，但恐闻风失实，流弊或滋耳。更幸裁之。

张栻（1133—1180），字敬夫，号南轩，"生于西蜀，长于南楚"，著名理学家和教育家，湖湘学派集大成者。张栻与朱熹、吕祖谦齐名，时称"东南三贤"。张栻写信劝说朱熹择葬不必越境，这似乎出人意料，因为当时张栻远在湖湘之地。陈荣捷认为，这从另一侧面反映了朱熹与蔡元定为刘清四寻觅葬地之事广为时贤关注。[①]同是好友的张栻，对于朱熹的劝说比韩元吉和吕祖谦更为直接。张栻认可卜宅兆应当严谨认真地考察审定，但在信中明确地表达了自己对"异地择葬"持否定的观点，并对朱熹异地择葬给以委婉劝阻。

张栻信中包含这样几层意思：其一，"居是邦即葬是邦"，古人讲究住在哪里，就葬在哪里；其二，并非"无可葬之地"，择地不必太挑剔；其三，异地择葬"费时月"，并非必要条件；其四，为儒学师者，当做表率，不应该为风水所左右；其五，担心陷入世俗的风水争议中，纠缠不清。

张栻是阴宅风水术坚定的反对者。他任职广西静江时，对阴宅风水乱象严申禁令，曾专门下达《谕俗文》[②]：

一、访闻愚民无知，遇有灾病等事，妄听师巫等人邪说，辄归罪父祖坟墓不吉，发掘取棺，栖寄它处，谓之出祖，动经年岁，不得归土。契勘在法，犯他人坟墓，刑禁甚重，岂有自己祖先既已归土，妄谓于己不利，自行发掘，于天理人情，岂不伤害？榜到日，如有出祖未归土者，仰限一月，各复收葬，过限不葬，及今后有犯上项事节，并许人陈告，依条施行。

二、访闻愚民无知，丧葬之礼不遵法度，装迎之际务为华饰，

---

① 陈荣捷：《朱子新探索》，华东师范大学出版社，2007，第68页。

② 张栻：《谕俗文》，载曾枣庄、刘琳主编《全宋文》第255册，上海辞书出版社，2006，第26页。

墟墓之间，过为屋宇，及听僧人等诳诱，多作缘事，广办斋筵，竭产假贷，以侈靡相夸，不能办者往往停丧，不以时葬。曾不知丧葬之礼务在主于哀敬，随家力量，使亡者以时归土，便是孝顺，岂在侈靡？无益亡者，有害风俗。

通过此文，可以看出张栻反对风水"邪说"的坚定态度。文中指出了百姓因为遭遇各种变故而轻信风水的种种社会乱象，已经达到"有害风俗"的局面，甚至让地方官很为难。而在此背景下，朱熹作为公众人物，其行为并没有起到模范带头作用，反而落入俗套，助长不正之风，而这正是张栻所担忧的，也是好友对于朱熹加以劝勉的一个重要原因。

除韩元吉、吕祖谦、张栻三人对朱熹异地择葬表达了不同看法之外，明代王廷相（1474—1544）对于朱熹的批评则更为直接：

地理风水之术，三代以上原无是论，观《周礼》族葬皆于北郭之外，可知矣。后世如唐吕才，宋程子、司马公、张南轩皆以为谬而不信，独朱子酷以为然。《葬书》曰"乘生气也"，儒者皆以为有理。且夫死者气已散为清风，体已化为枯腐，于生者何所相涉？而谓其福荫于子孙，岂非荒忽谬悠无著之言乎？况若子若孙，有富有贫，有贵有贱，或寿或夭，各各不同；若曰善地，子孙皆被其荫可也，而何不同若是？岂非人各自性自立乎？若以风水能致人福禄，则世间人事皆可以弃置不为：农者不论天时而耕耰，商者不论贵贱美恶，工者不论习熟工巧，士者不论讲学擒词，一唯听于风水，以俟其自至可也，然而能之乎？①

然而事实是，整个宋代，以至于自秦汉以降的历史时期，风水是一种很强势的社会潮流，已然塑造了一个稳固的社会秩序，"鲜有辞费谓之无稽

----

① 王廷相：《王廷相集》，王孝鱼点校，中华书局，1989，第887页。

者，但宋人却把风水当成一个议题。风水成为议题，是因为有人反对"①。刘祥光认为，韩元吉、吕祖谦、张栻等人"挑战人们具有独特真实性的情绪与动机，挑战人们的习性，挑战人们'对建立在事实真相之上的既定世界的观念'，也挑战一个被塑造成的社会秩序"②。也就是说，他们挑战的不是朱熹本身，而是朱熹背后广大对风水认可的善男信女，甚至是整个时代。刘祥光认为"他们面对的是一个不可能的任务"③。在风水议题上，朱熹并非选择了一条和众人不同的路径，只是朱熹在风水上做得更为审慎一些。

四、宋代异地葬的比较研究

朱熹夫妇去世后在距离家乡350里的地方下葬，也超出了一般风水师所能操作的范围。关于异地葬，以下有几条史料，我们拿来与朱熹做比较。

第一条，吕祖谦的《金华时沄母陈氏墓志铭》④：

> 居焉而父子有秩，兆焉而昭穆有班，奇邪谲怪之说，未尝出于其间。斯民之生，老寿蕃祉，系族以宗，名官以氏，至于千百年而不替。王政既息，举丘封窀穸之柄委之巫史，妖诞相承，诱怵并作。民始忍以啜粥饮水之时，起射名干利之望。窀穸所卜，畔经远祖，度越疆畛，孤峙数舍之外，服降属疏，盖有樵牧不禁者矣。甚者兄弟忿斗，或谓是山于伯独吉，或谓是水于季独凶，狐疑相伐，暴其亲之遗骨而不可掩，是可哀也已。

吕祖谦上文指出，"王政既息"，世风日下，昭穆有序的时代一去不返。人们的伦理也与丧葬风水之间产生激烈冲突，一些江湖术士打着风水的旗号，

---

① 刘祥光：《宋代风水文化的扩展》，《台大历史学报》2010年第45期，第34页。
② 同上书，第54页。
③ 同上。
④ 吕祖谦：《金华时沄母陈氏墓志铭》，载曾枣庄、刘琳主编《全宋文》第262册，上海辞书出版社，2006，第112页。

"妖诞相承，诱怵并作"，使得百姓深陷其间，不能自拔。甚至在人们温饱尚且艰难的时候，还在沽名钓誉，可见风水对百姓毒害之深。人们为了达到私利，"畔经远祖，度越疆畛，孤峙数舍之外"，这里提到的就是远距离异地葬。由此引起了很多社会问题，兄弟忿斗，遗骨暴露。接下来吕祖谦举了一个正面的例子：

> 予独于陈夫人之葬有感焉。夫人生于壸帏之中，组纴是习，饎馈是共，未尝亲接儒先之余论也。病革，属其子曰："必祔我先舅之傍，毋深徇葬师，以咈我志。"遂攻位于舅之墓东白杨坞。然则坟墓之族，实人情之至愿。①

吕祖谦举这个例子是为了用事实说话，来表达自己的态度。陈夫人从小生长在闺阁之中，做的都是一些组纴饎馈之事，从未接受儒学高论。然其行为却在践行着儒学正统的殡葬习俗。在弥留之际，嘱咐儿子，要求死后葬在先舅之旁，特别叮嘱不要去咨询葬师。最后感叹，"然则坟墓之族，实人情之至愿"。很明显，这是吕祖谦用别人的事来表达自己的观点。尽管陈氏不懂儒学，但其行为合乎儒学的礼仪。对于陈夫人，吕祖谦赞曰"淑哉夫人见何独，扩息留言毋远卜"，甚至有了"出淤泥而不染"的精神境界。这明显是在反衬身为儒学大家的朱熹。

第二条，方逢辰的《跋洪智堂地理心机》②：

> 谚云"一世识阴阳，三世翁无墟墓场"，此为不识阴阳之理者发。欲识其理，则程子五患之外莫非佳山水也。洪石庵与乃翁复庵自言高于阴阳之学，然皆为己而不为人，数世兆域，皆其自卜，世

---

① 吕祖谦：《金华时沄母陈氏墓志铭》，载曾枣庄、刘琳主编《全宋文》第262册，上海辞书出版社，2006，第112页。

② 方逢辰：《跋洪智堂地理心机》，载曾枣庄、刘琳主编《全宋文》第353册，上海辞书出版社，2006，第225页。

之言阴阳者不足以眩之。其所卜皆不出数里之外，非如他人之自浅
其山水，必求于他邦数百里外者。今其家福禄昌炽，本支盛大，又
有非他人所可及，此可谓真知阴阳之理者矣。其从子曰应东，图其
先莹之山川形势及其家世福泽之奇，名之曰《地理心机》，又将推
己之学以及他人，其用心亦仁矣哉！阴阳之术，予虽未达，而其理
则固深知之。近毛伯玉来，予赠以诗曰："当面有山人不识，却于山
外更求山。"族人有卜葬于住山之麓者，予赠以诗亦曰："风水不从
天上落，元来只是屋檐头。"此可与知理者道。吾子若计予之说推行
之，则可谓识阴阳之理者，曾、杨当在下风。

文章首先肯定了对于风水的态度，继而分析了洪石庵与一般风水师的不
同之处。对于远卜、异地卜，方逢辰指出洪石庵"自言高于阴阳之学"，"数
世兆域，皆其自卜"，这种态度是在风水思想上的自信。可见，对于风水的研
习已经完全可以造福几代人了。尤为重要的是，他们的风水实践在操作上非
常合理，"其所卜皆不出数里之外"。借此也抨击了"必求于他邦数百里外者"
的异地葬。方逢辰指出，洪石庵尽管不为风水而远葬异地，但其后代福禄昌
炽，本支盛大，非一般人可及。尽管方逢辰赞同风水观点，但并不迷信风
水，文中提到的诗句"当面有山人不识，却于山外更求山"，"风水不从天上
落，元来只是屋檐头"，明显也是对择葬舍近求远的风水观的批判。

面对批判，作为知识精英的儒学大师，朱熹如何解释呢？朱熹在《与程
允夫》第三中道出了真实想法：

某重念先世南来，八人度岭，今无一人在者。而老人暮年穷，
约以不肖子与世不谐之故，忧窘万状，无一日舒泰，遂以至此，尤
重不孝之罪。每一念至此，心肝如抽裂也。某家中自先人以来，不
用浮屠法，今谨用。但卜地未能免俗，然亦只求一平稳处，尚未有
定论。计不出今冬也。所喻立户事无不可，但先人已立户，某又自

立一户，恐于理未安，更详度示喻。①

朱熹自己的解释是"未能免俗"，也担心被扣上"不孝之罪"的帽子。

美国学者田浩先生提出，对于这样一位理学宗师，为什么朱熹在他的哲学走向一个比较纯粹理性主义方向的时候，仍会运用风水？②他引用了朱熹的一段话："故世俗之情，至于是日不能不思其祖考，而复以其物享之，虽非礼之正，然亦人情之不能已者。"③世俗之情，"虽不合理，但是合情"。朱熹虽然欣赏张栻不拘泥风水的豁达态度，"亲葬不择地，无适而不可"，但是出于人之常情，放在自己身上却无法做到。也如前所述，他告诫胡伯量"过分沉溺则大可不必"，但自己"未能拔乎流俗者"，他人可不信，而自己宁信其有。"卜地未能免俗，然亦只求一平稳处"，应是朱熹对风水的基本理解和看法。

朱熹在安葬自己亲人的时候，均按照风水原则有选择地进行，如自己夫妻的墓是"风吹罗带形"，朱熹母亲的墓是"仰天湖形"，并非"居是邦则葬是邦"。根据朱荣贵的解读，这种所谓"风水宝地"也是朱熹"刻意去营造的"④。依据风水原则安葬亲人是朱熹遭受质疑的原因，也就是说，很多人拿朱熹异地择葬的这一行为来求证朱熹是相信风水的。然而朱熹在现实中的标签是儒学大师，既然信奉了儒学，就不能相信风水，如果相信风水就是自欺欺人、表里不一，更不能为人师表。这是以子之矛攻子之盾的方法。但是在朱熹看来，运用风水和相信风水并非一回事，不能画等号。

---

① 朱熹：《与程允夫》第三，载曾枣庄、刘琳主编《全宋文》第250册，上海辞书出版社，2006，第128页。

② ［美］田浩：《朱熹的思维世界》，江苏人民出版社，2011，第261页。

③ 朱熹：《答张钦夫》，载曾枣庄、刘琳主编《全宋文》第245册，上海辞书出版社，2006，第66页。

④ 朱荣贵：《朱子与风水》，载陈来、朱杰人主编《人文与价值：朱子学国际学术研讨会暨朱子诞辰880周年纪念会论文集》，华东师范大学出版社，2011，第546页。

第二节　朱熹对亡子的卜时与葬法

风水术不单体现于选择葬地的学问，传统风水应当包括"择地""择日"及"葬法"三个方面。在择地安葬程序上，先选择安葬地点、安葬时间，然后采用适宜的营葬之法予以营葬。朱熹在为长子朱塾安葬的过程中，将这三点都予以充分实践。

一、朱熹为亡子择葬

古人行事讲究天时、地利，天然讲究形式主义的风水术更是将这一理念发挥到了极致，宅兆堪舆不仅要占尽地利，更是要占尽天时，甚至认为只有选择恰当的日子、时辰来下葬，才符合风水，也才能让风水产生影响、发挥作用。在具体操作中，相较地利，古人更强调天时，其原因非常现实，因为占尽地利是不现实的——"风水宝地"总要花费巨资才能购得，但占尽天时则成本要小得多，至多不过需要暂时停厝一段时间，待到"黄道吉日"再行下葬。

早在春秋战国之时，丧礼中便有卜日之说，根据礼制要求，从死亡到下葬大致有个时间过渡，用以操办丧事。一般来说，地位越高则这个过渡时间越长，根据司马光的说法，"古者天子七月，诸侯五月，大夫三月，士逾月而葬"[①]。在安葬前，死者的家人要请人占卜，以确定安葬的日期，"先卜下月下旬的柔日（柔日为偶数日，刚日为奇数日。十日有五奇、五偶，甲、丙、戊、庚、壬五奇为刚日，乙、丁、己、辛、癸五偶为柔），若不吉，再占卜下个月中旬之柔日"[②]。但这时尚未形成繁杂的"黄道吉日"理论体系，操作比较简便。唐朝时，下葬卜时就变得讲究起来，甚至衍生出烦琐的卜时

① 司马光：《葬论》，载曾枣庄、刘琳主编《全宋文》第56册，上海辞书出版社，2006，第157页。
② 丁鼎：《战国礼俗生活志》，黑龙江人民出版社，2021，第233页。

仪式。

宋朝时，随着风水学说的盛行，对于卜时更加看重，以致造成为等待某个"黄道吉日"而久拖不葬的问题。如《文献通考·王礼考》卷一二六就记载了宋真宗年间皇太后李氏丧葬典礼中因占卜所得吉日甚远而权攒两年之久的礼事："奉诏集众官以诸家葬书选定园陵年月，今岁甲辰，年份未到，宜用闰九月二十三日，权攒于壬地，其修陵至丙年始吉。"这种为了等待吉日而迁延不葬的事例，在宋代比比皆是，反映了宋人对丧葬吉日的狂热追求。[1]范成大论其事曰："有不葬其父母骨肉，妄称家力不办，风水不吉，日月未利，兄弟相妨之类，只将棺柩寄留寺舍，或置岩穴，或稿殡于荒园林木之间，少者五年七年，多者二三十年，不与安厝。"[2]风水本为世俗中人祈求福祉而设，却演化为逐渐沉重的生存负担。朱熹作为有宋一代的大儒，对于丧葬卜时亦未能逃出这个时代的限制，但他一方面对风水之说遵从有加，另一方面又不能不有所反思。这里笔者将结合朱熹为亡子择葬之事详细讨论这个问题。

绍熙二年（1191）正月二十四日，朱熹长子朱塾卒于婺州。时年，朱熹62岁。朱熹之子朱塾先于朱熹而去，白发人送黑发人的悲剧降临在朱熹身上。朱熹作为父亲，为儿子亲自料理后事，给我们留下了更多直观的史料。关于朱塾的去世，诸多书信等材料中多有记载，例举如下。

第一条，朱熹的《亡嗣子圹记》[3]：

> 宋朱塾，字受之，其先徽州婺源人。大父讳松，绍兴史官也。父熹，今为鸿庆祠官。母刘氏，聘士勉之之女。塾于绍兴癸酉七月丁酉生，绍熙辛亥正月癸酉卒。娶潘氏，生二男，长曰镇，次恩老。四女，归、昭、接满、镇满，皆夭。明年十有一月甲申，葬大

① 参见韩悦：《宋代丧葬典礼考述》，硕士学位论文，浙江大学，2012，第70页。

② 范成大：《谕葬文》，载曾枣庄、刘琳主编《全宋文》第224册，上海辞书出版社，2006，第333页。

③ 朱熹：《亡嗣子圹记》，载曾枣庄、刘琳主编《全宋文》第253册，上海辞书出版社，2006，第212页。

同北麓，上实天湖，其父为之志。呜呼痛哉！

这是朱熹为亡子下葬所作的圹记，朱熹简要交代了朱塾的生平籍贯，爷爷朱松、父亲朱熹皆是祖上有声望之人。朱塾的一生可谓不幸，四女皆早夭，只留二男。朱熹记载了朱塾最终所葬之处，即"大同北麓"。父为子撰圹记，让人分外悲痛。

第二条，朱熹的《迁居告家庙文》①：

熹罪戾不天，幼失所怙。祗奉遗训，往依诸刘。卜葬卜居，亦既累岁。时移事改，存没未安。乃眷此乡，实亦皇考所尝爱赏而欲卜居之地。今既定宅，敢伸虔告，以安祖考之灵。伏惟降鉴，永奠厥居。垂之子孙，世万无极！

朱熹把儿子早逝都归罪于自己，可见朱熹当时内心之痛苦。或许只有安葬好儿子，才能让自己心安，于是"卜葬卜居，亦既累岁"，卜葬耗时之长，体现了朱熹用心之深。

第三条，朱熹的《与留丞相书》②：

熹区区贱迹，自四月二十六日解罢郡事，越三日，遂发临漳。五月二十四日遂抵建阳，因遂寄寓，以毕丧葬。

第四条，朱熹的《答黄子耕》七③：

① 朱熹：《迁居告家庙文》，载曾枣庄、刘琳主编《全宋文》第253册，上海辞书出版社，2006，第286页。
② 朱熹：《与留丞相书》，载曾枣庄、刘琳主编《全宋文》第244册，上海辞书出版社，2006，第390页。
③ 朱熹：《答黄子耕》七，载曾枣庄、刘琳主编《全宋文》第247册，上海辞书出版社，2006，第286页。

　　熹忧悴无憀，无足言者。治葬结庐二事皆在来年。今且造一小
书院，以为往来干事休息之处，它时亦可藏书宴坐。然已不胜其劳
费……

　　朱熹在筹备儿子丧葬之事上，需要花费较长的时间。治葬、结庐二事，
都要安排在来年进行。

　　第五条，朱熹的《答蔡季通》一百一十五[①]：

　　到三山见肤仲烦致意，所嘱文字昨在五夫已为具草，归来一向扰
扰，又缘卜葬未定，心绪纷乱，不暇整顿……向后若得功夫，即为改
定寄去。……送终是大事，此是浮文，自古未闻有无铭而不葬者。

　　蔡元定和朱熹是老友，朱熹在回复蔡元定时，其语言也更为真切，"卜葬
未定，心绪纷乱，不暇整顿"。同时也传递出一个信息，此时卜葬尚在进行，
可见按照风水原则找一块好墓地并非易事。本来应该为亡子写一个墓志铭，
但他认为这是浮文，"自古未闻有无铭而不葬者"。相比较而言，朱熹显然更注
重风水。

　　第六条，朱熹的《与朱鲁叔》[②]：

　　去岁归来，计度不审，妄意作一小屋，至今方得迁居。然所费
百出，假贷殆遍，今尚未能结裹圆备，甚悔始虑之不精也。所喻今
方具晓本末。记之不难，但年来多事，精力益衰，日间应接不得少
休，才得顷刻无事，即须就寝，俟其宁息，然后可以复起应接，更
无暇看文字矣。所欠人家志铭之属积压无数，摆拨不行，恐未暇为

　　① 朱熹：《答蔡季通》一百一十五，载曾枣庄、刘琳主编《全宋文》第249册，上海辞书出版
社，2006，第347—348页。
　　② 朱熹：《与朱鲁叔》，载曾枣庄、刘琳主编《全宋文》第250册，上海辞书出版社，2006，第
193页。

吾弟记此也。然亦未敢不为，俟定居后看如何。或人事稍简，试即
为思之也。斋记大字亦然。

前文所述的建一小屋之事，这一条中说已经办妥，然而花费很大，而且
也因此欠了很多债，懊悔自己当时的考虑不周。文中直接提到与亡子风水相
关的事情并不多，但可以看出其精力透支，非常疲劳，这显然是过度关注风
水所致。

第七条，朱熹的《与陈同父》①，这是朱熹给陈亮的回信。在讨论这封回
信之前，先来看一下陈亮给朱熹之子写的《祭朱寿之文》②：

　　呜呼！父实生子，子实生孙，孙又生子，子子孙孙，以至于无
穷，此固天地生生之理，而亦所以为人道有终之托。少不失父，老
不哭子，送往事居，后先更迭，以终于无憾，此固国家大顺之极，
而亦所以从一人自遂之私。自昔圣人所以和同天人之际者，岂有奇
功异术哉，使天下无所谓幸不幸而已。

　　今子之死，乃独有感于余心而兴不幸之叹，至于恸哭流涕不
能自已，非以子之翁遇我不啻骨肉，而因系之余始知人亦惟其所遭
耳。呜呼！子独胡为而遭此耶！少有俊声而能自克，长读父书而能
默会。义理以厌饫其心，艺业以游泳其外。学者之高下浅深，俯仰
以接之而不暴其从违；天下之贤不肖，一见而识之而不轻于向背。
其才岂不直一官，乃以韦布而没地；其志岂不慕古人，乃以贤子弟
而终自晦耶！呜呼！子之翁老矣，抱负至难之才而人恶其违世，刻
意不传之学而人恶其厉己。诸贤零落殆尽，天独许其后死，意者将
有所为也，而乃使之以六十之叟而哭子耶！呜呼！惨矣毒矣！如我

---

① 朱熹：《与陈同父》，载曾枣庄、刘琳主编《全宋文》第250册，上海辞书出版社，2006，第
35—36页。
② 陈亮：《陈亮集》卷三一，载曾枣庄、刘琳主编《全宋文》第280册，上海辞书出版社，
2006，第143—144页。

之不肖不祥，而犹未死于缧绁者，是真所谓幸耳。若子之不幸，其
叹当何时而已耶！酹子金华，谁与对恸！遣祭三衢，徒有隐痛。不
幸之悲，今古所共。翁亦慨然，孙可事奉。天人之机，惧其错综。
文不能哀，将币以送。

陈亮（1143—1194），字同甫（或同父），号龙川，婺州永康（今浙江
永康）人。他曾同朱熹展开"王霸义利之辨"的交锋。陈亮和朱熹虽然在学
术上有过长达十一年的争辩，但不妨碍两人的私交。朱塾过世后，陈亮以老
友身份为朱熹的儿子撰写此文，表达哀悼。这也是过去文人之间但凡有喜、
丧之事的一种礼节。陈亮此文情真意切，其中也能看出陈亮与朱熹的交情。
古语云："少不失父，老不哭子。"这是正常的人伦更替、宇宙法则，亦所以为
"人道有终之托"。无奈，朱塾走在了朱熹前面。

此文中提到，朱塾的去世，让陈亮发自内心地感到不幸，以至于痛哭流
涕不能自已。并非孩子的父亲和我有什么扯不开的骨肉关系，实在是这种遭
遇让人觉得太残忍了。难道是孩子做错了什么事情？陈亮熟知朱塾"少有俊
声而能自克，长读父书而能默会"，确实是一个聪慧的好孩子。继而引申出对
于朱熹命运的感怀，当年意气风发的诸位贤士，而今"零落殆尽"，上天"许
其后死"，是要让他有所作为，哪知"六十之叟而哭子耶"，相比之下"我"
（陈亮）简直是幸运啊。最后，还以礼金相送。这篇祭文不仅表达了对朱塾
英年早逝的惋惜，也表达了对朱熹老年丧子的悲叹之情。

朱熹给陈亮回了一封信，即《与陈同父》[①]：

某叩首再拜：诉哀叙谢，略具前幅，而痛苦之怀，终有不能
以言语自见者。三复来教及所示奠文，则已略尽之矣。尚何言哉！
尚何言哉！自闻意外之患既解而益急，地远，无从调知动息。亲旧

---

① 朱熹：《与陈同父》，载曾枣庄、刘琳主编《全宋文》第250册，上海辞书出版社，2006，第
35—36页。

书来，亦不能言其详，第切忧叹而已。数日前得沈应先书，乃报云云，自是必可伸雪。今日忽见使人，得所惠书，乃知盲料亦误中也。急拆疾读，悲喜交怀。又念常年此时常蒙惠问，不谓今岁彼此况味乃如此，又益以悼叹也。观望既息，黑白自分，千万更且宽以处之。天日在上，岂容有此冤枉事也!

亡子卜葬已得地，但阴阳家说须明年夏乃可窆，今且殡在坟庵。其妇子却且同在建阳寓舍。小孙壮实粗厚，近小小不安。然观其意气横逸，却似可望，赖有此少宽怀抱。然每抱抚之，悲绪触心，殆不可为怀也。

五夫所居眼界殊恶，不敢复归，已就此卜居矣。然囊中才有数百千，工役未十一二，已扫而空矣。将来更须做债，方可了办，甚悔始谋之率尔也。但其处溪山却尽可观，亡子素亦爱之，今乃不及见此营筑，念之又不胜痛也。奠文说尽事情，已为宣白。哀恸之余，哽咽不能自已。此儿素知尊慕兄之文，此足以少慰之矣。更有少恳，将来葬处，欲得数语识之。

此子自幼秀慧，生一两月，见文书即喜笑呀呜，如诵读状。小儿戏事，见必学，学必能，然已能辄弃去。后来得亲师友，意甚望之。既而虽稍懒废，然见其时道言语，亦有可喜者。但恐其骛于浮华，不欲以此奖之。去年到婺，以书归云，异时还家，决当尽捐他习，刻意为己之学。私窃喜之，日望其归，不意其至此也。痛哉痛哉!尚忍言之?此语未尝为他人道，以老兄素有教诲奖就之意，辄以不朽为托。伏惟怜而许之，千万幸甚!更一两月，当遣人就请也。奠礼有状拜谢，但来人至江山遇盗，颇有所失亡。今赍到两缣，云是他人所偿。此不敢留，却封纳，却可送官，给还本主也。无以伴书，白毛布一端，往奉冬裘之须，幸视至。未有承教之期，惟千万自爱为祷。某叩首再拜。

在信中，朱熹表达了对陈亮的感激之情，同时告知了"亡子卜葬已得地"，对风水师关于明年方可下葬的"卜时"情况，也做了说明。因毕竟了却了一桩心事，故悲喜交加。同时，也感叹自己暮年的诸多命运波折。

前文记载了朱塾英年早逝，是朱熹一段艰难的人生履历。其中尚未提到丧葬的话题，因而基本也没有渗透风水的思想。接下来开始谈及丧葬的话题，身为人父，面对儿子英年早逝，朱熹当时"悲痛极至"，"由漳州归后，愿得躬亲埋葬"[①]，朱熹唯一能做的就是从一位父亲的角度，安葬好自己的儿子，"以塞老牛舐犊之悲"。

朱塾的卜葬已经完成，但是阴阳家说到明年夏天才可下葬，现在暂且殡在坟庵里。朱熹听从了阴阳家的建议，要择日下葬。根据陈荣捷先生的考证："朱子不但延后他的长子之葬礼长达一年多，而且是听信地理师傅的话才如此做的。到底朱子有时也不可免俗。"[②]上文特别明确地告诉了我们，朱熹对于儿子的安葬程序较之于父亲改葬、母亲分葬、自己卜葬，更为精细，从风水上也更加考究。不仅择地，而且择时。

朱塾去世后的整个安葬时间长达一年十个月。在这么长的时间里，朱熹是怎么处置亡子灵柩的？怎么按照风水的要求去做的？朱熹把亡子灵柩安置在了一处坟庵进行过渡。接下来，"亡子卜葬已得地，但阴阳家说须明年夏乃可窆"，只有等到明年夏天才能下葬，"今且殡在坟庵，其妇子却且同在建阳寓舍"，亡子的遗体暂时有个归宿。至此，朱熹的风水思想也发挥到了极致。

二、朱熹为亡子择日的比较研究

卜时，与卜地一样，是需要严格按照风水的相关标准来执行的。所谓风水，不仅要占尽地利，还要占天时，只有选择恰当的日子、时辰来下葬，才符合风水要求，也才能让风水产生影响、发挥作用。朱熹的母亲祝夫人卒，朱熹等了三个月才为她安葬，是要卜得一个好日子。朱熹延后他的长子之葬礼长达一年多，是听信风水师之言"须明年夏乃可窆"才这样做的。

---

① 陈荣捷：《朱子新探索》，华东师范大学出版社，2007，第38页。
② 朱荣贵：《朱子与风水》，载陈来、朱杰人主编《人文与价值：朱子学国际学术研讨会暨朱子诞辰880周年纪念会论文集》，华东师范大学出版社，2011，第545页。

总的来说，朱熹却又是反对过分择日卜时的，他在《答胡伯量》中说：

> 至于择日，则于三日中选之。至事办之辰，更以决于卜筮，某山不吉，某水不吉。既得山水拱揖环绕于前，又考其来去之吉凶，虽已吻合，又必须年月日时之皆合其说，则恐不必如此。不知然否？[①]

朱熹在文中表达了择日之说虽可讲究，但是具体到年月日都要与风水相吻合，就未免有点过了，说明朱熹对过分讲究时辰并非完全赞同。

朱熹的这种态度在《朱子家礼》中也有反映：

> 治葬。三月而葬，前期择地之可葬。司马公曰："古者天子七月，诸侯五月，大夫三月，士逾月而葬。今五服年月，敕王公以下皆三月而葬。"然世俗信葬师之说，既择年月日时，又择山水形势，以为子孙贫富贵贱贤愚寿夭尽系于此，而其为术又多不同，争论纷纭，无时可决，至有终身不葬，或累世不葬，或子孙衰替忘失处所，遂弃捐不葬者，正使殡葬实能致人祸福，为子孙者亦岂忍使其亲臭腐暴露而自求其利耶？悖礼伤义无过于此！然孝子之心虑患深远，恐浅则为人所扪，深则湿润速朽，故必求土厚水深之地而葬之，所以不可不择也。[②]

朱熹在《家礼》中对治葬一事制定了明确的原则，"三月而葬"，这也是根据古礼来拟定的。世俗的风水师认为风水跟子孙贫富、贵贱、贤愚、寿夭密切相关，这种相关不仅体现于山水形势，也体现于年月日时。但由于

---

① 朱熹：《答胡伯量》，载曾枣庄、刘琳主编《全宋文》第249册，上海辞书出版社，2006，第166页。

② 朱熹：《朱子家礼》卷四，载朱杰人、严佐之等主编《朱子全书》第7册，上海古籍出版社，2002，第916页。

不同的风水师所制定和遵从的标准不一，由此而导致了无休止的争论，进而形成了死后长时间无法埋葬的局面。朱熹对此无法接受，认为这违背了儒学伦理。

朱熹反对过分择日，也是对北宋以来其他知识精英理念的继承。此前，程颐、司马光、欧阳修等对卜时之说都有批判，我们依次举例讨论。

程颐在《葬法决疑》中关于卜时的论述：

> 而今之葬者，谓风水随姓而异，此尤大害也。愚者执信，将求其吉，反获其凶矣。至于卜选时日，亦多乖谬。按葬者逢日食则舍于道左，待明而行。是必须晴明，不可用昏黑也。而葬书用乾、艮二时为吉，此二时皆是夜半，如何用之？又曰己亥日葬凶。今按《春秋》之中，此日葬者二十余人，皆无其应。宜忌者不忌，而不宜忌者反忌之，颠倒虚妄之甚也。①

程颐的这篇文章是宋代反风水的著名篇目，全文较长，共1103字。文中将时日之说归咎于《葬书》中对下葬时日的禁忌。《葬书》说"用乾、艮二时为吉"，此二时皆是夜半，如何用之？如果择的吉时在半夜，该怎么办呢？《葬书》还说"己亥日葬凶"，程颐以实例反驳其说，"今按《春秋》之中，此日葬者二十余人，皆无其应"。程颐斥责求风水者不顾亲人遗体安定，一味追求吉地，即使葬于道路沟渠，只要能利于生者，皆无所谓。所以，程颐说："世间术数多，唯地理之书最无义理。"但程子仍然认为葬地要考虑地势、土质、风向等因素。

司马光的《葬论》②：

---

① 程颐：《葬法决疑》，载曾枣庄、刘琳主编《全宋文》第80册，上海辞书出版社，2006，第322页。
② 司马光：《葬论》，载曾枣庄、刘琳主编《全宋文》第56册，上海辞书出版社，2006，第157页。

今人葬不厚于古，而拘于阴阳禁忌，则甚焉。古者虽卜宅、卜日，盖先谋人事之便，然后质诸蓍龟，庶无后艰耳，无常地与常日也。

今之葬书，乃相山川冈畎之形势，考岁月日时之支干，以为子孙贵贱、贫富、寿夭、贤愚皆系焉，非此地、非此时，不可葬也。举世惑而信之，于是丧亲者往往久而不葬。问之，曰：岁月未利也。又曰：未有吉地也。又曰：游宦远方未得归也。又曰：贫未能办葬具也。至有终身累世而不葬，遂弃失尸柩，不知其处者。

司马光在这篇文章中把延葬之事分析得十分透彻。他认为，《葬书》为何要考察山川冈畎之形势，为何要卜算岁月日时之支干，皆因为丧葬的时间、地点紧密关系到子孙后代的贵贱、贫富、寿夭、贤愚。这是风水思想中典型的"福祸荫后论"，或"葬先（先人）荫后（后代）论"。正是这种荒谬的"葬先荫后论"，导致了"非此地、非此时"不能下葬，以至于"累世而不葬"。司马光对于风水持坚决否定的态度。史料记载，宋仁宗死，"朝廷遣使案行山陵"，"欲于永安县界之外广求吉地"，由于久拖未定，招致司马光的强烈批评："葬书出于世俗委巷之言，司天阴阳官皆市井愚夫，何足问也！"[1]司马光在其著作《书仪》中对风水还有着更进一步的质疑：

《孝经》曰："卜其宅兆，而安厝之。"谓卜地决其吉凶尔，非若今阴阳家相其山岗风水也。……彼阴阳家谓：人所生年月日时足以定终身禄命。信如此所言，则人之禄命固已定于初生矣，岂因殡葬而可改耶？是二说者自相矛盾，而世俗两信之，其愚惑可谓甚矣。[2]

---

① 司马光：《司马温公文集》卷二五，载曾枣庄、刘琳主编《全宋文》第54册，上海辞书出版社，2006，第309页。

② 同上。

欧阳修在《论葬荆王札子》中说：

> 臣伏睹朝旨，虽差宋祁监护故荆王葬事，然未见降下葬日及
> 一行事件。或闻以岁月不利，未可葬；或闻有司以财用不足，乞且
> 未葬。夫阴阳拘忌之说，陛下聪明睿圣，必不信此巫卜之言而违礼
> 典。但虑议者坚执方今财用不足不可办葬，陛下闻有劳民枉费之
> 说，则不得不虑，因以迟疑。
>
> ……
>
> 今都不计度，而但云无物可葬，则不可也。未见实用之数多
> 少，不量力能及否，而曰必须遵礼，而曰必须葬，亦未可也。如臣
> 愚见，酌此两端，葬则为便。然须先乞令王尧臣、宋祁等，将一
> 行合用之物列其名件，内浮费不急者，一一减去之。若只留实用
> 之物，数必不多。假如稍多，更加节减，虽至俭薄，理亦无害。如
> 此，则葬得及时，物亦不费。夫俭葬，古人之美节；侈葬，古人之
> 恶名。[①]

荆王的下葬日久拖未定，原因有二：其一，岁月不利，也就是说风水上
考虑不是好日子；其二，财用不足，即钱不够用。所谓财用不足，是指铺
张奢华的葬事，这其实也是风水迷信作祟。可以看出，择日而葬的现象不
仅在江湖之远，也在庙堂之高，特别是奢华浪费的厚葬之风，在当时非常
严重。

宋代名臣李纲在《报德庵芝草记》中说：

> 始，予抵沙阳，询耆老以邑之习俗，皆云俗多缓葬其亲，权
> 厝浅土，有至于数十年而大事未集者。予诘其故，则曰：俗以风水

---

① 欧阳修：《论葬荆王札子》，载曾枣庄、刘琳主编《全宋文》第32册，上海辞书出版社，
2006，第179-180页。

祸福为信然，拘忌阴阳岁月时日，以故不决。又所以送死者厚修佛事、待宾客、治坟墓，其费不赀，力不足者耻其不若人，因循迁延，以俟其力之可以葬，而不知年岁之积也。予喟然叹曰：习俗之弊，乃至是耶，古者卜其宅兆而安厝之，端为亡者设耳，《传》所谓"龟言水，蓍言市"者是也。后世始有风水祸福之说，治其术者，递相毁訾，以来自售，借使一家有数兄弟，则必曰：此利于长，而不利于幼；此宜于仲，而不宜于伯。从而惑之，则是终不可以葬也。昔楚昭不肯移祸于其臣，晋悼不肯移害于其民，而君子以为达。奈何欲邀福于身，而不葬其亲哉！拘忌阴阳岁月时日之非，唐吕才论之详矣，请试举其大概：古者诸侯五月而葬，大夫三月，士庶人逾月，皆以会葬之多寡远近为制，是未尝拘以岁月也。鲁葬定公，遇雨不克而易日。郑葬简公，而司墓之室当道毁之，则平旦而窆，不毁则日中而窆，子产命勿毁，窆以日中，是未尝拘于日时也。阴阳家者流使人拘而多畏，假于岁月日时以售其说，何足信哉！若夫送死之厚，因以不葬，则又失其本矣。子路曰："伤哉贫也，生无以为养，死无以为葬也。"孔子曰："啜菽饮水，以其所以养养之，至也；敛棺而窆，以其所以葬葬之，至也。"今以修佛事、待宾客、治坟墓，力为未足，而使亡者不得反其真，岂不失其本哉！然则如之何而可？曰：风水祸福与夫阴阳岁月日时之说，世俗有之，姑用其术，而勿泥焉可也。①

李纲（1083—1140）是两宋之际的抗金名将，政和二年（1112）登进士第，后在朝廷任监察御史。1119年6月，北宋都城东京水患严重，李纲上《论水灾事乞对奏状》，抨击当权者不恤民情的不负责行为，因言获罪，被贬为监南剑州沙阳管库，负责地方税务。李纲在沙阳发现了严重的

---

① 李纲：《报德庵芝草记》，载曾枣庄、刘琳主编《全宋文》第172册，上海辞书出版社，2006，第209—210页。

久丧不葬风俗，在他看来，久丧不葬的原因主要有两点，一是惑于阴阳卜时之说，二是因丧葬费用过高，"力不足者耻其不若人，因循迁延"。针对这两个原因，李纲引用先秦故事和孔子言论进行了逐一批驳，但他也并未将风水之说一竿子打倒，而是认为应采取"姑用其术，而勿泥焉"的实用主义态度来对待。尽管李纲的分析鞭辟入里，但他的主张见解大概只是停留在纸面上而已，并未能影响地方习俗。

需要特别说明的是，李纲的这段文字对于我们认识朱熹的风水思想亦有助益：沙阳即今天的福建沙县，与朱熹的出生地尤溪毗邻，朱熹在尤溪生活了七年，后随其父朱松迁居建州，建州即今天的福建建瓯，巧合的是建瓯也与沙县相去不远。总而言之，早年的朱熹就生长浸淫在与沙阳相同的文化区域内，当地久丧不葬的习俗由来已久且极为普遍，朱熹葬妻、葬子都在时间上有不同程度的迁延，显然也是受到了这一地方习俗的影响。

南宋时期，也有很多人对于过分相信风水、拖延丧期持否定意见，略举以下数例。

第一条，林光朝的《承奉郎致仕回年林府君墓碣》[①]：

> 又谓"人有停柩三十年者，非其力不足也，将以求利达也。使是而可求，即阴阳家者且自为之矣。吾向者卜亲垄，去吾庐无寻丈之远，他日葬我，当以我为法"。

林光朝（1114—1178），兴化军莆田（今福建莆田）人，字谦之，号艾轩，隆兴元年（1163）进士及第。他在碑文中提到了"人有停柩三十年者"并不是因为财力物力不够，仅仅是出于风水考虑，"以求利达"。朱熹为儿子停柩，没有这么长的时间，仅仅是一年多的时间。然而从风水角度来讲，也是有关联的。

---

① 林光朝：《承奉郎致仕回年林府君墓碣》，载曾枣庄、刘琳主编《全宋文》第210册，上海辞书出版社，2006，第111页。

第二条，张栻的《谕俗文》①：

> 访闻愚民无知，丧葬之礼不遵法度，装迎之际务为华饰，墟墓之间，过为屋宇，及听僧人等诞诱，多作缘事，广办斋筵，竭产假贷，以侈靡相夸，不能办者往往停丧，不以时葬。曾不知丧葬之礼务在主于哀敬，随家力量，使亡者以时归土，便是孝顺，岂在侈靡？无益亡者，有害风俗。

这是张栻任职广西静江时下发的一份公告，在该文中，张栻严肃批评了当时"无知愚民"丧葬之礼不遵法度，由此而导致了丧葬事务上的奢靡之风。这种现象不仅不能体现出对于先人的孝道，而且无益于亡者的安息，最重要的是伤风败俗。

第三条，楼钥的《朝散郎致仕宋君墓志铭》②：

> 归营葬送，仍自为寿藏于侧，泣曰："尚当供养于地下也。"
> ……
> 天资孝友，奉直素为乡曲所敬惮，以儒术自信，黜释老之说，每曰："亲亡而藉缁黄以荐，何待之薄也。死欲速葬，或溺于阴阳家之言以幸富贵，至累年不入土者，不孝为大。"其卓见类如此。

楼钥（1137—1213），明州鄞县（今浙江宁波）人，字大防，旧字启伯，号攻媿主人。隆兴元年（1163）登进士第。在这份墓志铭中，楼钥表扬了宋姓官员"速葬"的主张，也旗帜鲜明地表达了自己的立场，即不宜听信风水师的言论，为一己私利而把先人经年累月暴露于地上。

---

① 张栻：《谕俗文》，载曾枣庄、刘琳主编《全宋文》第255册，上海辞书出版社，2006，第26页。

② 楼钥：《朝散郎致仕宋君墓志铭》，载曾枣庄、刘琳主编《全宋文》第266册，上海辞书出版社，2006，第172-173页。

这些观点与朱熹的观点既一致又矛盾。说"一致"是因为朱熹在一般场合也是反对因风水而久丧不葬的；说"矛盾"是因为朱熹延后他的长子之葬礼长达一年多，恰恰就是听信风水师之言"须明年夏乃可窆"。这种情形，或如刘祥光先生所说："宋代反对风水术的声音尽管强烈，衡诸当日情形，大多数人仍以风水葬亲。"[1]

三、朱熹研制"灰隔法"

中国南方的地理特征是"地卑、水浅"，这也往往使坟墓遭水侵袭，不能完好保存先人遗体，由此，宋至明清产生了关于"藏尸""葬法"等议题。如何真正实现体全灵安，始终是一个被关注的技术问题。大致说来，一般的知识精英只是泛泛而论，对技术问题并无兴趣和建树，朱熹则是一个例外。这也反映了朱熹阴宅风水思想的某些观念。朱熹对于棺殓、墓室的营造等方面的诸多创举，用意在于将遗体赋予同祠堂一样的功能，成为维系家族延续的象征，这本身就是对风水细节的完善和补充。这种创举在朱塾的葬法上表现得尤为典型：

先生殡其长子，诸生具香烛之奠。先生留寒泉殡所受吊，望见客至，必涕泣远接之；客去，必远送之。就寒泉庵西向殡。掘地深二尺，阔三四尺，内以火砖铺砌，用石灰重重遍涂之，棺木及外用土砖夹砌。将下棺，以食五味奠亡人，次子以下皆哭拜。诸客拜奠，次子代亡人答拜，盖兄死子幼礼然也。

……先生葬长子丧仪：铭旌，埋铭，魂轿，柩止用紫盖。尽去繁文。埋铭石二片，各长四尺，阔二尺许，止记姓名岁月居里。刻讫，以字面相合，以铁束之，置于圹上。其圹用石，上盖厚一尺许，五六段横凑之，两旁及底五寸许。内外皆用石灰、杂炭末、细沙、黄泥筑之。[2]

① 刘祥光：《宋代风水文化的扩展》，《台大历史学报》2010年第45期，第40页。
② 黎靖德编《朱子语类》卷八十九，中华书局，1986，第2284页。

由于是朱熹亲自料理，所以下葬的细节描述得非常完备。朱熹对于长子丧葬的各种礼节仪式考究严谨，不仅谨按丧仪，而且颇讲风水。根据张传勇[①]教授、霍巍[②]教授的研究，朱熹这种葬法的最早记录来自宋人江休复（1005—1060）。江休复《江邻几杂志》云："近日江南有识之家，不用砖葬，惟以石灰和筛土筑实，其坚如石。"这种做法的目的其实就是要防止遗体受损。朱熹在葬法上主要强调两点：一是主张棺椁内外要用灰沙铺盖，二是棺内不可放置生物作为陪葬品。更为细致的做法，明代风水学经典《儒门崇理折衷堪舆完孝录》中这样记载：

> 或问："棺外可用灰杂沙土否？"朱子曰："只纯用炭末置之椁外。椁内实以和砂石灰。"或曰："可纯用灰否？"曰："纯灰恐不实。须杂以筛过细沙。久之灰沙相杂入，其坚如石。椁外四围上下，一切实以炭末，约厚七八寸许。既避湿气免水患，又截树根不入。树根遇炭皆生转去，以此见炭灰之沙。盖炭是死物无情，故树根不入也。《抱朴子》曰：炭入地千年不变。"
>
> 朱子曰："礼圹中用生体之属，久之必溃烂，却引蝼蚁，非所以为亡者虑久远也。古人圹中置物甚多。以某观之，礼文之意大备，则防患之意反不足。要之只当防虑久远，毋使土亲肤而已。其他礼文皆可略也。"[③]

"灰隔法"是针对传统葬法而言的。根据张传勇、霍巍教授研究，传统葬法不外土葬、灰葬、砖（石）撑三种。所谓土葬，是一种直接以土亲棺的葬法，简单节省，多为贫乏之家所用。灰葬是在棺外筑"椁"，因所用材料不

---

① 张传勇：《因土成俗：明清江南地区的自然地理环境与葬俗》，《中国社会历史评论》2008年第9期，第258–283页。

② 霍巍：《关于宋、元、明墓葬中尸体防腐的几个问题》，《四川大学学报（哲学社会科学版）》1987年第4期，第94–103页；霍巍：《论江西明代后期藩王墓葬的形制演变》，《东南文化》1991年第1期，第96–101页。

③ 佚名：《儒门崇理折衷堪舆完孝录》卷8，文物出版社，1988，第7页。

同，分为三合土灰椁、石椁及砖椁三种。留心葬法者认为，砖石之葬难以固护亲体。砖葬之患首在收湿，不能避水，直接影响到棺骸的长久保存。与砖石之葬对举的，是以三合土打筑墓圹的做法，一般称灰葬法，又称三和（合）土法。三合土是以石灰、黏土、沙子按一定比例混合而成的建筑材料，"石灰得土而黏，得沙而实，岁久结为全石"。朱熹的灰隔法就是一种三合土葬法。

从朱子原文来看，灰隔就是隔灰之板，它不但可以用来夹筑灰墙，还可以用于附着沥青（或作沥清，即松脂）。朱熹在《丧礼》中详细记载了这种方法的操作流程：

> 作灰隔　穿圹既毕，先布炭末于圹底，筑实，厚二三寸，然后布石灰、细沙、黄土拌匀者于其上，灰三分，二者各一可也，筑实，厚二三尺。别用薄板为灰隔，如椁之状，内以沥青涂之，厚三寸许，中取容棺。墙高于棺四寸许，置于灰上。乃于四旁旋下四物，亦以薄板隔之，炭末居外，三物居内，如底之厚，筑之既实，则旋抽其板，近上复下炭灰等而筑之，及墙之平而止。盖既不用椁，则无以容沥青，故此为制。又炭御木根、辟水蚁，石灰得沙而实，得土而黏，岁久结为全石，蝼蚁盗贼皆不能进也。[1]

上文详细叙述了灰隔法的操作流程，研究细致、考证清晰，并且亲身实践，由实践到理论，是一篇颇具心得的操作指南。"灰隔法"可谓是朱熹对于儒家营葬之法的贡献之举，是对通俗的大众意义上的风水文化的贡献，无论是当时，还是后来，都具有一定的正面意义。同时，朱熹对于下葬所用灵柩也极为讲究。朱熹《答廖子晦》曰：

> 所问葬法，大概得之。但后来讲究，木椁沥青似亦无益。但

---

① 朱熹：《朱子家礼》卷四，载朱杰人、严佐之、刘永翔主编《朱子全书》第7册，上海古籍出版社，2002，第916页。

于穴底先铺炭屑筑之，厚一寸许，其上之中即铺沙灰，四傍即用炭屑，侧厚寸许，下与先所铺者相接。筑之既平，然后安石椁于其上，四傍又下三物如前。椁底及棺四傍、上面复用沙灰实之。俟满，加盖，复布沙灰，而加炭屑于其上，然后以上筑之，盈坎而止。盖沙灰以隔蝼蚁，愈厚愈佳。顷尝见籍溪先生说，尝见用灰葬者。后因迁葬，则见灰已化为石矣。炭屑则以隔木根之自外入者，亦里人改葬者所亲见。故须令尝在沙灰之外，四面周密，都无缝隙，然后可以为固。但法中不许用石椁，故此不敢用全石，只以数片合成，庶几不戾法意耳。[①]

在棺椁方面的研究，可以说是朱熹对于"灰隔法"创举的延伸。朱熹认为，下葬可用木椁或砖椁，不可用石椁。石椁不仅容易生水，体量也最重，一旦倒塌，"安知其不压于骨骸之上"，出于对亡者灵柩安危的考虑，木椁为佳。

风水术不单是择地之学，也是古人葬亲的一种技术追求。唯永安是求，慎终追远，敬重先人，是儒学的主要原则之一。如何让逝者入土为安，是风水术和儒学共同关注的问题。只是儒学的"慎终追远"是理念层面的，而风水术中更多的是技术层面的。朱熹对于"灰隔法"葬法的研究运用形成了自己的心得体会，并且留下了重要的文字资料，无疑，这是作为儒学宗师的朱熹对于风水技术和儒学思想的双重贡献。

朱荣贵在《朱子与风水》[②]中指出：如果说风水术是"礼失求诸野"的折中态度，倒不如说宋代风水术是对丧葬之礼的进化。尽管这种进化过程，时有偏差、偏离正轨的时候，时有被民众推崇为时尚的时候，而其作为中国几千年文化绵延的一支细流，又被不失时机地纳入儒家正统的一元思想之中。

---

① 朱熹：《答廖子晦》，载曾枣庄、刘琳主编《全宋文》第247册，上海辞书出版社，2006，第5页。

② 朱荣贵：《朱子与风水》，载陈来、朱杰人主编《人文与价值：朱子学国际学术研讨会暨朱子诞辰880周年纪念会论文集》，华东师范大学出版社，2011，第543-551页。

朱子一方面反对世俗迷信的看法，另一方面，他也反对完全不相信风水、不理会风水的观点。朱子论风水"也可以说是一种不可知论的中庸立场"。其实，历史地比较朱熹安葬家人的全过程，不难发现，朱熹试图将一个"俗"的风水思想，往儒家的传统孝道方向靠拢，朱熹是这种努力的践行者。肖美丰对此的评价是，"将其伦理化，使伦理价值高于其工具价值，并且按照格物致知的进路视为格物对象，进行究其源、析其理的探索，按照理气一体、死生一源理念去解读，试图形成形上堪舆之学和形下堪舆之术关联又两分的格局"[①]。这样就可以把朱熹对于风水的理论和实践结合起来去理解了。宋代科技的繁荣又为风水提供了技术保障，作为理学大师，朱熹通过葬法和葬礼，为打破风水与儒学之间的壁垒显然做出了一些有意义的尝试。

第三节　《山陵议状》：风水的理学化与两难语境

《山陵议状》共计2324字，是绍熙五年（1194）朱熹围绕宋孝宗陵墓的择址所上的长篇奏议，集中反映了朱熹对风水问题的认识，也反映了风水儒学化、理学化的某些趋势，以及宋代知识精英在"悖论"和"两难"语境下对风水话语的展示。

就风水分类而言，《山陵议状》属阴宅风水。故本节也可以视作朱熹阴宅风水观的案例性专项研究。

一、对"五音葬法"的批判

《山陵议状》中的风水理念，首先体现在朱熹对"五音葬法"之说的批评上：

---

① 肖美丰：《朱熹风水堪舆说初探》，《齐鲁学刊》2010年第4期，第22页。

因山之卜，累月于兹，议论纷纭，迄无定说。臣尝窃究其所以，皆缘专信台史而不广求术士，必取国音坐丙向壬之穴，而不博访名山，是以粗略苟简，唯欲祔于绍兴诸陵之旁，不唯未必得其形势之善，若其穴中水泉之害，地面浮浅之虞，逼仄伤破之余，惊动诸陵之虑，虽明知之，亦不暇顾。群臣议者又多不习此等猥贱之末术，所以不能坚决剖判，致烦明诏，博访在廷。臣实痛之，其敢无辞以对？[①]

朱熹的这段文字分析了孝宗陵地迟迟未能选定的原因："专信台史而不广求术士，必取国音坐丙向壬之穴，而不博访名山"，只是粗陋简单地将孝宗遗体安葬于绍兴诸陵旁边，这样，不但得不到自然形胜之地，而且会使孝宗之穴受水泉、土浅、伤破之害，还会因寻找吉地伤及整个陵区的地气而惊动其他先祖之灵。许怀林教授的《朱熹的〈山陵议状〉及其风水观》将朱熹的这段文字归结为："朱熹的意见是：选择墓地没有广泛征求堪舆师的意见，未博访名山，致使'粗略苟简'，只是片面强调宋朝皇陵'坐丙向壬之穴'，即坐南向北的传统，单纯地'欲祔于绍兴诸陵之旁'，却未得山地'形势之善'，初选的墓地存在'穴中水泉之害，地面浮浅之虞，逼仄伤破之余，惊动诸陵之虑'四大问题，故不能用。为了不使孝宗遗体'委之水泉沙砾之中，残破浮浅之地'，他建议从江西或福建地理师（风水师）中调人重新选择墓地。"

这种归纳和解读大致准确。朱熹在这段文字中非常明确地表达了他对官方风水师（台史）的不信任，表达了他对官方风水师所奉行的"必取国音坐丙向壬之穴"的不认同，而讨论孝宗山陵的其他高级官员，更是不懂风水，所以他主张广泛征求民间风水师的意见（广求术士）。

---

① 朱熹：《山陵议状》，载曾枣庄、刘琳主编《全宋文》第243册，上海辞书出版社，2006，第119页。

这里就涉及风水史上的一个大的问题，即"国音择葬"的是非问题。"国音择葬"又直接与风水史上著名的"五音姓利""五音葬法"相关联。[①]

"五音"指宫商角徵羽，从声韵上说，汉字的发音，包括人的姓氏都可以归音为宫商角徵羽五大类，所以在历史的发展中就形成了不同的姓对应不同的"音"，而不同的"音"在建宅和埋葬时也有不同的对应方位，这就有了风水史上著名的"五音择宅""五音择葬"。顺应"五音择位（方位）"就有利，逆之则不利（"五音姓利"）。宋代皇室是赵姓，赵姓为"国音"，"国音"即赵姓所对应的方位是"坐丙向壬之穴"。北宋皇陵的位置是按这种五音原则选定的，南宋攒宫的方位也是按这种五音原则选定的。"五音择位"起源甚早，盛行于汉唐之间，而宋代民间风水信奉"形胜、理气"，"五音择位"的风水术已经衰落。但皇室和官方仍一直在沿用传统，信奉"五音择位"，北宋皇陵、南宋皇陵都是依据"五音"来选定的。[②]就可信性而言，无论是"五音"，还是"形胜、理气"，都不可能决定吉凶祸福，但形胜、理气理论中常常包含着地理环境、山川走势的内容，包含着一些"来龙去脉"的逻辑，相比之下，五音择葬、五音择宅就更为迷信和不可信了，所以宋代知识精英无论是在批判风水时，还是在改造提升风水时，都会首先直击"五音"，以"五

[①] 关于"五音择位"的问题，学术界的关注和讨论较多，其中以考古学的研究起点较早，对本书影响较大的研究成果有：宿白：《白沙宋墓》，文物出版社，1957；冯继仁：《论阴阳堪舆对北宋皇陵的全面影响》，《文物》1994年第8期，第55~68页；徐苹芳：《唐宋墓葬中的"明器神煞"与"墓仪"制度——读〈大汉原陵秘葬经〉札记》，《考古》1963年第2期，第87~106页；张齐明：《亦术亦俗》，中国人民大学出版社，2011，第57页；陈进国：《信仰、仪式与乡土社会》，中国社会科学出版社，2005，第440页；李零：《占卜体系与有关发现》，载李零《中国方术正考》，中华书局，2006，第39页。李零在文中指出：五音起源自上古时代，以五音十二律的增减配合与阴阳五行有关的候风、候气之说而成，主要和有关季节风向、阴阳五行消长的风角说相应，因此五音原指用五种声音表示的风，以此作为占卜之用。简而言之，就是以乐律配合时令，推算吉凶祸福，常与风角并用。

[②] 宋代官方组织编写了两部关于阴宅风水的集大成之作。一部是北宋仁宗时期王洙主持汇编的《地理新书》，一部是《茔原总录》。这两部书都是坚持五音葬法的。这两部书的关系，据美国学者韩森研究，《茔原总录》可以看作《地理新书》的简易缩写本。北京图书馆藏有严重破损的元本《茔原总录》，文中提到一定有很多模仿《地理新书》的阴阳堪舆著作，《茔原总录》告诫读者不要听信的伪书就多达50余种。《茔原总录》也根据五姓学说选择墓穴，但它比《地理新书》简短得多（只有五卷），也更为朴拙粗劣，文中有些行左右错乱。（参见韩森：《传统中国日常生活中的协商》，鲁西奇译，江苏人民出版社，2009，第170页。）

音"为突破口。如程颐《葬法决疑》曰："后代阴阳家流，竞为诡诞之说，葬书一术，遂至百二十家。为害之大，妄谬之甚，在分五姓。"程颐指出："五姓之说，验诸经典，本无凭据，古阴阳书，亦无此说。……黄帝之时，只有姬、姜二三姓，其诸姓氏，尽出后代，何得当时已有此语？固谬妄无稽之言。"他从姓氏的源流入手，如以封地得姓、后世赐姓等处力辟五姓谬说，并指出："葬礼圣人所制，五姓俗人所说，何乃舍圣制而从俗说，不亦愚乎？"因此，他断言："今之葬者，谓风水随姓而异，此尤大害也。愚者执信，将求其吉，反获其凶矣。"朱熹更是如此。因为南宋自孟太后开始，宋徽宗、宋高宗及多位皇后的陵址和葬法都是按"五音"行事的，他要另外选址，就必然会对"专信台史而不广求术士，必取国音坐丙向壬之穴"予以彻底否定。

朱熹否定"五音葬法"，但并不意味着他否定阴宅风水。根据上几节的讨论可以明显看出，朱熹不但熟知阴宅风水中的基本概念术语，对阴宅风水的择葬原则也有着积极的接引。他的这种立场和态度，在宋代儒学知识群体中，尤其是理学的领袖人物中，还是十分特别的。北宋时期，司马光、二程等对风水都持否定的态度[①]；南宋时期，理学的三大领袖，即号称"东南三贤"的吕祖谦、张栻、朱熹，三人中有两人对阴宅风水持否定、排斥的态度（这从前几节他们对朱熹改葬、合葬、择葬、择时的批评和规劝中就可以看出），但朱熹持有明显的认同与接引的态度。关于这一点，南宋陈亮曾有一段概括性的说法：

　　　　往时广汉张敬夫（张栻）、东莱吕伯恭（吕祖谦），于天下

---

① 《二程遗书》："世间术数，多惟地理之书，最无义理。正叔尝为葬说，有五事：相地须使异日决不为路；不置城郭；不为沟渠；不为贵人所夺；不致耕犁所及。此大要也。"（程颢、程颐：《二程遗书》，载曾枣庄、刘琳主编《全宋文》第80册，上海辞书出版社，2006，第290页。）

程颐《葬法决疑》："而今之葬者，谓风水随姓而异，此尤大害也。愚者执信，将求其吉，反获其凶矣。"（程颢、程颐：《二程遗书》，载曾枣庄、刘琳主编《全宋文》第80册，上海辞书出版社，2006，第322页。）

司马光《葬论》："今之葬者，乃相山川岗畎之形势，考岁月日时之支干，以为子孙贵贱、贫富、寿夭、贤愚皆系焉，非此地、非此时，不可葬也。"（司马光：《司马温公文集》卷七一，载曾枣庄、刘琳主编《全宋文》第56册，上海辞书出版社，2006，第157页。）

之义理自谓极其精微，而世亦以是推之，虽前一辈亦心知其莫能先也。余犹及见二人者，听其讲论，亦稍详其精深纡余，若于物情无所不致其尽。而世所谓阴阳卜筮、书画伎术，及凡世间可动心娱目之事，皆斥去弗顾，若将浼我者。晚得从新安朱元晦游，见其论古圣贤之用心，平易简直，欲尽摆后世讲师相授、流俗相传、既已入于人心而未易解之说，以径趋圣贤心地而发挥其妙，以与一世人共之。其不得见于世，则圣贤之命脉犹在，而人心终有时而开明也。其于经文，稍不平易简直则置而不论，以为是非圣贤之本旨，若欲刊而去之者。余为之感慨于天地之大义，而抱大不满于秦、汉以来诸君子，思欲解其沈痼以从新安之志，而未能也。然而于阴阳卜筮、书画伎术，凡世所有而未易去者，皆存而信之，乃与张、吕异。①

陈亮的这段话十分重要，他实事求是地指出了朱熹、吕祖谦、张栻三人在弘扬儒学道统、光大理学思想中的领袖地位和高度的一致；同时也指出了三位理学领袖的最大差异，即在对待"阴阳卜筮"，也就是阴宅风水中的差别：张栻、吕祖谦完全排斥，而朱熹"皆存而信之，与张、吕异"。朱熹的这种立场和态度，当然不可能是背离儒学传统，而是站在一个新的高度看待风水、提升和改造风水，这就是下面所要提到的风水的理学化。

二、阴宅风水的理学化

阴宅风水的理学化，主要体现在《山陵议状》的以下这段文字中：

盖臣闻之，葬之为言藏也，所以藏其祖考之遗体也。以子孙而藏其祖考之遗体，则必致其谨重诚敬之心，以为安固久远之计。使

---

① 陈亮：《跋朱晦庵送写照郭秀才序后》，载曾枣庄、刘琳主编《全宋文》第279册，上海辞书出版社，2006，第261页。

其形体全而神灵得安，则其子孙盛而祭祀不绝，此自然之理也。是
以古人之葬，必择其地而卜筮以决之，不吉则更择而再卜焉。近世
以来，卜筮之法虽废，而择地之说犹存，士庶稍有事力之家，欲葬
其先者，无不广招术士，博访名山，参互比较，择其善之尤者然后
用之。其或择之不精，地之不吉，则必有水泉、蝼蚁、地风之属以
贼其内，使其形神不安，而子孙亦有死亡绝灭之忧，甚可畏也。①

《山陵议状》的这段文字表达了朱熹本人的风水理念，也是后世研究者
关注和讨论最多的一段文字。

田浩在《朱熹的思维世界》中谈及朱熹《山陵议状》所言"使其形体全
而神灵得安，则其子孙盛而祭祀不绝……"时指出：

朱熹相信，不当的墓地会让尸体被地下之风所耗尽，这将导致
后代财运不佳。例如，在1194年的一封上疏中，他反对为孝宗所选
的墓地，其中有如下的推论：使其形体全而神灵得安，则其子孙盛
而祭祀不绝，此自然之理也。……其或择地不精，地之不吉，则必
有水泉、蝼蚁、地风之属以贼其内，使其形神不安，而子孙亦有死
亡绝灭之忧，甚可畏也。②

秦加懿《朱熹的宗教信仰》指出：

对在哪里安葬孝宗皇帝这个话题，朱熹在奏折（1194年）中概
述了他的风水观："盖臣闻之，葬之为言藏也……"通过求助于这种
实用的论证，朱熹与其他学者如司马光和程颐不同。司马光和程颐
都厌恶通过为已逝父母选择合适的风水，来达到为自己谋求富贵的

① 朱熹：《山陵议状》，载曾枣庄、刘琳主编《全宋文》第243册，上海辞书出版社，2006，第119页。
② ［美］田浩：《朱熹的思维世界》，江苏人民出版社，2011，第261页。

自私动机。①

朱荣贵《朱子与风水》则指出：

> 朱子对风水最大的贡献是提供风水一个理论基础。朱子说："葬之为言藏也，所以藏其祖考之遗体也。以子孙而藏其祖考之遗体，则必致其谨重诚敬之心，以为安固久远之计。使其形体全而神灵得安，则其子孙盛而祭祀不绝，此自然之理也。"但是朱子比程子更进一步说，如果风水不好，"子孙亦有死亡绝灭之忧，甚可畏也"。祖先甚至会处罚子孙，带给他们灾难。朱子当然不是将祖先神格化，但是他认为祖先和子孙之间的感应是很紧密的，而风水的目的是要确保祖先的神灵之安宁，并不是要追求个人的功利。②

以上三人，俱为海内外朱熹研究的名家，但他们对《山陵议状》中这段文字的理解还是差异颇大的。笔者认为，朱荣贵的解读可能更认真，也更合乎朱熹风水观的实际。

在上引《山陵议状》的这段话中，朱熹点出了其风水观的关键点，也是其风水观的本质特征。他认为，为什么要讲究风水，为什么要万般小心地选择先人的墓地，为什么对皇陵问题不能有丝毫轻慢或掉以轻心，这完全是为了表达对先祖或先皇的"诚敬"，即"必致其谨重诚敬之心"，事关忠孝的大节，是子孙或臣民必尽的义务和责任，也是人伦情感的自然表达。这里并无功利主义的动机，但包含着功利主义的必然结果。试想，一个对先祖遗体或先皇遗体缺乏"诚敬"的家族或群体如何可以维系，如何可以传之久远呢？因此，子孙"必致其谨重诚敬之心，以为安固久远之计"，"使其（祖先）形体全而神灵得安，则其子孙盛而祭祀不绝，此自然之理也"。

---

① ［加］秦家懿：《朱熹的宗教信仰》，厦门大学出版社，2010，第107页。
② 朱荣贵：《朱子与风水》，载陈来、朱杰人主编《朱子学国际学术研讨会暨朱子诞辰880周年纪念会论文集》，华东师范大学出版社，2011，第547页。

《山陵议状》中的这段话，可能还应上升到风水的理学化这样一个更高的层面上予以理解。因为朱熹在这段话中，体现了其理学思想的一个基本理念"诚敬"。

诚敬问题是传统儒学、传统理学和宋明理学共同关注的问题，也是理学思想体系的关键一环。在修身、齐家、治国、平天下这样一个完整的理学思想体系中，修身是一个基础，而修身唯一的要求就是要形成"诚敬之心"，也就是在态度和动机上必须纯正，不容有一丝一毫的偏离。

朱熹在《山陵议状》中的这一段话，正是上述思维模式的一个具体运用。朱熹《四书章句集注》说："事生固当爱敬，然亦人道之常耳。至于送死，则人道之大变。孝子之事亲，舍是无以用其力矣。故尤以为大事，而必诚必信，不使少有后日之悔也。"[①]

同样的观点在他与胡伯量的讨论中也有体现。朱熹《答胡伯量》[②]：

> 治丧不用浮屠法，而老母之意必欲用之，违之则咈亲意，顺之则非礼，不知当如何处？且以委曲开释为先。如不可回，则又不可咈亲意也。
>
> ……
>
> 某旧闻风水之说断然无之。比因谋葬先人，周旋思虑，不敢轻置，既以审诸己，又以询诸人。既葬之后，略闻或者以为茔窀坐向少有未安，便觉惕然不安。乃知人子之丧亲，尽心择地以求亡者之安，亦未为害。然世俗之人但从时师之说，专以避凶趋吉为心，既择地之形势，又择年月日时之吉凶，遂致逾时不葬。是窃谓程先生所谓道路窑井之类，固不可不避；土色生物之美，固不可不择。然欲尽人子之心，则再求众山拱揖，水泉环绕，藏风聚气之地。
>
> 至于择日，则于三日中选之。至事办之辰，更以决于卜筮，某山

---

① 朱熹：《四书章句集注·孟子集注》卷八，中华书局，1983，第292页。
② 朱熹：《答胡伯量》，载曾枣庄、刘琳主编《全宋文》第249册，上海辞书出版社，2006，第165-166页。

不吉，某水不吉。既得山水拱揖环绕于前，又考其来去之吉凶，虽已吻合，又必须年月日时之皆合其说，则恐不必如此。不知然否？

伊川先生力破俗说，然亦自言须是风顺地厚之处乃可。然则亦须稍有形势，拱揖环绕，无空缺处，乃可用也。但不用某山某水之说耳。某昨者营葬之时，结屋数椽于先垅之西。既葬后，与诸弟常居其间，庶得朝夕展省，且免在家人事混杂。敬子以为主丧者既葬当居家，盖神已归家，则家为重。若念不能忘，却令弟辈宿墓，时一展省可也。程先生论古人直是诚实处最可观。又以质之舜弼，云庐墓一节不合圣贤之制，切不须为之。某既闻此二说，不欲更遂初志，日即则在家间，中门外别室，更常令一二弟居宿坟庵，某时一展省，未知可否？坟土未干，时一展省，何害于事？但不须立庐墓之名耳。

这段材料非常重要，应该是正确理解朱熹风水思想的关键。第一，与二程（伊川）等人相比较，二程只是强调了择葬的自然条件，其风水意义并不明显，但是从诚敬的角度看，显然还应该有更高的要求，甚至从事亲的角度看，怎样诚敬都不过分。所以在这里，固然可以把朱熹的"再求众山拱揖，水泉环绕，藏风聚气之地"批评为风水迷信，但显然也可以更客观地理解为理学诚敬思想的必然结果。第二，"藏风聚气之地"也正是理学诚敬思想的必然的载体，即"必致其谨重诚敬之心，以为安固久远之计"。这里的"必致"二字是典型的诚敬之心决定一切的思维模式。按照这样一个思维模式，对祖考葬地选择的用心与否，就成为判断一切是非得失的最高准则。

总之，"诚敬"正是朱熹理学思想与民间阴宅风水相互关联的"节点"，正是通过"诚敬之心"，朱熹完成了阴宅风水的理论提升，实现了风水的理学化。因而，关于朱熹对阴宅风水的态度与立场，不能简单地用"信"与"不信"去做概念化的判断，以往学术界在这个问题上之所以久争不决，也是因为朱熹既有所谓迷信风水的"铁证"，但也有批评风水迷信的"铁证"，双方各执一词，莫衷一是。①应该说，朱熹既反对迷信风水，但更反对不分青红皂白地否定风水，对后者这种态度，他斥之为"孟浪不信"和"横说"：

> 先生曰："……只是虚心看物，物来便知是与非，事事物物皆有个透彻无隔碍，方是。才一事不透，便做病。且如公说不信阴阳家说，亦只孟浪不信。夜来说神仙事不能得了当，究竟知否？"某对："未知的当。请问。"先生曰："伊川曾说'地美，神灵安，子孙盛'。如'不为'五者，今之阴阳家却不知。"惟近世吕伯恭不信，然亦是横说。伊川言方为至当。古人卜其宅兆，是有吉凶，方卜。譬如草木，理会根源，则知千条万叶上各有个道理。事事物物各有一线相通，须是晓得。敬夫说无神仙，也不消得。便有，也有甚奇异！彼此无相干，又管他什么？却须要理会是与非。"②

> 神煞之类，亦只是五行旺衰之气，推亦有此理。但是后人推得小了，太拘忌耳。晓得了，见得破底好。如上蔡言"我要有便有，我要无便无"，方好。然难。不晓底人，只是孟浪不信。吕丈都不晓风水之类，故不信。今世俗人信便有，不信便无，亦只是此心疑与不疑耳。扬。③

---

① 关于朱熹到底信不信风水，南宋以来就是各执一词，纷纭其说。如前引陈亮《跋晦庵送写照郭秀才序后》中，明确说朱熹对风水"皆存而信之，乃与张、吕异"；但在后面的《何茂宏墓志铭》中，又记载朱熹实际上并不信风水，而且对张栻不信风水大加推崇："公姓何氏，讳恢，字茂宏。得姓所从来甚远，而婺之诸何为尤盛。……始公无恙时，尝欲营地于源深亭之上，曰：'东望吾父，西望吾弟，其他可勿问也。'既而策杖于野堂之西，桂林之旁，徘徊顾望曰：'是亦足以藏其身矣。'日者独以黄顺堂之山为最吉，曰：'是回鸾舞凤之势也。'诸孤欲遵先志，稍近野堂之东，而日者又以净明之东山为吉，寺僧欣然从之。用功力至费百余万，将以乙巳之正月某日葬焉，而有为口语，使寺僧牵连改动，以迁延其葬者。诸孤竟以正月乙酉葬公于官塘之前山，使亮书其石。昔亮尝见朱晦庵论广汉张敬夫'不惑于阴阳卜筮，虽奉其亲以葬，苟有地焉，无适而不可也'。天下之决者何以过之！知公之三子固自为可。于是永康陈亮再拜而书。"（陈亮：《何茂宏墓志铭》，载曾枣庄、刘琳主编《全宋文》第280册，上海辞书出版社，2006，第94—95页。）
② 黎靖德编《朱子语类》卷一百十四，中华书局，1986，第2766页。
③ 黎靖德编《朱子语类》卷一百三十八，中华书局，1986，第3289页。

"诚敬之心"，是一般朱子风水研究者很少提及的一个方面，而笔者以为这恰恰是朱熹阴宅风水思想的核心所在，也是与风水术"地灵人杰""葬先荫后"观点的根本不同之处。风水术认为地理环境决定吉凶祸福，而朱熹的风水思想则首先建立在"诚敬之心"基础之上，是建立在"天理决定地理""好墓地不如好心地"的大前提下的，这是我们在讨论朱熹的风水思想时应予以充分关注的一个关键点。

> 臣本儒生，不晓术数，非敢妄以淫巫瞽史之言，眩惑圣听，自速讥诮。盖诚不忍以寿皇圣体之重委之水泉沙砾之中，残破浮浅之地，是以痛愤激切，一为陛下言之。譬如乡临亲旧之间，有以此等大事商量，吾乃明知其事之利害必至于此，而不尽情以告之，人必以为不忠不信之人。而况臣子之于君父，又安忍有所顾望而默默无言哉？惟陛下详赐省察，断然行之，则天下万世不胜幸甚！谨录奏闻，伏候敕旨。①

这是《山陵议状》最后结尾的一段文字，印证了古代知识群体、政治精英在风水问题上的"悖论"和"两难"："臣本儒生，不晓术数，非敢妄以淫巫瞽史之言，眩惑圣听，自速讥诮。"的确，就理性而言，包括朱熹在内的精英阶层，未必信仰风水，但不讲风水，其忠孝等人伦情感又无从寄托。而且，任何在先人安葬问题上的"草草了事"，都会被视作不忠不孝的大逆不道。②大致说来，包括朱熹在内的中国传统儒学精英，都是在这种"悖论"和

---

① 朱熹：《山陵议状》，载曾枣庄、刘琳主编《全宋文》第243册，上海辞书出版社，2006，第122页。

② 正如葛兆光所指出的，至宋代，一些儒家原则被当作天经地义的伦理道德确立了下来。像家庭、宗族秩序的基础"孝"，不仅是一种观念，而且有了制度，如过去不疗救和供养生病的父母，祖父母、父母在时即异财分居，都成为违背道德的罪过而被禁止。而国家秩序的观念基础"忠"，也在皇权合法性与合理性得到普遍认同后，成了笼罩性的伦理，就连原来是化外的宗教也必须随时注意皇权的存在。用现代的语言来说，就是在国家权力所笼罩的空间中，一种伦理道德同一性被逐渐建构起来，一种普遍被认同的思想世界开始形成，并终于奠定了人们的日常生活世界。

"两难"的语境中叙述着各自的风水话语。

三、对风水具体方术的高度重视

正是从高度"诚敬"以安葬先人的理念出发，朱熹十分重视风水方术中择地选址的具体规矩，认为这就像懂得"医术"才能照顾好父母一样，是忠臣孝子必知必备的技能（见前引）。在《山陵议状》中，朱熹表现出他对这些具体规矩的重视和熟悉：

> 其或择之不精，地之不吉，则必有水泉、蝼蚁、地风之属以贼其内，使其形神不安，而子孙亦有死亡绝灭之忧，甚可畏也。其或虽得吉地，而葬之不厚，藏之不深，则兵戈乱离之际，无不遭罹发掘暴露之变，此又其所当虑之大者也。至于穿凿已多之处，地气已泄，虽有吉地，亦无全力。而祖茔之侧，数兴土功，以致惊动，亦能挺灾。此虽术家之说，然亦不为无理。以此而论，则今日明诏之所询者，其得失大概已可见矣。①

此前，朱熹已经提及"穴中水泉之害，地面浮浅之虞，逼仄伤破之余，惊动诸陵之虑"，这是葬不得法的四条禁忌。在本段材料中，朱熹再次更为详尽地讨论了这一问题：一是墓地如果选择不好，则会发生水泉、蝼蚁、地风之害，以伤害遗体使形体和心灵不安，如果这样子孙会有"死亡绝灭"之忧患。二是如果得到吉地佳穴，而葬之不厚，藏之不深，则当兵荒马乱之时，难免遭到发掘暴露之凶变。三是新穴之地已穿凿多处，地气已泄，就是周围形势再好，而地之吉气已无力。术家葬地之法多种多样，但为了固护棺骸同时充分利用穴地之气，主张不在穿凿之处择地。四是祖茔之侧已数次动工挖掘，以致惊动亡灵，也会有灾祸之变。下葬在祖先皇陵之侧，开土挖穴，难

---

① 朱熹：《山陵议状》，载曾枣庄、刘琳主编《全宋文》第243册，上海辞书出版社，2006，第119页。

免会惊动先祖亡灵而遭受灾祸。

在《山陵议状》的另一段文字中，他也同样强调了"风水方术"在阴宅中的重要意义：

> 若以术言，则凡择地者，必先论其主势之强弱，风气之聚散，水土之浅深，穴道之偏正，力量之全否，然后可以较其地之美恶。[①]

朱熹在这段材料中指出运用风水择地"五要素"，强调在择地时要依照"主势之强弱、风气之聚散、水土之浅深、穴道之偏正、力量之全否"这五个准则选定"形胜之地"。

朱熹的择地"五要素"常被研究者拿来论述朱熹的风水思想，也是认为朱熹懂风水且信风水的主要表征。一是"主势之强弱"，即龙脉蜿蜒而来所牵连的群山的气势是否雄伟，若"主势衰弱"则不准葬。二是"风气之聚散"，即穴地周围是否山环水抱，能够聚集生气而不致被风吹散，若气"散而不聚"则不准葬。三是"水土之浅深"，即穴地周围的流水及土质是否适宜，若"水浅土薄"则不能葬。四是"穴道之偏正"，点穴之时要观察来龙去脉，要使穴位恰如其分地接受到来龙之气，不能有所偏差，若"穴偏狭"则不准葬。五是"力量之全否"，主要是指地的吉气不能泄露，若地之力量不全，"生气被泄"，则不准葬。

这是风水当中形法派"觅龙、察砂、观水、点穴"原则的一种更概括性的说法。[②]形法派讲究形势、形法、峦体，即要从整体上审察来龙的气势、砂

---

① 朱熹：《山陵议状》，载曾枣庄、刘琳主编《全宋文》第243册，上海辞书出版社，2006，第120页。

② 觅龙、察砂、观水、点穴，是风水师择地的主要依据，被用于墓地的选择中，当然它也被用来选择宅基。然而两者相比，宅基选择地形的范围不如墓地广，城郭田原，一宅之基也可以安坟；而荒山偏岭，一穴之地却不适于宫宅。而且宅的建筑形式要比墓复杂得多，门厅院井的安排远非峦体之法所能应付。所以术书中讲峦体之法的，多涉及墓葬之用；谈宫宅之事的，多采用理气之说。这种现象说明宅与墓因择地范围、建筑形式各有不同，它们所用的选择方法也各有偏主；或者反过来说，峦体之法与理气之法因操作体系、占测手段各有特点，它们的应用模式也各有侧重。（参见王玉德：《古代风水术注评》，北京师范大学出版社，1992，第92页。）

山的拱卫、流水的环抱等择地要素，以确认这些地理条件所形成的风水格局能否产生吉祥福瑞的力量，进一步判断一块土地是否符合风水中的理想格局。"觅龙、察砂、观水、点穴"是风水术中的四个关键环节。

如何寻找阴宅风水吉地？古代认为，首先看龙脉。何谓"龙"？堪舆家指出："以龙言之，龙即山也。""龙者，山之行度，起伏转折，变化多端，有似于龙，故以龙名之。"简而言之，"龙"即山，但并非凡山皆是"龙"。山须有曲折起伏、奔腾踊跃之势，方可称为"真龙"："故山以静为常，是谓无动，动则成龙矣。……故成龙之山，必踊跃翔舞。"[①]"观龙以势，……故祖宗要有耸拔之势，落脉要有降下之势，出身要有屏障之势，过峡要有顿跌之势，行度要有起伏曲折之势，转身要有后撑前趋之势。或踊跃奔腾，若马之驰，或层级平铺，若水之波。有此势则为真龙，无此势则为假龙。"[②]根据风水师的解释，龙就是山岭的脉络，掌管人之贵贱。风水中有龙管贵贱、砂管吉凶之说。坟地所葬的山势走向，要雄壮磅礴，奔腾有势，要看起来活灵活现。龙脉就其连续之行动奔腾来说，构成朱熹在《山陵议状》中所说的"势"。"观势"就是观龙脉从何处而来，向何处而去，其行其聚，其顺其逆，皆依势而定。根据《葬书》的说法："夫气行乎地中，其行也，因地之势，其聚也，因势之止。"势起则气始，势止则气聚，势顺则气直，势逆则气回，观势就能把握无形之气的运行过程，换言之，势就是气之运行的外在动态表征。朱熹在《山陵议状》中所强调的"凡择地者，必先论其主势之强弱"，其风水内涵大致如此。

再从朱熹的"穴道之偏正"看其中所包含的风水内容。何谓"穴"？风水术认为，土中气脉聚结处，或成洼状，或成突状，即为"穴"。这个所在生气最旺，适宜安放墓室。"穴"为死者埋葬之所在，掌管人之吉凶，千万不能点错，故历代风水典籍对于"穴"做了许多形象的描绘及说明："穴者，山水相交，阴阳融凝，情之所钟处也。"[③]

---

① 蔡元定：《发微论·动静篇》，载顾颉主编《堪舆集成》，重庆出版社，1994，第128页。

② 孟浩：《形势辨》，载顾颉主编《堪舆集成》，重庆出版社，1994，第25页。

③ 廖希雍：《葬经翼》，载顾颉主编《堪舆集成》，重庆出版社，1994，第96页。

古代风水术认为："穴以藏聚为主。盖藏聚则精气翕集，暖而无风，暖则无水，无风则无蚁，三害不侵，则穴得矣。""穴有高的，低的，大的，小的，瘦的，肥的。制要得宜，高宜避风，低宜避水，大宜阔作，小宜窄作，瘦宜下沉，肥宜上浮。阴阳相度，妙在一心。""这一圈，天地圈。圆不圆，方不方，扁不扁，长不长，短不短，窄不窄，阔不阔，尖不尖，秃不秃。在人意见，似有似无，自然圈也。阴阳此立，五行此出。圈内微凹，似水非水。圈外微起，似砂非砂。分阴分阳，妙哉至理！阴不离阳，阳不离阴，真个妙用。"风水术认为，寻到"穴"地之后，点"穴"必须十分正确，否则将无福而有祸。那么，究竟如何才能正确地"点穴"呢？堪舆家提出了一个保证"穴道之正"的准则："穴必欲正，正则当峰。穴不欲偏，偏则半空。正偏之辨，旁肩宗的之功，辨其巧拙，审其轻重，在心目之自得，非口耳之所能。"一言蔽之，穴，是山脉聚气的场所。"点穴"是最关键也是最艰难的一步，重点在于穴位深浅及周围环境的配合。"昔人先以火燎草而后登山，甚为有法。雨中可以审其微茫界合，晴天可以察其气象脉理，雪中可以验其所积厚薄，则知阳气所聚。昔人谓：三年求地，十年定穴。慎之也。"朱熹在《山陵议状》中提出"穴道之偏正"，大致包括风水术中的上述内容。

总之，朱熹在《山陵议状》中所提出的"主势之强弱""风气之聚散""穴道之偏正"，正是对风水术中的"觅龙、察砂、观水、点穴"的具体应用。

与"龙、砂、水、穴"自然形态比附同理，"喝形取象"也是风水术中一种惯用的方法，即把山体拟于物象，因形而定穴。

南宋俞成《萤雪丛说》①中的一段记载：

> 陈季陆尝挽刘韬仲诸公，同往武夷访晦翁朱先生，偶张体仁与焉。会宴之次，朱、张忘形，交谈风水，曰如是而为笏山，如是而为靴山，称赏蔡季通无已。季陆遂难云："蔡丈不知，世代攻于

————————
① 俞成，字元德，生卒年不详。从《萤雪丛说》序中可知，该书成书于庆元年间（1195—1201），与朱熹为同时代。

阴阳，方始学此。"晦翁又从而褒誉之，乃祖乃父明于龙脉，季通尤精。季陆复辨之曰："据某所见，尝反此说，若儒者世家，故能成效，若日者世家，便不足取信于人，何者？公卿宰相皆自其门而出，他人何望焉周居？"晦翁应声曰："他家也出官，出巡官。"陈曰："譬如烧金炼银之术，父可传之于子，子可传之于孙，孙何必教外人？古者人皇氏，世人有九头，已无定形，未有百官已有许多山了，不知何者为笏山，何者为靴山？"坐客皆笑，晦翁摇指向季陆道："此说不可与蔡丈知。"仆亲闻是语，故纪之，以为溺于阴阳者之戒。①

这是一则流传很广的记载，反映了朱熹对风水术的熟知能详。其中"明于龙脉"一句，正是《山陵议状》中强调的第一条原则——"观其主势之强弱"。

应该说，南宋时期，对于形法择地讲究龙脉起伏、山环水抱的形势说在知识群体和政治精英的对话语境中是极为普遍的，以风水术语论山水环境也成为时人较为流行的现象。例如，张栻给朱熹的信中至少有两封提及关于"案山、形势、环绕、横前"等风水术语。②

另外，南宋山水记文中也多用"山川形势、面势回环"等诸多类似风水术语的词语进行环境赞美。如周必大的《泛舟游山录》中"而翠岩寺以鸾冈为案山"；"望寺场左右山环抱，而鸾冈正当水口"；"龙冈相并有彩鸾冈，以

---

① 俞成：《萤雪丛说》，载王育济主编《中华野史》宋朝卷三，泰山出版社，2000，第2530页。
② 第一封信，《答朱元晦秘书》二七："岳麓书院迩来却渐成次第。向来邵怀英做事不著实，大抵皆向倾坏，幸得共父再来，今下手葺也。书院相对案山，颇有形势，屡为有力者睥睨作阴宅。昨披棘往看，四山环绕，大江横前，景趣在道乡碧虚之间，方建亭其上，以"风雩"名之，安得杖履来共登临也？它几以道义自重。"（张栻：《答朱元晦秘书》二七，载曾枣庄、刘琳主编《全宋文》第255册，上海辞书出版社，2006，第83页。）
第二封信，《答朱元晦》四〇："《濂溪先生祠记》乃遂刻石，对之愧汗。卧龙想见胜概，欲赋一诗，续当寄上。近作每得之辄有开益。《别籍异财榜文》甚佳，此间却不至有如此太甚者。大抵近北州民间以易道说，非湖岭间比也。重九日出郊二十里间，遂登龙山，四顾云水渺然，亦复壮观。平原中独有此山，亦不高，蜿蜒如龙蛇耳。堤岸系一方之命，寻常极草草，夏潦盛时，其不为鱼者，幸耳。近城一堤十数里，最所恃者，今为之久远之计，不敢草草也。"（张栻：《答朱元晦》四〇，载曾枣庄、刘琳主编《全宋文》第255册，上海辞书出版社，2006，第121页。）

吴彩鸾得名"。^①所以，朱熹在《山陵议状》中对"龙、砂、水、穴"的运用和强调，与当时的整体语境并不冲突。

---

① 周必大《泛舟游山录》："去此犹数里，而翠岩寺以鸾冈为案山，恐村民锄掘，托言徐墓，商英为实之云。稍前即翠岩也，栋宇深隐，气象闳壮。南唐保大间有澄源禅师无殷住此山，李主甚敬之。既死，祭以文，时本朝建隆元年也，韩熙载为之铭。其后死心居此，而云峰晚亦悟道，故江西号为胜地。饭罢，同长老子坚步观洪崖，井深不可测，旧有桥跨其上，今废。"

"望寺场左右山环抱，而鸾冈正当水口，即三徐祠堂也。方丈之右有半月轩，池如半月。蒋颖叔有诗。又有听松堂，熙宁间潘兴嗣尝作《寝堂记》。澄源塔在寺右，大竹成林，围丈五六。旁有齐王庙，即李主弟抚州牧景达也，亦署澄源，敕尝舍田入寺，故庙祀之。法堂左阶花砖犹是南唐旧物，隐起之纹皆踏平，向来僧徒大集故也。晚再同坚老及西堂三人过洪崖，俯视深潭，草木蒙蔽，碕崖峭绝，不容侧窥。"

"壬午，早，焚香毕，再周览而行。宫西面百步有小观，榜曰太虚，周真人上升于此。旧名宣诏府，有保大五年丁未岁陈元裕记。治平四年赐今额，政和癸巳李山为之记。龙冈相并有彩鸾冈，以吴彩鸾得名。彩鸾遗迹在奉新县。"（周必大：《泛舟游山录》，载曾枣庄、刘琳主编《全宋文》第232册，上海辞书出版社，2006，第18–22页。）

第四章　大阳宅与山川风水 ≫

第一节　天人合一：朱熹的大阳宅观

朱熹的阳宅风水思想是包括"天地—首都—城居—村落—住宅—宅内"等在内的一整套完整的构架，但这些思想又往往分散在不同的场合、不同的文献中，因此，研究的难度比较大。另外，风水卜居与一般选房（如今日购房也要反复选择）有何区别也是要注意的。朱熹修建书院很多，而且往往是建在山清水秀之所，山清水秀与风水原则多有吻合，这样就容易发生朱熹"被风水"的情况，也是在研究朱熹阳宅风水思想时需要特别注意的。

朱熹的理学思想体现在阳宅风水上，最主要的特点就是"天人合一"。朱熹遵循自然之理，以天地人谐和为依归。在阳宅（即居住地）的选择上，注重自然之理和生生之理，寻求"天人合一"。在朱熹的阳宅观中，家居房屋、村落、城镇、国都、山川乃至天地都是阳宅风水考察的对象。本书在此称其为朱熹的大阳宅观。

一、择地而居

择地而居，是生命诞生之后的生活惯性。鱼逐水草而居，鸟择良木而栖。人类择居的生活习性逐渐演变为一种传统，人类选取和建造住宅的历史恰恰证明了这一传统。根据学术界研究，我国古代可考的住宅类型有穴居和巢居两种，前者分为地穴（掘地为穴）和洞穴（天然岩洞），后者是用天然木材构屋筑室。不论是穴居还是巢居，人类在居住地点的选择上对大自然有很大的依赖性。众多的考古资料告诉后人，即使是在蛮荒的原始社会，人类也早就开始对穴居和巢居的居住环境有所选择：山顶洞人的洞穴向阳而干燥，洞穴周围有广袤的沼泽、河流与茂密的森林；西安半坡氏族的半穴则建于地势较高、临近水源、土地肥沃的区域；浙江余姚河姆渡和吴兴钱山漾等遗址的巢穴，也毗邻河流。从原始人类择居的特征来看，人们择居的原则是便于生活、利于生存。古人类临河而居，近河繁衍，渔猎采集，生生不息。古人类择居所体现出的规律，印证了人类文明为什么总是与河流有关，世界四大文明古国之所以出现在尼罗河流域、两河流域、印度河流域、黄河流域也有据可考。

人类择地而居的传统，也各有特色。上文提到，我国古代有穴居和巢居两类不同的住宅类型，北方多穴居，南方多巢居。宋代《太平御览》卷七八引项峻《始学篇》说："上古皆穴处，有圣人教之巢居，号大巢氏。今南方人巢居，北方人穴处，古之遗俗也。"我国南北方居住环境的差异，是古代人们对南北方地理环境和气候环境不同特点的认知反映。北方气候干燥，土质黏性较强，适合掘穴而居；而南方潮湿多雨，较多虫蛇与树木，更适合伐木筑屋。于是，北方窑洞和南方"干栏"成为两地的地域特色。在此基础上，人们开始懂得如何利用穴、巢的特性来适应寒暑季节的变化，正如晋代张华《博物志》所说："南越巢居，北朔穴居，避寒暑也。"

二、阳宅风水的诞生与发展

随着文明的进步，人类对居住条件有了更高的要求，即如何营造更加坚固和舒适的住宅——宫室。《礼记·礼运》说："昔者先王，未有宫室，冬则居营窟（穴居），夏则居橧巢（巢居）。……然后修火之利，范金（铸造）合土（砖陶），以为台榭宫室牖户。"台榭宫室是我国古代住宅文化发展到了成熟阶段的标志。

住宅舒适度的提高，令人类择地造屋的内容日益丰富。人们不仅更注重住宅地址的选择，也更加注重住址周边环境的选择。古人除了观水，还看重山川、阳光和风向。于是，自远古而来的择居经验，逐渐演变成后人的相地之法，也称为相宅之法。相地卜居开始频繁出现在人们的生活中，古文献中也出现了相关记载，比如甲骨文记录了商王武丁相土作大邑的卜辞；《诗经·大雅》中出现了歌颂周人先主公相原和古公亶父相宅的诗篇；《周书》记载了周成王为营建洛邑派召公先行相宅的诰文；《史记》里留下了秦文公渭间卜居和秦德公卜居雍的记载。

约在汉代之前，中国的古代住宅文化发展历程是平静而和缓的，一切都是在平静的氛围中进行的。夏禹治水，商人卜城，周族占周原，秦人卜雍城，历朝历代都坚信住宅的吉凶神话。秦始皇筑宫建"天极"而不行"卜居"，无意中开辟了一条将住宅与天相结合的道路。"天人感应"的色彩，致使中国古代的住宅观念走向神秘。从而，由汉代开始，"住宅与天感应的神话，纷纷扬扬，或吉凶，或祸福，或阴阳，或五行，或八卦，或天神，或星煞，欲使世界唯此而行"。[①]然而，历史总会出现反对的声音。汉代哲人王充对住宅神话发起了第一次宣战。他在《论衡》中，分析"宅姓相贼"，驳斥太岁之忌，论辩"西益宅"之争[②]，让后人对古代住宅神话有了新的认知。然而，

---

① 周作明：《中国传统住宅文化的总体审视——兼论风水的阳宅之说》，《广西民族学院学报（哲学社会科学版）》1998年第20卷第2期，第66页。

② 这是汉代风行民间的"四大忌讳"之首——"西益宅"。意思是在住宅西边"兴建楼房"是不吉祥的，越高大祸害越大，任何人都要尽量避免。"西益宅禁忌"虽流行于汉朝，但整个文献的最早记载见于《左传》："鲁哀公欲西益宅，史以为不祥。哀公作色而怒，左右数谏而弗听，以问其傅宰质睢曰：'吾欲西益宅，史以为不祥，何如？'宰质睢曰：'天下有三不祥，西益宅不与焉。'哀公大悦；有顷，复问曰：'何谓三不祥？'对曰：'不行礼义，一不祥也；嗜欲无止，二不祥也；不听规谏，三不祥也。'哀公缪然深惟，慨然自反，遂不益宅。"即鲁哀公想要在宫殿西边的空地扩建宅院，但群臣反对，因为此举违反了当时已形成的"西益宅不祥"禁忌，他虽想独排众议，破除迷信，无奈在忠臣宰质睢一番劝说后，最终打消念头，不敢违逆"西益宅不祥"的习俗。到了汉朝，"西益宅"禁忌更加普及，成了民间主流的共识。

王充对住宅神话的批驳与说理犹如夜空里划过的流星。从唐宋开始，中国古代的住宅文化以"阳宅"之名，冠冕堂皇地出现了阳宅的经典与相卜住宅的"风水"名师，并形成了纷杂的学术流派。在唐宋之后，阳宅文化的发展更是如火如荼，芸芸众生，甚至九五之尊的"皇上"都为其折服。

阳宅文化在相地卜居中，套用了中国古代天文学的许多内容。从七政五纬（金木水火土）到二十八宿四象（青龙白虎朱雀玄武），从三垣到十二次、分野，几乎就成了一部古代天文学。但相宅之法在运用观星的目光来相宅卜居时，往往将其与天上的星宿相对应，通过所谓的某种灵感找到与"天命"之间的关系，从而形成阳宅文化中的吉星和凶星的说法，比如"太岁"与"年神"之说。与此不同，朱熹虽崇尚"天地间好个大风水"这样一种宏大的视野，但在他的阳宅文化中，很少用天文星象来解释住宅或者附会住宅吉凶。

就住宅建造而言，它本是建筑领域分内之事。建筑学讲究住宅的选址与建造，讲究建筑的布局与使用。而阳宅文化与建筑学就住宅的建造和使用来说，在原则和要求上是一致的，都追求符合人们家居生活便利的目标。这是阳宅文化具有科学性的一面。然而，阳宅文化在相地卜居的整个过程中，常说"凶方"，说"星煞"，说"命宫"，令人生畏。这些风水术士的恐吓之说，在朱熹的住宅思想中很少能看到。

相地卜居的住宅文化，还涉及哲学领域。从学科研究的内容上看，哲学与住宅学本来是两个不相关的范畴。但是，在被阳宅文化奉为经典的理论中可以看到，中国古典哲学研究的"气""阴阳""五行""八卦"等名称及原理，与住宅文化交融，在相宅之法中随处可见，而且经常被用作住宅选址、建造、布局的理论依据。住宅本是人安身立命之所，但是按照阳宅文化的说法，"看住宅，就不仅仅要考虑生活，还要'看门前水法生旺休囚是何，五行之局是何，山向屋高低合式否，周围门路如何，多层有无冲射，空缺上手有无逼压'，'要事事合法，倘有一房不合式，即不吉'；修造的住宅，就不仅是考虑居住舒适，还要考虑跟命数相合与相克；设计住宅的造型，就不仅是为了美观大方，还要讲求'居宅方正，人财大兴'，避免'四角不足，居之凶屋'；住宅的开窗造门，就不仅仅是给住宅采光通气，为了出入方便，还要考虑是招财进宝还是迎来灾祸等等，企图把住宅构筑成一个人生殿堂，一个给人间带来幸福，带来财富和权贵的殿堂"①。这种吉凶色彩浓厚的阳宅文化同样是朱熹很少谈及的。

三、朱熹的阳宅观

朱熹的阳宅观与他的学术理念是息息相关的。朱熹作为存在论的一元论者，认为自然环境之"气"是由"理"统摄的。朱熹对"理"曾做过多次解释，核心就是自然之生理，而"气"就是自然之理与生生之理的物质形态和外在表现。太极是理，阴阳为气。从朱熹理学的角度看，山川、草木各有其理，各有其气，形成各自的太极。朱熹说：

> 数只是算气之节候。大率只是一个气。……人之生，适遇其气，有得清者，有得浊者，贵贱寿夭皆然，故有参错不齐如此。圣贤在上，则其气中和；不然，则其气偏行。故有得其气清，聪明而无福禄者；亦有得其气浊，有福禄而无知者，皆其气数使然。②

在朱熹的阳宅观中，并非住宅决定人的命运的好坏、吉凶、福祸，而是由"气"投射到人的身上发挥了不同的作用。朱熹认为，气是动态的，有如电、磁一样的交感之可能，联络之作用。气带有价值，故有正邪、有清浊、有厚薄、有长短、有华美与衰飒。而气投射转换到人的身上，厚薄则与福祸相关，清浊则与贤愚相关，长短则与寿夭相关。③从上文可以看出，朱熹的风水观，不是占吉凶、卜福祸，而是追求"不衰之气"，好的自然环境才有天人合一之气。

---

① 周作明：《中国传统住宅文化的总体审视——兼论风水的阳宅之说》，《广西民族学院学报（哲学社会科学版）》1998年第20卷第2期，第67页。
② 黎靖德编《朱子语类》卷一，中华书局，1986，第8页。
③ 金永植：《朱熹的自然哲学》，华东师范大学出版社，2003，第305页。

在朱熹的阳宅文化观念中，核心是"天人合一"。所以在相地卜居中，他更多强调的是住宅与大地山川的关系。毕竟，住宅建筑在大地之上，与住宅联系密切的还有大地之上的山川。

朱熹以"天人合一"为核心的阳宅观，出发点是审美文化。不同于传统的阳宅文化，朱熹不将住宅"好坏""吉凶"与"祸福"联系。朱熹注重心灵感受，特别是美的感受。住宅平整方正，造型"间架整齐，入眼好看"，以挺拔峻秀的山为依托，门前树木葱绿俊美，这种外形美就是"相宅"的一个重要原则，衬映了人们对美好事物的心灵需求，反映了人们爱美的心理。朱熹强调住宅的美、山川的美，其目的就是为住宅营造一个美的环境。

能够具体反映朱熹阳宅文化的事例有以下数种：

第一，卜居武夷精舍。朱熹阳宅文化观的核心内质即是"天人合一"。要达到天人合一之境，首先要选择能实现天人合一的自然之境。朱熹归结为"山必来，水必回，……砂必绕……神煞必藏没，是为山水交汇大融，结成就之所"[1]。堪舆学认为，"山以大势奔驰，左右环抱，风不能吹，乃为有脉有气。故附山民居，皆在湾曲平坦，有兜收处建宅"[2]。朱熹经过多番寻觅，在乾道五年（1169）乘舟经过武夷九曲溪大隐屏下第五曲时，发现这里是最佳风水之地。于是，在淳熙十年（1183），即朱熹提举浙东南归之后，开始在五曲之畔营建私家书院——武夷精舍，作为授徒讲学的重要场所。凡过此地者，都不由感叹，武夷书院美轮美奂，无异于人间仙境，堪称"天人合一"的标本。

第二，卜居考亭。朱熹在崇安五夫里居住了近四十年，直到六十二岁花甲之年时才迁居建阳考亭。他迁居考亭的原因众多，原因之一是为了实现其父生前未能完成的愿望。朱熹的父亲在做官之外，对风水研究也是独具匠心的，早就慧眼独识考亭的风水"溪山清邃"，自然和谐，山清水秀，得天独厚，胜似"世外桃源"。待到诸方条件成熟后，朱熹便举家迁居考亭以为终老之地。

---

① 朱杰人等主编《朱子全书》第26册，上海古籍出版社，2002，第463-465页。

② 姚廷銮：《阳宅集成》，李祥评注，北京理工大学出版社，2008，第1页。

第三，卜居云谷。相地择居的阳宅文化核心价值是"天人合一"，自然环境最重要的就是讲究自然和谐。云谷山被朱熹相中，正是因为"群峰上蟠，中阜下踞，内宽外密，自为一区。虽当晴昼，白云坌入，则咫尺不可辨，眩忽变化，则又廓然莫知其所如往"①。一物一太极。云谷独特的自然环境自成一个完美的太极格局——自然和谐。可以想象，从穴地环顾四周，群山环绕，跌宕起伏，诸峰争奇，犹如"罗城四围无空缺，水口关拦不动风"。如果俯瞰环视，众泉环聚，缓缓流过穴地，形成阴阳太极，令该地生机倍增。在这里，即使艳阳高照，也有一山云雾，缥缈缭绕，犹如人间仙境。作为自然和谐的典范，这是"天人合一"的写照。人如果居住在这里，必定心旷神怡，文昌地灵。朱熹慧眼选中的云谷山自然是绝佳风水宝地，只可惜他后来未能如愿定居此地。

第四，以风水"补龙脉"的原则，对城居环境进行修补。朱熹认为，只有当自然环境和谐时，才能达到"天人合一"的最高境界，以至地灵人杰。他亲自选定的"武夷精舍""考亭""云谷山"，个个都是山清水秀、自然和谐的"天人合一"佳境。然而大自然中并非处处皆然、绝对完美，对于缺乏协调的先天风水，朱熹用"后天"人工补之，使之自然和谐，趋于"天人合一"。朱熹在青年时代就热衷于"觅龙""观水"活动。在任同安主簿时，朱熹替石家改造祖祠，曰："余至其地，观其旧制，甚不当意。……爰到室访之，见其祖祠轩豁，龙脉甚佳，于作法不甚合，略改正之。"②所谓"观其旧制，甚不当意……略改正之"，是说朱熹在原先的架构之上，略加改正，使之与自然环境和谐，以求达到"天人合一"之境。朱熹在泉州一带关涉风水地理之事，经常在方志文献中见到，"文公堤"就是"朱子为同安主簿，

① 朱熹：《云谷记》，载曾枣庄、刘琳主编《全宋文》第252册，上海辞书出版社，2006，第55页。

② 朱熹：《泉州同安鹤浦祖祠堂记》，这是2002年新发现的一篇文献。福建朱子学研究的著名学者林振礼认为，这一文献的前半部分为朱熹原文，后半部分为后人伪托。参见林振礼：《朱熹风水观与闽南民俗》，《闽都文化研究》2004年第2期，第975-997页。

筑堤以补龙脉"。①此外，朱熹对泉州胡贾建层楼事件的关注，也直接涉及风水的因素。

第五，白鹿洞书院、岳麓书院与山川风水思想等。白鹿洞书院在庐山南麓五老峰下，周围环山，山上苍松翠竹，郁郁葱葱；洞前横贯溪道，宛如银带。朱熹一见即赞不绝口。他说："昨来当职到任之初，即尝询访，未见的实。近因按视陂塘，亲到其处，观其四面山水清邃环合，无市井之喧，有泉石之胜，真群居讲学、遁迹著书之所。"②这里的"清邃环合"就是典型的风水观念。他在评价岳麓书院时，也曾说道："山必来，水必回，……砂必绕……神煞必藏没，是为山水交汇大融，结成就之所。"③

但正如我们一开始就指出的，书院一般都是建在山清水秀之地，而山清水秀与风水原则多有重合，这就很容易发生"附加或层累风水"以及"被风水"的情况。对于这一问题，将在后面的章节中进行详细讨论。

---

① 参见高令印：《朱熹事迹考》，上海人民出版社，1987，第105页。虽然该书研究所依据的史料为清代地方志中的记载，但大致可信。因为"补龙脉"是风水术中流传甚久的一个传统，英国著名汉学家王斯福在《帝国的隐喻：中国民间宗教》中说："一个传统的地方，这包括一个所谓的'自然村'，简言之就是一个仪式上的和有历史的单位，它的居民可分为由一个起源聚落而来的后代子嗣以及（但实际上近来已是）后来的移民者。作为大家共占的环境以及作为大家共占的命运这种公共财产，其可以通过宇宙起源仪式的调整或是通过风水处理来加以补救。这包括私人边界和共同财产。单单在风水上，每一种分化对大家共占的环境而言，都是一个选择的焦点，而且在宗祠和庙宇仪式上，也存在单一焦点的一种地方分化。风水的话语以及祖先和区域保护者节庆都是确定一个聚落的手段。其中每一个都以相当不同的方式操纵着区域边界以及继嗣这两项原则，但是由'风水'层次所确定的这个地方的边界或许正是保护神所护卫的区域。"（［英］王斯福：《帝国的隐喻：中国民间宗教》，江苏人民出版社，2009，第302页。）

② 朱熹：《白鹿洞牒》，载曾枣庄、刘琳主编《全宋文》第244册，上海辞书出版社，2006，第73页。

③ 朱杰人等主编《朱子全书》第26册，上海古籍出版社，2002，第463-464页。

第二节　岳麓书院与山川风水

　　岳麓书院位于湖南长沙（潭州）湘江西岸岳麓山下，是我国古代四大著名书院之一。至今，岳麓书院历经沧桑，我们已无从得知其在建设、修复、重建过程中是如何运用风水观念的，然而学术界有相当多的讨论，认为岳麓书院在建设、修复、重建的过程中，必定运用了风水观念。岳麓书院的一块碑刻佐证了学术界的认知：

　　　　书院在深山之麓，创自宋开宝时，江岸有古石牌坊（位于今牌楼口路与湘江堤岸交汇处），定向与旧院向差一字，朱子（指朱熹）所欲改就之而未及为者也……癸未甲申间……照依朱子所定向，两山（指天马山、凤凰山）交会，大江（指湘江）横绕，路从古牌坊下而出，大修后，连科贤书叠荐……戊子年，当事以术士（以测风水为职业之人）祸福之言，忽改书院头门偏对麓右，白虎高昂千尺，院中灾病大作，几致撤散，幸德公纯庵来抚，予（王文清山长）为先后详述其事，德公按视之，曰：此如人面然，移嘴居右耳之旁，尚复成人面乎？立命有司唤匠作即行折改，刻其观成，门复旧制，院中暂次安堵如故。[1]

　　书院志中有《形胜》篇，专门讨论书院的选址问题。它认为，"风水宝地"最佳吉形就是三面环山，一面向水，即所谓"山屏水障，藏精聚气，钟灵汇秀"[2]。岳麓书院所处的地理环境恰恰符合此类风水宝地的描述。

---

　　① 王文清：《岳麓书院四公德政纪略》，转引自沈宏格《岳麓书院建筑的风水文化解析》，《怀化学院学报》2011年第30卷第12期，第21页。
　　② 丁钢、刘琪：《书院与中国文化》，上海教育出版社，1992，第193页。

一、朱熹与岳麓书院

岳麓书院创建于北宋太宗太平兴国元年（976），到南宋初期，遭受了数次战乱的严重破坏。南宋乾道元年（1165），湖南安抚使知潭州刘珙重建岳麓书院。

而朱熹与岳麓书院的渊源交集屈指可数：

一是乾道三年（1167）八月，朱熹在范伯崇、林择之的陪同下，开始了为期数月的湖湘之行。朱熹在潭州岳麓书院与张栻（字敬夫、钦夫，号南轩，1133—1180）讨论了"未发之义，太极之妙，乾坤动静"[①]等哲学问题，并在书院讲学，讨论《中庸》。在此期间，朱熹手书"忠孝廉节"于讲堂，并为岳麓山风景古迹取名题额，由此出现了忠孝廉节堂、赫曦台、道乡台、道中庸、极高明、翠微亭等遗迹。朱熹与张栻论学的地方被后人称为"朱张渡"，二人在岳麓山会聚的地方被称为"二贤祠"。[②]

朱熹此行，主要目的就是与张栻论学，为书院学子讲学。没有直接材料可以证明，朱熹风水思想对岳麓书院的重建和修葺产生过影响。

二是光宗绍熙五年（1194），朱熹出任湖南安抚使，知潭州，在此期间他对岳麓书院进行了修复和扩建。

朱熹与岳麓书院有直接关联的文献有以下三条材料。

第一条材料为朱熹所作的《潭州委教授措置岳麓书院牒》[③]：

> 本州州学之外复置岳麓书院，本为有志之士不远千里求师取友，至于是邦者，无所栖泊，以为优游肄业之地，故前帅枢密忠肃刘公特因旧基复创新馆，延请故左司侍讲张公先生往来期间，使四方来学之士得以传道授业解惑焉。此意甚远，非世俗常见所到也。而比年以来，师道陵夷，讲论废息，士气不振，议者惜之。当职叨

---

① 陈来：《朱熹哲学研究》，华东师范大学出版社，2000，第170页。
② 高令印：《朱熹事迹考》，上海人民出版社，1997，第142页。
③ 朱熹：《潭州委教授措置岳麓书院牒》，载曾枣庄、刘琳主编《全宋文》第244册，上海辞书出版社，2006，第121–122页。

冒假守，蒙被训词，深以讲学教人之务为寄。

这则材料主要是讲朱熹对于修复和扩建岳麓书院的因由和决心，并没有体现他的风水观点。

第二条材料是朱熹所作的《岳麓问答》[①]：

> 但山必来，水必回，土必厚，砂必绕，草木必畅茂，人烟必翕集，神煞必藏没，是为山水交会大融，结成就之所；若土薄而瘠，水散而急，草木枯瘁，人烟稀少，神煞不藏，如是即是凶地，何泥之有？

在《岳麓问答》中，朱熹特别强调对地脉、山水流向自然体系的选择与改造，并且突出人的主观能动性。然而，《岳麓问答》虽然体现了朱熹的风水思想，强调了山水审美，却并没有说明朱熹风水思想对岳麓书院的修复和扩建有无影响。

第三条材料是朱熹的《答蔡季通》[②]：

> 但岳麓事前书奉报，乃廷老所定。后两日彦忠到，却说合在风雩右手僧寺菜畦之中，背负亭脚，面对笔架山，面前便有右边横按掩抱，左边坂亦拱揖，势似差胜。但地盘直浅而横阔。恐须作排厅堂乃可容耳。已属廷老更画图来，纳去求正，而未至。

这条材料是朱熹写给蔡季通（蔡元定）的信，写于朱熹去朝中做侍讲前后："至临江，忽被改除之命，超越非常，不敢当也。"在这封信里，朱熹向蔡元定讲述了自己的近况，其中主要内容就是岳麓书院的筹备情况及书院规

---

① 束景南：《朱熹佚文考》，江苏古籍出版社，1991，第514页。

② 朱熹：《答蔡季通》，载曾枣庄、刘琳主编《全宋文》第246册，上海辞书出版社，2006，第317页。

制，"彦忠到，却说合在风雩右手僧寺菜畦之中，背负亭脚，面对笔架山，面前便有右边横按掩抱，左边坂亦拱揖，势似差胜。但地盘直浅而横阔。恐须作排厅堂乃可容耳"。朱熹遂"属廷老更画图来，纳去求正"。朱熹追求山水审美，对于彦忠所表达的风水原则并不排斥，而且相当认同，因为更加合理的规制可以令环境带给人更加美好的审美感受。

对于朱熹修建岳麓书院的情况，明代杨茂元在《重修岳麓书院记》①中曾经写道：

明弘治七年（1494年），通判陈钢重修书院，未竟而去。继任李锡、推官彭琢继其志而成之。这是书院废毁百余年后的第一次大修。陈钢友杨茂元时任同知，为之记。今刻碑嵌于园林碑廊。碑文如下：

长沙府治之西，有山曰岳麓，又名云麓，南岳七二峰之一也。居民鲜少，市喧不闻，泉甘而木茂，壤厚而田腴，诚一胜境也。

宋开宝间，郡守朱公即其地筑室，以待学者。真宗时，山长周式以行义著，召拜国子学主簿，命归教授，诏以岳麓书院名，增赐中秘书，寻遭兵燹。乾道改元，建安刘公，因旧址复建书院及藏书阁，南轩先生为之记。乾道二年，晦庵文公闻南轩得衡山胡氏之学，始至长沙访焉。二先生论中庸之义，三昼夜不辍，其后文公卒更定其说。绍熙四年，诏除文公为湖南安抚，累辞不允，越明年五月至镇。长沙士子，素知向学，日俟公退，则请质所疑，公为之讲说不倦，四方学者毕至。时刘公所创书院，岁久寝圮，公修复之，更建于爽垲之地，规制一新焉。

闻诸故老，书院前有宣圣殿五间，殿前引泉作泮池，其列屋殆百间。其南为风雩亭，殿后堂客二层，层各七间，两庑亦如之。其外门距书院二里许，今其地犹以黉门名，而断碑尚卧田中。方其盛

———
① 杨茂元：《重修岳麓书院记》，《岳麓书院通讯》1982年第2期，第35页。

也，学徒千余人，食田五千顷；故谚曰："道林三百众，书院一千徒。"而五千顷之文，断碑可考也。今殿址故在，而破屋颓垣，隐然荒榛野莽间，其址与食田，皆为僧卒势家之所据矣。

吾友陈君钢，通守于此，慨然图兴复之。遂即文公更建之所，为大门五间，两庑各三间，名其左曰敬义，右曰诚明，取文公白鹿洞赋语也。北上十数级，复建书院五间，又十数级，创祠以祀晦庵南轩二先生，匾曰"崇道祠"。缭以周垣，杂植竹柏花卉于隙地，然其规制则临于旧矣。君间尝语予曰："是役也，吾捐俸为之，郡人若少参罗君鉴、都阃杨公铨、庠生陈大用辈亦有佐之者。始吾择人以董役，更数辈弗称，后得北寺僧法师任之，卒赖其力，盖文公之感人也深，虽异端亦知向慕如此。吾于祠后又治址，将构亭以远眺，名曰极高明。又欲置田百亩，以供祀事，以食学者，未能也，子其为我咏之。"未几，君以忧去，归其乡。其同官四明李君锡为构亭四楹，推官吉水彭君琢、国子生安化李经为买田若干亩，皆成君之志也。郡守吾鄞王公瑙嘉是举有关于风化，率僚属师生行释菜礼。又走书币，求记于西涯李先生，其文中所未及者，如辟道路，广旁舍，备器用，增公田，储经史，皆得备书也。独余衰病蹇拙，诗成而未敢以示人。李君过余，偶见之，不谓辞翰皆恶，坚欲摩勒于石，固辞不获，乃以遗之。而并考书院废置与文公讲学过化之详，以及故老相传之言，使后之君子览而有感焉。

在这篇记文中，杨茂元评价岳麓书院所在地"泉甘而木茂，壤厚而田腴，诚一胜境也"；他认为朱熹修复书院，"更建于爽垲之地，规制一新焉"，通文并未出现风水色彩明显的术语及其他词汇。由此可见，杨茂元也认同朱熹在修复岳麓书院时，并不是从风水学出发的。

从宋代文献看，朱熹修建或修复书院，第一考虑要素通常是怡人的山水环境、便利的生活条件。这也可以在朱熹的《衡州石鼓书院记》中得到体现：

衡州石鼓山据烝湘之会，江流环带，最为一郡佳处。故有书院，起唐元和间，州人李宽之所为。至国初时，尝赐敕额。其后乃复稍徙而东，以为州学，则书院之迹于此遂废而不复修矣。淳熙十二年，部使者东阳潘侯畤德鄜始因旧址列屋数间，榜以故额，将以俟四方之士有志于学而不屑于课试之业者居之，未竟而去。……予惟前代庠序之教不修，士病无所于学，往往相与择胜地，立精舍，以为群居讲习之所，而为政者乃或就而褒表之。①

"据烝湘之会，江流环带，最为一郡佳处"，从中可以看出，朱熹认为衡州石鼓山所处地理位置自然环境优美，有江河汇聚并环绕。淳熙十二年（1185）复现书院，是为了"俟四方之士有志于学而不屑于课试之业者居之"，而讲习之所，"往往相与择胜地，立精舍"。在记文里，只能看出朱熹对优美环境的认同，并未体现吉凶风水思想。

朱熹与书院风水的话题，还有一则记载，即绍熙五年（1194），朱熹在朝任侍讲时，因为道学与反道学派的矛盾，而被沈继祖以《劾朱熹书》中的六宗罪打入伪学魁首。其中的第六罪，即朱熹被认定为了得到有侯王之气的风水宝地，将建阳县学迁到护国寺原址，以县学为护国寺：

熹既信妖人蔡元定之邪说，谓建阳县学风水有侯王之地，熹欲得之。储用迎逢其意，以县学不可为私家之有，于是以护国寺为县学，以县学为护国寺，以为熹他日可得之地。遂于农月伐山凿石，曹牵伍拽，取捷为路，所过骚动，破坏田亩，运而致于县下。方且移夫子于释迦之殿，移释迦于夫子之殿。设机造械，用大木巨缆绞缚圣像，撼摇通衢罂市之内，而手足堕损，观者惊叹。邑人以夫子

---

① 朱熹：《衡州石鼓书院记》，载曾枣庄、刘琳主编《全宋文》第252册，上海辞书出版社，2006，第115页。

为千万世仁，其有害于风教大矣。熹之大罪六也。①

沈继祖把建阳县学搬迁说成朱熹听信蔡元定的话，要霸占建阳县学风水宝地。对此，朱熹在给友人的书信中，再三反驳沈继祖的劾奏。朱熹在给郑景实的信中解释说："盖旧学基不佳，众欲迁之久矣。储宰一日自与邑中士子定议，而某亦预焉。其人（指蔡元定）则初不及知，而其地亦不堪以葬也。"后来县学被勒令重新搬出，恢复为护国寺时，朱熹致书储用说："新学一旦措手，而委之庸髡，数日前已互迁象设，令人愤叹不能已。"他在给刘崇之的信中甚至感叹："官司诸生无一人敢正其妄者，可叹，可叹！"颇有讽刺意味的是，朱熹在给潘时举的信中也用同样的话回敬沈继祖对迁县学的弹劾："近日改移新学，复为僧坊，塑像摧毁，腰脊断折，令人痛心。彼圣贤者尤不免遭此厄会，况如吾辈何足道哉！"②此事涉及南宋的道学与反道学的斗争，风水问题成为斗争的重要内容之一，这是以往罕见的，也说明朱熹与风水本有一种撕扯不清的关系。

二、宋代关于书院风水形胜的论述：与朱熹做比较研究

岳麓书院作为史上知名的四大书院之一，颇为引人关注。与朱熹同时代的文人及后代文人，先后著述与书院相关的文章。关于评议书院风水形胜的材料，有以下几条。

第一条材料是张栻的《答朱元晦秘书》③：

> 岳麓书院迩来却渐成次第。向来邵怀英做事不著实，大抵皆向倾坏，幸得共父再来，今下手葺也。书院相对案山，颇有形势，屡

① 沈继祖：《劾朱熹书》，载曾枣庄、刘琳主编《全宋文》第272册，上海辞书出版社，2006，第344-345页。
② 束景南：《朱熹佚文考》，江苏古籍出版社，1991，第1021页。
③ 张栻：《答朱元晦秘书》，载曾枣庄、刘琳主编《全宋文》第255册，上海辞书出版社，2006，第83页。

为有力者睥睨作阴宅。昨披棘往看，四山环绕，大江横前，景趣在道
乡碧虚之间，方建亭其上，以"风雩"名之，安得杖履来共登临也？

刘珙修建岳麓书院期间，即1166年延聘著名理学家张栻主教岳麓。张
栻对岳麓书院的风水形胜给予高度赞许。文中"案山""四山环绕""大江横
前"是典型的风水术语。

朱熹与张栻两人为好友，书信往来频繁。朱熹比张栻年长三岁，但十分
敬重张栻，曾说："敬夫见识卓然不可及，从游之久，反复开益为多；一则曰
敬夫学问愈高，所见卓然，议论出人表。"从目前掌握的材料来看，不能完全
排除张栻的山川形胜、风水原则对朱熹的影响。在阳宅卜居观念上，张栻、
朱熹都比较注重山水形胜，张栻更甚之。这一点从以上材料中可以看出。然
而，二人在阳宅观念上并没有特别大的分歧，二人主要的风水观念分歧表现
在阴宅风水观念上。

本书第二章在分析朱熹的阴宅风水思想时，就朱熹为夫人异地择葬一事
展开过详细论述。其时，张栻就此事写信劝说朱熹："尊嫂已遂葬事否？卜其
宅兆，固当审处。然古人居是邦即葬是邦，盖无处无可葬之地，似不必越它
境，费时月，泛观而广求也。君子举动，人所师仰。近世风俗深泥阴阳家之
论，君子固不尔，但恐闻风失实，流弊或滋耳。更幸裁之。"[①]张栻在此信中
认可卜居宅兆应当谨慎认真地考察审定，但明确反对"异地择葬"。原因在此
不再赘述。而朱熹，虽对张栻"不惑于阴阳卜筮，……无适而不可也"[②]的
做法十分敬佩，但仍坚持己见，跨地择葬。在朱熹看来，"故世俗之情，至
于是日不能不思其祖考，而复以其物享之，虽非礼之正，然亦人情之不能已
者"[③]。在阴宅卜居的风水观念上，张栻是阴宅风水术坚定的反对者，朱熹则

① 张栻：《答朱元晦》，载曾枣庄、刘琳主编《全宋文》第255册，上海辞书出版社，2006，第109页。
② 陈亮：《何茂宏墓志铭》，载曾枣庄、刘琳主编《全宋文》第280册，上海辞书出版社，2006，第94-95页。
③ 朱熹：《文公家礼》，邱浚辑，上海江左书林，1887，第27页。

是不能免俗，成为阴宅风水的拥戴者。

第二条材料是周必大所作《新复报恩善生院记》[1]：

> 庐陵郡西南六十里，古有报恩善生精舍，其废已久。政和中，宝严院僧永韶始命其徒宗式乞故额而兴复之。人皆曰是不可为也，宗式曰："我必成之。"顾旧基濒溪，将为水坏，宣和辛丑别卜大冈之趾迁焉，其地盖永韶族父刘臻业也。

《新复报恩善生院记》是周必大为报恩善生书院作的记文，其中"顾旧基濒溪，将为水坏"是说报恩善生精舍原址濒临溪水，地基为水所侵蚀，于是"别卜大冈之趾迁焉"，并没有体现出明显的风水思想。周必大指出此地不宜而应另外择地选址，其出发点是适用性和功能性，与朱熹的山水审美和生活便利无甚出入。

第三条材料是袁燮所写《迁建嵊县儒学记》[2]：

> 旧学在城之隈，地非爽垲，气郁不舒。周览以求胜处，乃得今地，临流负山，面势宏杰。经始于去秋，而告具于今春。自大成殿至于两庑重门，自明伦堂至于东西斋序，自仓库至于庖湢，凡屋百区，坚壮轩豁，遂成伟观，而纤芥不扰。士业其中，雍雍愉愉，有云飞川泳之适。

袁燮（1144—1224），字和叔，鄞县（今浙江宁波）人，宋朝教育家、哲学家。《迁建嵊县儒学记》是他为建嵊县儒学迁址时所写。这条材料指出旧学所在地位置不好，地不干爽，气不舒畅："在城之隈，地非爽垲，气郁

---

[1] 周必大：《新复报恩善生院记》，载曾枣庄、刘琳主编《全宋文》第231册，上海辞书出版社，2006，第232页。

[2] 袁燮：《迁建嵊县儒学记》，载曾枣庄、刘琳主编《全宋文》第281册，上海辞书出版社，2006，第246页。

不舒。"于是选择"临流负山，面势宏杰"之地重建，这八个字颇具风水学色彩。儒学重建后，感觉非同一般，"纤芥不扰"，"雍雍愉愉，有云飞川泳之适"。袁燮很直白地表明，旧址令人不舒服，搬迁到胜处后，另是一番宜人感觉。由此可见袁燮的风水观念很重。

显而易见，朱熹与袁燮的风水思想比较起来，如同小巫见大巫。解读《迁建嵊县儒学记》，展示在众人面前的袁燮，是一个特别迷信风水之人，而朱熹，只是偏重山水审美、追求天人合一而已。

第四条材料是叶适的《六安县新学记》[①]：

> 会稽陆子虞为六安令，新立学，日取卖酒钱一千馔诸生，惧且去不继，则食绝学坏也，来请记。余尝以公事自巢父、许由所居北行，沿淮望颖水，西入梅林、沙窝，百余里中，山四合如攒绮绣，南下蕲、舒，所谓四、五祖灊天柱峰，信乎名山哉！或言六安山谷尤深，余思皋陶氏，欲至其处不可得。

叶适（1150—1223），字正则，号水心，世称水心先生，温州永嘉（今浙江温州）人。《六安县新学记》是他为六安县新立学所作的记文。叶适在记文中，大力描绘新学的选址及周边自然环境，新学所处，风景秀丽，交通方便。他认为，新学所在地，自然形胜，"余思皋陶氏，欲至其处不可得"。这与朱熹"山水审美"的风水思想一致。

第五条材料是赵汝励所作《新州学宫记》[②]：

> 国家崇儒尊道，诸郡许建学，通祀先圣先师，俾学者知所宗仰，而德行道义由是进修，德至渥也。新昌初建泮宫于郡城南，气

---

① 叶适：《六安县新学记》，载曾枣庄、刘琳主编《全宋文》第286册，上海辞书出版社，2006，第74页。

② 赵汝励：《新州学宫记》，载曾枣庄、刘琳主编《全宋文》第304册，上海辞书出版社，2006，第226-227页。

相宏伟，栋宇壮丽，面势得溪山之胜。淳熙丙申，余尝官侍，屡获观礼，迨今识之。后有惑于阴阳曲说，次年迁于今址。一时欲速，而殿宇简陋，木不坚寿，陶非精实，风雨逢迎，迨亦三十余年，橡桷欹蠹，覆甓飘剥，因循玩衺，不足以振士气而兴人心。嘉定辛未，临漳杨侯县循阳二年，政绩显异，当路合辞以闻于上，因辟守是邦，天子嘉叹，即俞其请。侯以是岁三月被宠命，临见吏民，首拜谒大成殿下。仰视徘徊，惕然于衷，谓风化之本，观瞻弗称，守之责也。退而谋更新之，顾民力单贫，郡计未给，百度撙约，惟从中制。越明年，用度纾，民情孚，乃鸠工度材，增卑而高，辟隘而敞，轮奂之美，一出侯之经画。经始于仲冬，广文郭君从周董之。未几，陈君来分教，阅两月遂竟其事。……新昌，余旧游也，稔知其俗醇而易化，乐闻有贤侯之政，士民蒙幸，诚所希遇，安敢以不敏辞。……何则？民知礼义，则易治而亲其上，政事、财用，由是各得其序，兹理势使然。今之为政，类以财用为急，而视风教所系为缓，废本齐末，上举而下不应，俗薄而情愈偷，不加察于此，而徒责民之难化，岂其理哉！观杨侯之政，可谓得缓急先后之序矣。

赵汝励，南宋宗室，嘉定县（今上海嘉定区）人。《新州学宫记》记载，学宫初建于城南，"面势得溪山之胜"，"后有惑于阴阳曲说，次年迁于今址"。赵汝励建新州学宫，后因风水原因改迁，这是当时社会上治道常用之法。"增卑而高，辟隘而敞"，与朱熹以风水补龙脉相较，有异曲同工之效。

第六条材料是魏了翁的《赠王彦正》[①]：

嘉定二年，余以心制里居，宅兆未卜，闻资中王直夫雅善青囊之术，即具书币致之。居三日，余表兄高南叔拉与登隈支山，过蟠

---

① 魏了翁：《赠王彦正》，载曾枣庄、刘琳主编《全宋文》第309册，上海辞书出版社，2006，第466页。

鳌镇，历马鞍山。未至山数里，直夫顿足而言曰："由长秋山而下乾冈数里，其下当有坤申朝甲乙出之水，子之先君子其当葬此乎！"下而卜之，果如所云，遂为今长宁阡。既又为余言："子未有室居，子之先庐被山带江，其上有山，与马鞍之朝向若相似。然隈支为巽，巳峰实当其前，倪知之乎？"余曰："而未尝涉吾地，而恶乎知之？"曰："余以气势之所萃知之。"卜之，又如其所云。由是即其地成室，是为今白鹤书院。直夫又曰："书院气势之所钟，当有以文字发祥者。"余乃约十余士之当赴类省试者会文其上，是岁自类元王万里而下凡得七人，其不在得中者，后亦接踵科第，或以恩得官，莫有遗者。又曰："白鹤书院虽得江山之要，然此地埋郁已久，今一旦开豁呈露，则家于是山之下者，其余气所钟，亦当有科级之应。"是岁余弟嘉甫与邻居谯仲甫同登，即七人之选也。先是贡士题名于浮屠，以问直夫，直夫曰若在七级则当七士，后皆如其言。凡此皆余一岁间身履而目击者，自余类此者不可胜数，恐岁浸久而忘之，姑随笔书此以记。

魏了翁（1178—1237），邛州蒲江（今四川蒲江）人，南宋庆元五年（1199）登进士第。《赠王彦正》是魏了翁写给王彦正的信。此文详叙了王彦正（王直夫）为魏了翁卜地的经过，从卜地到后来一一应验。其中，王彦正所卜之地，"即其地成室，是为今白鹤书院"。王彦正还言："白鹤书院虽得江山之要，然此地埋郁已久，今一旦开豁呈露，则家于是山之下者，其余气所钟，亦当有科级之应。"这也被后来的事实验证。魏了翁最后说，"凡此皆余一岁间身履而目击者，自余类此者不可胜数"。在此文中，魏了翁十分相信王彦正，并被王彦正的风水思想所征服。

第七条材料是莫济的《重修萧山县学记》[①]：

---

① 莫济：《重修萧山县学记》，载曾枣庄、刘琳主编《全宋文》第210册，上海辞书出版社，2006，第413页。

浙河以东郡县，连城数十，独萧山去都为近，人徒之众，甍宇之壮，舟车之杂集，大哉县也！近而且大，宜有卓异秀颖之民出乎其间，而未之见。绍兴二十有六年夏四月，丹阳陈南来宰是邑，顾瞻甍宇，陋其制之卑下，与其地之嚣尘也，相度南门之外，地广以平，环群山而带流水，遂定迁焉。冬十有一月役于邑中，明年秋移病归，常山宋敷实嗣之，请于郡守赵公，出公帑钱八十万以佐其役。冬十有二月，庙学于是始成，前统重门，中严广殿，有横经之堂，有肄业之斋。既用币于先圣先师，以济之分教是郡也，使来请记。济谓俗无美恶而教有兴废，今明天子在上，教行自近始，郡守县宰相与奉承而宣布之，编民争遣子弟列诸生，惟恐居后，安知其不变而至道也！且是县江山之胜名天下，吾意夫橘柚罗绮之美不能独当也，钟而在人者特郁而未发耳，守宰三君子则既发之矣，被其赐者宜若之何？毋怠荒暴弃，毋惑乎异端而蹈乎匪彝，不惟以对三君子，庶无负天子乐育之意云。（雍正《浙江通志》卷二七）

莫济（？—1178），字子齐，湖州归安（今浙江湖州）人，伯镕长子，绍兴十五年（1145）进士。他在《重修萧山县学记》中认为，"独萧山去都为近"，"宜有卓异秀颖之民出乎其间"，即人杰地灵。萧山县学择址是因为"陋其制之卑下"，于是"相度南门之外，地广以平，环群山而带流水，遂定迁焉"，与朱熹"更建于爽垲之地，规制一新焉"有相似之处。

第八条材料是洪迈的《婺源新学记》[①]：

江东俗本嚣于讼，歙浪受其名，婺源人重不幸，至席鼎汤最沸之目。县人翰林汪公藻、吏部朱公松，用文章行谊表表独立，不忍

---

① 洪迈：《婺源新学记》，载曾枣庄、刘琳主编《全宋文》第222册，上海辞书出版社，2006，第74-75页。

视乡曲蒙恶声，顾而之他邦，纷阅阅焉。诸生时相与言，学宫在西边九十五年，浸入于坏，地势暗昧，青衿不能群居，阴阳家流杂指山向背为不韪，当徙而趋新，士大夫滋益多，淫谤宜革。是时乾道岁戊子，令彭君烜曰："嘻，吾责也，将安所易置乎？"曰："吉莫如城东驿。"……月顷，百室之宫成，靓深广盱，不葺于素，过者心开目明，毋间处者。于是隽秀士滕生恪以降百有一人介令为容，遣信千八百里走赣川，合词告鄱阳洪迈曰：愿有以记。予乡壤与斯邑接，令君又宗盟长，其得辞？今之学若古之塾也，庠序之制，既以糟粕仅存，至于主敬以直内，主义以方外，致知格物之本，穷理尽性之要，正心诚意之传，绵绵延延，如线不绝。曾子且死，不忍一箦之姑息，举扶而易之；季路临大难，正冠结缨之暇，如在洙泗；工尹商阳，手弓而杀人，掩目止御，不忘有礼。死生之变，争战之急，亦大矣，而归趣如此。

洪迈（1123—1202），字景庐，号容斋，饶州鄱阳（今江西鄱阳）人，洪皓之子。他在《婺源新学记》中说，相比江东和歙浪的官讼盛行，婺源人更不幸，"县人翰林汪公藻、吏部朱公松，用文章行谊表表独立"，不忍故乡蒙恶声。婺源州学已建95年，"浸入于坏，地势暗昧，青衿不能群居，阴阳家流杂指山向背为不韪，当徙而趋新"。彭烜决定将学校搬迁，占卜曰"吉莫如城东驿"。洪迈为此事作记文。记文中没有风水色彩浓厚的词语，也看不出作者要表达的风水思想。洪迈在文中强调的是"庠序之制，既以糟粕仅存，至于主敬以直内，主义以方外，致知格物之本，穷理尽性之要，正心诚意之传"，更关注人文思想。这与朱熹的山水审美思想有一定区别。

综合以上材料可见，在整个宋代异常风行的风水学及风水观念，或多或少对社会精英、鸿儒巨公有影响。事实上，南宋书院大兴，与科举取士密切相关。书院周围的风水环境常被认为能够影响学校的科举成就。"信则有，不信则无"，南宋文人及政客在修建或复建书院时，风景形胜往往是第一考虑要素。而朱熹更多追求的是风水形胜和天人合一境界，他的出发点是给人以美的感受，而非科甲及第。特别值得一提的是朱熹与好友张栻在风水观念上的差异，二人在阴宅风水观念上大相径庭：张栻"不惑于阴阳卜筮"，对阴宅风水持坚决否定的立场；朱熹则认同阴宅风水，且身体力行。但朱、张二人在阳宅观念上没有分歧，张栻对阳宅风水的认同和讲求甚至更明显，更强烈。

三、后代关于岳麓书院风水形胜的论述：与朱熹做比较研究

岳麓书院几经朝代演变，历经兴衰荣辱。在南宋覆亡之后，各朝鉴于岳麓书院的声名，纷纷修复或扩建书院。其中，元、明、清三朝的修复工作都对岳麓书院的发展起了巨大作用。

1. 元重建岳麓书院

元代，南宋盛极一时的岳麓书院被元军付之一炬，夷为平地。元统一全国后，潭州学正刘必大重建岳麓书院。1314年（延祐元年）郡别驾刘安仁又一次主持大修。这次修葺，耗力颇大。"门厩庖馆，宫墙四周，靡不修完"，"木之朽者易，壁之污者墁，上瓦下甃，更彻而新"，"前礼殿，旁四斋，左诸福，右百泉轩，后讲堂。堂之后阁曰尊经，阁之后亭曰极高明"。讲学有堂，藏书有阁，祭祀有祠殿，游息有亭轩，其规制之整齐，规模之宏大，不逊于宋代。[①]这一年，岳麓书院的大规模修葺，引起了吴澄的极大关注。

吴澄（1249—1333），字幼清，号草庐，江西崇仁人，元代著名的理学家和教育家。他致力于教育60余年，桃李满天下。在学术上，他致力于宋代理学诸派学说的研究，折中于朱熹与陆九渊两家之学。吴澄与主持岳麓书院大规模修葺的长沙郡别驾刘安仁交情甚厚，对重修岳麓书院付出了极大的热情。吴澄精通风水，著有《地理真诠》《地理类学》《地理书》（当时风水书的别称）；整理《葬书》，采用"篇分内外，盖有微意"，将谬妄杂秽之说仅保留在杂篇。这一举动，为儒者解读风水堪舆术提供了颇具科学性的基本文本。他与刘安仁的交情，以及他对修葺岳麓书院的热情，使得他的风水观难免影响书院的修建。

---

① 杨慎初：《岳麓书院建筑与文化》，湖南科学技术出版社，2008，第42页。

2. 明重建岳麓书院

明代以前岳麓书院屡遭损毁，明代长沙守道吴世忠认为是风水作怪，便请阴阳先生对书院进行勘察，最后以"风水背戾"为由，将书院原有房屋推倒，重新布局。为不挡风水，调整了大门的朝向，使之与二门的讲堂朝向偏斜了5度，"迁大成殿于书院左，并形庙制，拆毁道林寺，以其材修建书院"。自明宣德始，经地方官员陈钢、杨茂元、王韬、吴世忠等多次修复扩建，岳麓书院主体建筑第一次集中在中轴线上，主轴线前延至湘江西岸，后延至岳麓山巅，配以亭台牌坊，于轴线一侧建立文庙，形成了书院历史上亭台相济、楼阁相望、山水相融的壮丽景观。[1]此后，岳麓书院讲学、藏书、祭祀三大功能得到了全面恢复和发展，为现存建筑格局奠定了基础。

3. 清重建岳麓书院

乾隆五十九年（1794），湖广总督毕沅"指书院前坪田中土阜，曰'斯地若建魁星楼，可以发甲'"[2]，于是又增建魁星楼，对风水神灵寄予厚望，以此祈求书院的学生可以在科举考试中夺魁问鼎。

从元明清三朝重建岳麓书院的史料中不难看出，在岳麓书院不断修复与建设的过程中，风水观念对其朝向、布局等都产生了影响。风水因素成为解读岳麓书院的前提。

根据流行的风水著述的介绍，书院整体布局为阴阳平衡、居中正坐、四水归堂。从而，岳麓书院建筑不仅中轴对称，而且还增添了不少天井和合。如文庙天井和合、自成一体；斋舍、校经堂及其周围庭院也以天井布局，整个岳麓书院仿佛一个大天井套几个小天井。天井的设计也体现了风水学的观念。中国古代讲究聚少成多，总怕财源外流，而挖掘天井，令天降的雨雪顺着水枧流入屋内下水道，使之"四水归堂"流入自家天井内。天井设计与风水学中"以水为财"的理念密切相关，因而天井与"财禄"息息相关。四水归堂，意即令四方之财如同天上之水，源源不断地流入自己家中，从而使

---

① 杨慎初：《岳麓书院建筑与文化》，湖南科学技术出版社，2008，第43页。

② 吴兆熙、张先抡：《善化县志》卷十一，清光绪三年（1877）刊本，第64页。

"肥水不流外人田"。天井的设计，令整个四合院的布局自然和谐，还契合了风水学上所谓聚气聚财、天降洪福等玄理。从建筑学角度来看，它更便于建筑物的采光与通风。

但这些风水方面的思想要素，显然与朱熹追求和营造的"天人合一"风水形胜思想没有直接关联。朱熹之于岳麓书院，只是诸多修建和修葺过程中的一个主持者，他秉持"栖泊"之念，从完善书院功能性着手扩建书院；岳麓书院对于朱熹，并未明确地、直接地体现出他的风水观。

第三节　白鹿洞书院的山川风水与"风水层累"

一、朱熹与白鹿洞书院

白鹿洞书院，位于世界文化景观庐山的东南部，被誉为"天下书院之首"，现存明清古建筑面积5000多平方米，所处四面环山，俯视似洞。唐代江州（九江）刺史李渤曾在此隐居读书，养一白鹿自娱，故名白鹿洞。南唐在此兴办"白鹿国学"，北宋时更名为白鹿洞书院。书院坐北朝南，前有一溪，名贯道溪，水自五老峰的凌霄峰来，汇入鄱阳湖，溪南有卓尔山为屏障，书院后有后屏山，左有左翼山和回流山，可远眺五老峰顶，处于典型的山水环境之中。白鹿洞书院与嵩阳书院、岳麓书院、睢阳书院并称古代四大书院。

朱熹初次造访白鹿洞书院时，书院断壁残垣、杂草丛生，但是朱熹对它所处的环境赞美有加，他在《白鹿洞牒》[①]中记载：

> 昨来当职到任之初，即尝询访，未见的实。近因按视陂塘，亲

---

① 朱熹：《白鹿洞牒》，载曾枣庄、刘琳主编《全宋文》第244册，上海辞书出版社，2006，第73~74页。

到其处，观其四面山水清邃环合，无市井之喧，有泉石之胜，真群居讲学、遁迹著书之所。因复慨念庐山一带，老佛之居以百十计，其废坏无不兴葺。至于儒生旧馆，只此一处。既是前朝名贤古迹，又蒙太宗皇帝给赐经书，所以教养一方之士德意甚美。而一废累年，不复振起，吾道之衰，既可悼惧，而太宗皇帝敦化育材之意，亦不著于此邦，以传于后世，尤长民之吏所不得不任其责者。其庐山白鹿书院合行修立。

白鹿洞书院"四面山水清邃环合，无市井之喧，有泉石之胜，真群居讲学、遁迹著书之所"，朱熹欣喜于白鹿洞书院所处的山川环境，山水环绕，泉石景胜，无市井喧扰，并自任洞主，广招门徒，制定学规，矢志振兴白鹿洞书院。白鹿洞书院四面山水，"清邃环合"，这是比较典型的风水用语。堪舆家认为，山水相依，水为气之母，脉气要靠水运动而行，如遇拦截，则脉气止。反之，山水清邃环合，则脉气长久留存。"洋潮汪汪，水格之富。湾环曲折，水格之贵。"[①]朱熹在此文中，只是运用了"清邃环合"这个风水色彩的词语，感慨山水形胜，适于群居讲学、遁迹著书，但并未以风水论吉凶，看不出朱熹有特别明显的风水观念。

白鹿洞书院周边环境也的确十分符合风水堪舆的原则。在堪舆法则中，水是被考虑的第一要素。管子《水地篇》说："水者，地之血气，如筋脉之通流者也。"《葬书》内篇称："风水之法，得水为上，藏风次之。"得水者得风水，无水不成景，无水不成境。如果有水，就生态环境而言，既利于生产生活和安全，也利于调节环境温度和湿度。在营造水景水趣等人文环境方面，水亦是古代文人精神的泉源之一。殷商择都小屯村，就在洹河边。"弄水轩"是北宋司马光的庭院"独乐园"中最得意之处。白鹿洞书院外有溪水环绕，内有泮池、莲池和数泓泉水，可谓得水。堪舆之法所说的"藏风"，也就是指聚气。白鹿洞书院北面重峦叠嶂，阻挡北风侵袭，南面有水环绕，稍远处有

---

① 黄妙应：《博山篇·论水》，载郑同点校《堪舆》，华龄出版社，2008，第366页。

山为屏，东西两面只有小路连接外界，而书院周围森林茂盛，草木华滋，如此地理环境正合藏风聚气之说。

由于儒释道与风水术士都追求优质的山水林环境，尤其是追求水环境，故此，古代文人对白鹿洞书院的环境进行了特别的营造。贯道溪是白鹿洞书院水环境的主体，历代管理者围绕着贯道溪大做文章，如建桥、题刻、建亭。宋元时曾在贯道溪上建有多座石桥，如"流芳桥""枕流桥""贯道桥""濯缨桥""原石桥"等。"枕流桥"首建于朱熹，桥下溪水奔流，大石枕之，石上有朱熹手书题刻"枕流"二字。朱熹在溪洞中题刻"漱石"，在溪边岩石上题刻"钓台""白鹿洞""敕白鹿洞书院"和"隐处""观澜""听泉""流觞""观德""风雩"等（后几处今不存）。溪洞中和岸壁上还有题刻"白鹿幽径""自洁""文行忠信""仰思""清如许""源头活水""悟说""千古不磨""洙泗分流""不在深""逝者如斯""广心""在其中""荒游""清泉漱玉""静观""琴意""有本如是""引人入胜"等。贯道溪水不深，没有大鱼，明代刘世扬在旁题"意不在鱼"，道出古代文儒意在山水，意在"逝者如斯"的流水。这些石刻大多寓意道学与流水的哲理关系。白鹿洞书院发展史上的重要人物——明代江西提学副使、文学家李梦阳，对贯道溪倍加关注，他见有一巨石竖立于贯道溪中，想到河南三门峡的"中流砥柱"巨石，也在石上题刻"砥柱"二字。他还在传说当年李渤养白鹿的石洞旁题刻"鹿洞"二字。根据白鹿洞书院志记载，白鹿洞书院先后建有亭28座，这些亭大多建在贯道溪附近，建亭的意义大多与贯道溪有关，如自洁亭、枕流亭、闻泉亭、原泉亭、钓台亭、寒泉亭等。钓台亭在白鹿洞之西的贯道溪畔。正德六年（1511），李梦阳游历白鹿洞，见"钓台"石，即兴吟诗道："终日钓石坐，清波闲我钩。掷竿望山月，回见众鱼游。"他认为，治学之人要努力参悟道学，而"钓可以喻学"，遂命人在石上建"钓台亭"[①]。

应该说，朱熹对白鹿洞书院的环境建构是有直接贡献的。但在朱熹本人的

---

① 高令印：《朱熹事迹考》，上海人民出版社，1987，第179-180页。

著作中，与白鹿洞书院的风水形胜有关的记载并不多。《卧龙庵记》[①]记载：

卧龙庵在庐山之阳，五乳峰下。予自少读龟山先生杨公诗，见其记卧龙刘君隐居辟谷，木食涧饮，盖已度百岁，而神清眼碧，客至辄先知之，则固已知有是庵矣。去岁，蒙恩来此，又得陈舜俞令举庐山记者读之，其言曰："凡庐山之所以著于天下，盖有开先之瀑布见于徐凝、李白之诗，康王之水帘见于陆羽之茶经，至于幽深险绝，皆有水石之美也。此庵之西，苍崖四立，怒瀑中泻，大壑渊深，凛然可畏。有黄石数丈，隐映连属在激浪中。视者眩转，若欲蜿蜒飞舞，故名卧龙，此山水之特胜处也。"于是又知其泉石之胜乃如此。间以行田，始得至焉，则庵既无有，而刘君亦不可复见，独其泉石之胜，不可得改。然其壮伟奇特之势，则有非陈记所能仿佛者。

余既惜其出于荒埋废坏之余，而又幸其深阻复绝，非车尘马迹之所能到，倘可得擅而有也。时已上章乞解郡绂，乃捐俸钱十万，属西园隐者崔君嘉彦，因其旧址，缚屋数椽，以俟命下而徙居焉。既又缘名潭之义，画汉丞相诸葛公之像，寘之堂中，而故友张敬夫尝为赋诗以纪其事。然庵距潭犹数百步，步乱石间，三涉涧水乃至，至又无所托足，以寓瞻眺。或乃颠沛而反，因相其东崖，凿石为磴而攀缘以度。稍下，乃得巨石，横出涧中，仰翳乔木，俯瞰清流，前对飞瀑，最为谷中胜处。遂复作亭于其上，既以为吏民祷赛之地，而凡来游者，亦得以彷徨徙倚，而纵目快心焉。于是岁适大祲，因榜之曰"起亭"，以为龙之渊卧者可以起而天行矣。然予前日之请，迄今盖已屡上，而竟未有得也。岁月飘忽，念之慨然，乃叙其作兴本末而书之屋壁，来者读之，尚有以识予之意也。淳熙庚子冬十有一月丙申新安朱熹记。

---

① 朱熹：《卧龙庵记》，载朱杰人、严佐之、刘永翔主编《朱子全书》卷七十九，上海古籍出版社，2002，第3757页。

朱熹在这篇记文中，使用大量笔墨描绘卧龙庵山水形胜：在人文方面，庐山之所以闻名天下，有徐凝、李白的诗歌，有陆羽写就的《茶经》。在自然环境方面，幽深险绝，水石秀美；苍崖四立，瀑布直下；黄石数丈，蜿蜒飞舞。而卧龙庵泉石之胜，是文字所不能记载的。朱熹出于卧龙庵已破败，然所处位置没有车马之嚣，就在卧龙庵旧址新建居所。通篇记文中，都没有显示出朱熹的风水思想。除卜居卧龙庵之外，白鹿洞书院与朱熹的风水形胜之间的关联的确不多。

其实，这也正是我们在研究古人风水形胜与审美思想时需要把握的一种区隔。无论是儒释道还是阴阳风水，其对山清水秀的环境认同是一致的，我们不必把庐山及白鹿洞的山清水秀都与风水形胜整合在一起，也不能因朱熹在建设白鹿洞书院中的贡献，就认为朱熹是看中了此处风水。关于朱熹与白鹿洞书院的风水问题，更应该关注的是另一个一直被忽视的大问题，即"被风水"的问题，或者说是"风水层累"的问题。

二、书院古志五种中的"风水层累"

翻读朱瑞熙先生等所整理的《白鹿洞书院古志五种》[1]，就会发现一个很有价值的现象，即风水因素的"层累"。早期的白鹿洞书院志只是对山川形胜的审美描述，而风水意义，则是由后代书院志不断附加和层累的。以下为五种志书中的形胜部分，其审美的对象和描述，数百年间并无太大的变化，但风水因素的多少，则一目了然。

其一，先看吕祖谦的《白鹿洞书院记》[2]：

---

[1] 朱瑞熙、孙家骅主编《白鹿洞书院古志五种（全二册）》，白鹿洞书院古志整理委员会整理，中华书局，1995。自明朝至清末，白鹿洞书院从第一部书院志编订、付梓、几经增补、重刻，先后出现了十一种版本。由于保存等原因，多种书院志无法使用。经多方联系，白鹿洞书院古志整理委员会选择了五个版本的书院志，编辑成此书。书中所收录的五种古志分别为〔明〕李梦阳的《白鹿洞书院新志》；〔明〕郑廷鹄的《白鹿洞志》；〔明〕周伟的《白鹿洞书院志》；〔明〕李应升的《白鹿书院志》；〔清〕毛德琦的《白鹿书院志》。

[2] 朱瑞熙、孙家骅主编《白鹿洞书院古志五种（全二册）》，白鹿洞书院古志整理委员会整理，中华书局，1995，第88-89页。

　　淳熙六年，南康军秋雨不时，高仰之田告病。郡守新安朱侯熹，行视陂塘，并庐山而东，得白鹿书院废址。慨然顾其僚，曰："是盖唐李渤之隐居，而太宗皇帝驿送《九经》，俾生徒肄业之地也。书院创于南唐，其事至浅。我太宗于汛扫区宇、日不暇给之际，奖劝封殖，如恐不及，规模远矣。中兴五十年，释老之宫圮于寇戎者，斧斤之声相闻，各复其初。独此地委于榛莽，过者太息，庸非吾徒之耻哉！郡虽贫薄，顾不能筑室数楹，上以宣布本朝崇建人文之大旨，下以续先贤之风声于方来乎！"乃属军学教授杨君大法、星子县令王君仲杰董其事，又以书命祖谦记其成。祖谦窃尝闻之诸公长者，国初，斯民新脱五季锋镝之厄，学者尚寡。海内向平，文风日起，儒生往往依山林即闲旷以讲授，大率多至数十百人。嵩阳、岳麓、睢阳及是洞为尤著，天下所谓四书院者也。祖宗尊右儒术，分之官书，命之禄秩，赐之扁榜，所以宠绥之者甚备。当是时，士皆尚质实，下新奇，敦行义而不偷，守训诂而不凿，虽学问之渊源统记或未深究，然"甘受和，白受采"，既有进德之地矣。庆历、嘉祐之间，豪杰并出，讲治益精。至于河南程氏、横渠张氏，相与倡明正学，然后三代、孔孟之教，始终条理，于是乎可考。熙宁初，明道先生在朝，建白学制教养考察宾兴之法，纲条甚悉。不幸王氏之学方兴，其议遂格，有志之士未尝不叹息于斯焉。建炎再造，典刑文献浸还旧规，关、洛绪言稍出于毁弃剪灭之余。晚进小生骤闻其语，不知亲师取友以讲求用力之实，躐等凌节，忽近慕远，未能窥程、张之门庭，而先有王氏高自圣贤之病。如是，洞之所传道之者或鲜矣。然则书院之复，岂苟云哉！此邦之士盍相与挹先儒淳固悫实之余风，服《大学》离经辨志之始教，由博而约，自下而高，以答扬熙陵开迪乐育之大德，则于贤侯之劝学斯无负矣。至于考方志，纪人物，亦有土者所当谨，若李濬之之遗迹，固不得而略也。侯于是役，重民之劳，赋功已狭，率捐其旧

十七八，力不足而意有余矣，兴废始末见于当涂郭祥正所记者，皆
不书。

吕祖谦作为朱熹的密友和理学三大领袖之一（朱熹、吕祖谦、张栻号称
"东南三贤"），在此篇文献中，首先记述了朱熹在任新安郡守时，"行视
陂塘"，途经庐山白鹿洞书院遗址，慨其破败的焦虑心情。白鹿洞书院本是唐
朝李渤隐居之地，后成为"俾生徒肄业之地"。历经战乱后，白鹿洞书院十分
荒芜。朱熹则说："郡虽贫薄，顾不能筑室数楹，上以宣布本朝崇建人文之
大旨，下以续先贤之风声于方来乎！"此文详细记载了朱熹全力修复书院的
过程。纵观全文，朱熹修复白鹿洞书院，是一个学者对没落书院的慨叹与挽
救，看不出任何风水的因素。

其二，再看明代较早的《白鹿洞志》（郑廷鹄撰）：

山川①

自有天地，则有此溪山；有此溪山，然后文物兴焉。此书院所
自始也。山灵峻发，郁此匡庐，连冈作艮，爰有巨洞，实天地之隩
区焉。其峙而为峰，衍而为陆，流而为溪，块而为石，莫非吾道之
散殊也。性道所根，无往非教，异人有作，遂为神皋，亿万年与吾
道为主盟者，谓不在此山耶？

白鹿洞在匡庐山涧中。匡庐之东南，峰峦削拔，五巘特出，如
人整襟危坐然，曰五老峰。自峰下陂陀而东，尽处突起，而四山环
之，其间夷旷可百亩许，是为今建书院胜境也。

……

卓尔山　在书院前，故名。首尾皆我山，自鹿眠场与梅守德屋
后田冲为界。高美亭北十亩，亭南五亩，无佃；鹿眠场山五亩，梅

---

① 朱瑞熙、孙家骅主编《白鹿洞书院古志五种（上）》，白鹿洞书院古志整理委员会整理，中华
书局，1995，第157-160页。

守德见佃。

后屏山　在书院后，若屏然，故名。首尾皆我山，以大路为界。约计二十五亩，南至涧，东、北俱至洞田。

左翼山　在书院左，有如翼然，故名。首尾皆我山，亦断自大路为界。西至独对亭，东、南、北俱至洞田。

回流山　见前，大路为界。二十亩，雷兴佃。山背二分，原佃雷溪霄佃，今收入洞管业。

陀骨垅山　在书院东八里许，我山。东抵梅溪湖，西则胡仲祯山，南至洞田，北至吴兴告退民山暂。四界可考也，计三十三亩，内除一十五亩还吴兴等，见存一十八亩，张恭、王文斌佃。已上俱书院旧山，惟回流山内三亩，副使李梦阳新置。

楼贤桥东山　在书院西南五里许。又萧崇兰屋后山，皆我山。共计二十二亩，萧金琢、萧金爵、萧金虎共佃。已后山俱李梦阳清出。李家山系今清出也。

李家山　在书院东北三里。二十亩，吴清等佃，见后。

邵山　在邵廷秀屋后，我山，廷秀仍佃之。计三亩。

成山　在成细牛屋后，我山，细牛为佃。计十一亩。

桥西笔架山　我山。上截十亩，李清学佃；下截十一亩，彭旭仔佃。

废寺山二：一在萧金琢屋后，一在李清学屋后，皆我山。二人即受佃纳租如常。共二十亩，其十亩金琢佃，又十亩清学佃。

洞口上岩　在洞口，有古刻文，今不可读。

鹿眠场岩　相传以为当时白鹿止息之所。

甘泉　在书院左，深阔仅二尺，其味甘洁，不汲未尝盈，累汲未尝涸。又名聪明泉。推官徐进浚为井。

新泉　在先贤祠后，李梦阳凿，谓之新井，今湮。

圣泽泉　在"云壑"字下，石上有"圣泽之泉"四字。

贯道溪　在书院贯道门前，其源发自五老峰下，东南流出峡，四时不竭。

贯道桥　在棂星门外，郡守陈敏政建，隋圮。成化己丑，金宪李龄命同知谯赞等重建，今复圮。南崖下，旧有文公"贯道桥记"四字，今不存。

洗心桥　在"流杯"石下，诸生读书洞中，名利之心脱然如洗，故名。正德末年建。

枕流桥　见前，其下飞湍陡绝，号"小三峡"。石间有文公"枕流"二字。胡泳又刻《枕流桥志》于桥南。志云："永嘉陈淳祖假守是邦，被命造朝，以书考日，谒辞鹿洞，会讲预者元寮于丘琏，山长林栋，堂长陶桂一，洞正□□与仁、前洞正主祠□□□录张传一，讲书刘□□、陶应子、黄有开，堂书杜端甫，直学傅仕龙、欧阳纲，学谕与诸生几百人。景定庚申良月旦日题。"

流芳桥　见前，又名濯缨桥。宋陈宓刻"流芳"二字于桥北，又刻《流芳桥志》于桥东壁间。志云："新安朱侯在郡，建桥白鹿洞之东南陬，面直五老，溪流绀洁，未之名。同游江西张琚、罗思、姚鹿卿，闽张绍，燕潘柄，郡人李燔、胡泳、缪惟一，会讲洞学毕，相与歌文公之赋，特名'流芳'，既揭楣间，因纪岸左。嘉定戊寅四月丙午，莆阳陈宓书。"

溪口桥　俗名观音桥。在中馆铺北，前竖白鹿洞书院坊。见后《沿革》坊（下）。

洞口原石桥　去书院五里许，在罗汉岭下，东通驿路，西入书院。淳熙五年文公建，今重建。

郑廷鹄（1505—1563），字元侍，号篁溪，明代海南琼山人。郑廷鹄在这篇《白鹿洞志》[1]中，详细描绘了白鹿洞书院所处地理环境，并对书院内的

---

① 朱瑞熙、孙家骅主编《白鹿洞书院古志五种（上）》，白鹿洞书院古志整理委员会整理，中华书局，1995，第157页。

景致做了细致描述。文中运用了"连冈作艮""卓尔山"等具有风水思想的词汇。"连冈作艮""卓尔山"与堪舆学中常说的"觅龙""察砂"有相似处。卓尔山,在书院前,"首尾皆我山,自鹿眠场与梅守德屋后田冲为界"。堪舆家认为,"龙"即山,山须有曲折起伏、奔腾踊跃之势,才可称为真龙。正如宋代堪舆师蔡元定所言:故山以静为常,则谓无动,动则成龙矣……故成龙之山,必踊跃翔舞。[1]白鹿洞书院前的卓尔山,首尾绵延,保持一种腾飞冲天的姿势,可谓真龙也:

> 观龙以势,察穴以形,势者神之显也,形者情之著也。非势无以见龙之神,非形无以察穴之情。故祖宗要有耸拔之势,落脉要有降下之势,出身要有屏障之势,过峡要有顿跌之势,行度要有起伏曲折之势,转身要有后撑前趋之势。或踊跃奔腾若马之驰,或层级平铺若水之波,有此势则为真龙,无此势则为假龙。[2]

"连冈作艮"是指周边小山连绵起伏。"其峙而为峰,衍而为陆,流而为溪,块而为石",拱卫卓尔山。黄妙应[3]在《博山篇·论砂》中说:两边鹄立,命曰侍砂,能遮恶风,最为有力。[4]也正如《青乌先生葬经》中所言:"地势原脉,山势原骨,委蛇东西,或为南北。宛委自复,回环重复,若踞而候也,若揽而有也。欲进而却,欲止而深,来积止聚,冲阳和阴。土厚水深,郁草茂林,贵若千乘,富如万金。经曰:形止气蓄,化生万物,为上地也。"[5]也就是说,这样形止而气蓄的形势,就可以化生万物,称为上地。

由上可见,明代郑廷鹄时期的《白鹿洞志》已经将风水的因素层累上去了。

其三,到了明代万历二十年(1592),周伟等人的《白鹿洞书院志》

---

① 蔡元定:《发微论·动静篇》,载顾颉主编《堪舆集成》,重庆出版社,1994,第128页。
② 孟浩:《形势辨》,载顾颉主编《堪舆集成》,重庆出版社,1994,第25页。
③ 黄妙应,唐朝末年福建有名的风水先生,其"北溪四乔木"尤受漳州人称道。
④ 黄妙应:《博山篇·论砂》,载郑同点校《堪舆》,华龄出版社,2008,第366页。
⑤ 金丞相兀钦仄注《青乌先生葬经》,载顾颉主编《堪舆集成》,重庆出版社,1994,第108页。

中，风水因素又有了进一步"层累"。其中的《形势志》[1]记载：

> 大江之西，豫章为一大都会，夙称文献。其山自五岭、大庾、武功而来，会于匡庐。其水自章、贡、旴、汝而来，会于彭蠡、匡庐。彭蠡奇秀甲西江，而白鹿书院又匡庐、彭蠡之最胜也。书院之脉，来自五老峰。峰苍颜翠面，壁立万仞中。一峰陂陀南下，如顷万马。行数十里，突起一山，而四山环之，是为后屏山。山之阳，即今白鹿书院也。院负突而临溪。溪前一山自五老峰来，过白鹤观逆上流，至书院前，若玉几然。从前则稍振起，是名卓尔山。三峰透出几外，如列三台，原与书院桥门相对。溪会二水，由西北来，一自犀牛塘，一自圣泽源。道经鹿眠、漱石、钓台、贯道溪，包络书院，迎院左小涧，合流出峡，峡壁峻削，盛有先贤遗迹。左翼山亦自五老峰来，翱翔至书院前，与卓尔山两相交织。当两峡中，飞湍陡绝；跨涧为桥，是名枕流。至溪水一发，喷雪奔雷，吽吽直下里许，循左翼山而出。其山高敞轩豁，群峰辐辏，溪水潺湲。谛听之，涓涓有声，闻泉亭作焉。卓尔山外宽平，可数亩，有小屿自右来，蜿蜒横抱。一山自左来，迤逦雄壮，溪触之，则折而南，是名回流山。其上四面岑巇，顶夷旷，一望无际，而六合亭作焉。下跨溪为流芳桥。桥后先二坊，来溪相歙映。山前亦宽大，可数十亩。隔溪前山高数十寻，曰罗汉岭，为书院外案。三峰相连，状如笔架，与后屏山相对峙。去回流山二里许，为书院石坊。渡溪口桥，接官路，为中馆铺。溪由铺东南曲折至梅溪湖，入彭蠡。大江两山夹送，直至湖滨，有二曜星扼其水口，而都昌阳储七峰，排闼相映，此鹿洞山水之全胜也。由洞前旧南路逾罗汉寺岭，可十里抵颜家山。文公以鲁公故居，建立憩馆，修复桥梁，以便往来。由颜家

---

[1] 朱瑞熙、孙家骅主编《白鹿洞书院古志五种（上）》，白鹿洞书院古志整理委员会整理，中华书局，1995，第491页。

山再五里，则郡治也。由洞右登李家山，是为北路，复东出，会官路，亦有书院石坊。今仆于地，匾石尚存。行数步，为寒泉亭。又一里许，即斗牛冈也。自此过吴章山，六十里抵九江府治。五老峰下有二洞，由石磴而上，有水帘三级泉，去书院十里所，悬崖而下，甚为奇绝。文公所谓新瀑是也。又，去书院五里，有楼贤桥，水自五老峰下，大小支流九十九派，皆入三峡涧中。文公尝游寓焉。过楼贤抵卧龙冈，为文公所卜隐地。山水佳丽，莫名可状，皆洞学周遭之胜概也，可弗纪乎？

书院后有五老峰，峰在庐山东南，横隐苍空，迥压彭蠡，自下观之，势如离立，自上观之，相距甚远。巉削壁立，数百千仞，轩轩然如人箕踞而窥重湖，又如五云翩然欲飞。湖山烟水，微茫映带，东南州郡，轩豁呈露，可指顾而尽。李太白诗云："庐山东南五老峰，青天削出金芙蓉。"又曰："予行天下，所游览山水甚富，峻伟诡特，鲜有能过之者，真天下之壮观也。"其中峰脉出则白鹿洞书院。下有太白书堂，杨衡隐居，符载隐居，李庭筠书堂。

……

颜家山有白鹿洞憩馆，由书院抵山十里，由山抵郡治五里，脉从罗汉岭迤逦南行，至五里牌，豁为平冈。左右两水夹抱，蜿蜒曲折，状类龟然。右一山横衍前伏，外见都昌诸峰，尖圆秀峙。左山奔突直前，与后山合交络水口，为郡治来脉所注，风气融结，识者每贻谶焉。唐永泰间，鲁公颜真卿偕殷亮、常伯尼辈游西林，赋醉石，经兹山，爱其佳丽，遂筑室待命于斯。迄唐末，裔孙颜翊率子弟三十余人受经白鹿山中，历五代而宋，而故居湮没，后文公为郡守，寻其旧址，立鹿洞憩馆于上，以待来学。元末兵毁，遗址础砝、石门尚存。其两傍民多野葬，然未有知其异者。万历辛卯，奉诏清查先贤遗迹，而知府田琯考郡志，爰建候亭。士民请祀玄帝亭中。复建祠，以祀颜鲁公与其孙翊，春秋致祭，碣宋孝女冯素贞之墓，表元儒黄节庵之坟。祠上建文昌阁一座，祠左建鹿洞憩馆；而奉节庵于楼下，右建鹿洞积仓，而储洞租于其中。山前竖忠孝节义石坊，以杜豪右侵占，盖为斯地计深远矣。时有忌者，院道遂行文革玄帝，为书院而特祀鲁公焉。

梅溪湖为书院水口，湖去书院可十里所。溪流曲折，未可仆数，两山夹送，直至大江而止。东一山自书院左翼山迤至，回流奔驰至湖，为徐家岭。中分一支，以作徐岭，左关差短。西一山自罗汉岭递迤至湖，包络徐岭，至梅溪湖中水口，有二曜星。彭蠡之水接我内潮，阳储七峰作我文笔，真鹿洞之营结，匡彭之大会也。佥议竖坊徐岭以收风气，尚有待焉。[①]

周伟（生平未详）等人在此篇书院志中，运用了大量的风水术语。文中相关术语文字，恰是风水因素逐渐被层累上去的最好说明。

"书院之脉，来自五老峰"是讲白鹿洞书院所在山脉，是五老峰的一支。"四山环之，是为后屏山。山之阳，即今白鹿书院也。院负突而临溪"，说明书院所在地四山环绕，书院建在山之阳面，临近溪水。这句话，与风水学联系比较密切。《青乌先生葬经》中讲到，山来水回，贵寿而财。"土圭测其方位，玉尺度其遐迩。以支为龙虎者，来止迹乎冈阜，要如肘臂，谓之环抱。以水为朱雀者，衰旺系乎形应，忌乎湍激，谓之悲泣。"[②]白鹿洞书院，四山环抱，院前临溪，与葬经所讲的内容有莫大关联。

"至书院前，若玉几然。从前则稍振起，是名卓尔山。三峰透出几外，如列三台，原与书院桥门相对。溪会二水，由西北来。"此句话与上句有重复之意，在于强调书院所在地四山环绕，有卓尔山，院外有两溪交汇。其中，卓尔山在郑廷鹄撰写的《白鹿洞志》中出现过，前文已经就其风水内涵论述过。

"四面岑巉，顶夷旷"，堪舆学崇尚地贵平夷，土贵有支。罗汉岭为"书院外案"，"三峰相连，状如笔架，与后屏山相对峙"。此处出现了"外案""笔

---

① 朱瑞熙、孙家骅主编《白鹿洞书院古志五种（上）》，白鹿洞书院古志整理委员会整理，中华书局，1995，第491—498页。

② 金丞相兀钦仄注《青乌先生葬经》，载顾颉主编《堪舆集成》，重庆出版社，1994，第108页。

架"等风水术语，其风水思想不言而喻。唐朝杨筠松[1]在《疑龙经》中说："客山千里来作朝，朝在面前为近案。如有朝迎情性真，将相公侯立可断。"又说："出入短小与气宽，皆是明堂与案山。明堂宽阔气宽大，案山逼迫人凶顽。案来降我人慈善，我去伏案贵人贱。龙形若有云雷案，人善享年亦长远。虎蛇若遇蛤与狸，虽出武权势易衰。"此外，明朝徐善继[2]在《人子须知·砂法》中云："穴前之山近而小者曰案……如贵人据几案处分政令之义。有案山，则穴前收拾严密，无气不融聚之患。"两人强调，案山能使穴前之气萦绕更为周密，助于生气凝聚。而案山更重形，如天上三台或如玉几横琴，又如笔架眠弓，再如圆帽，清秀为美，这样的山形更容易出人文秀，金榜题名。若有案山，则财富无量；若无案山，则旷荡无拦，生气涣散。

此文中，两次提到"二曜星"，三次提到"水口"："二曜星扼其水口"、"梅溪湖为书院水口"、"左山奔突直前，与后山合交络水口"、"有二曜星"。"曜星"是风水术语，专指龙虎肘外、龙身枝脚及穴前左右的尖利巨石。古代认为，对于砂类四星，无官则不贵，无鬼则不富，无禽则不荣，无曜则不久。[3]"水口"是风水学中出现频率比较高的词汇，是指水流的入口和出口。前人一方面认为水流会影响气，即"气之阳者，从风而行，气之阴者，从水而行"，"顺阴灭阴阳之气以尊民居"。另一方面又认为水主财。所以古人特别注重水口，把它当作保护神和生命线。而水口得当的标志是：天门开，地户闭。即水来处谓之天门，宜宽大。水去处谓之地户，宜收闭，有遮挡。故而，风水学中有"入山寻水口"的说法。

不难看出，作者多次提及"曜星""水口"，可见其风水思想的浓厚。

"至五里牌，豁为平冈。左右两水夹抱，蜿蜒曲折，状类龟然。右一山

---

[1] 杨筠松（834—900），名益，字叔茂，号筠松，世称"救贫先生"，唐代窦州人。杨筠松为唐僖宗朝国师，官至金紫光禄大夫，掌灵台地理事，为唐朝著名地理风水学家，著有《疑龙经》《撼龙经》《一粒粟》《天玉经》《都天宝照经》《天元乌兔经》。

[2] 徐善继，生卒年不详，明朝人。与其兄徐善述共同编写的《地理人子须知（下）》一书，是一部具体阐述风水理论和风水应用的重要著作。前人谓此书"会诸书而折中其足，以破群疑，当大事也"，显见此书之分量。

[3] 王玉德：《中国古代风水术注评》，北京师范大学出版社，1992，第267页。

横衍前伏，外见都昌诸峰，尖圆秀峙。左山奔突直前，与后山合交络水口，为郡治来脉所注，风气融结，识者每贻谶焉。""竖坊徐岭以收风气。"这里也是讲白鹿洞书院周边环境山水交汇，风气融结。在风水学中，"风水之法，得水为上，藏风次之""夫阴阳之气，噫而为风，升而为云，降而为雨，行乎地中，谓之生气"①。此篇书院志，既强调山水环绕，两水夹抱，又强调风气，作者的风水思想可见一斑。

显而易见，此时的《白鹿洞书院志》与朱熹所写的《白鹿洞书院记》，在风水思想上已是天悬地隔。朱熹近乎无风水思想，而此篇书院志，风水术语遍布，风水思想层累又达到了新的高度。

其四，到明代李应升的《白鹿书院志》②，也是同样的情形：

　　书院之脉，自五老峰来，绝壁悬天。一峰南下，如顷万马。可二十里，崛起一山，而四山环之，是为后屏山。山之阳，即今白鹿书院也。背岭临溪，卓尔山峙其前，左翼山翼其左，两山交织，一水中流，流自犀牛塘、圣泽源，经鹿眠、钓台、贯道，洞中异石峻嶒，盛有先贤劚刻；至勘书台，则危崖飞湍，跨涧为桥，是名枕流。台上平如砥，遥对五老，独对亭作焉。台左即左翼山，山有闻泉亭。又稍折而南，名回流山。其岭空阔，可四望，六合亭作焉。跨溪为流芳桥，后先二坊，夹溪相映带。又前平畴数十亩。隔溪层峦高百仞，曰罗汉岭，为书院外案。去回流二里许，为书院石坊。曲折至梅溪湖，入彭蠡，有二曜星扼其水口，而阳储诸奇岫，隔江入照，此鹿洞山水之全胜也。去书院十里，而遥有水帘三级，飞雪悬崖，则文公所谓新瀑是也。他若楼贤，为李渤读书处，卧龙岗为考亭卜隐地，皆因书院而附见焉。志形胜。

　　卓尔山，山在书院前，隔溪横亘数十丈。其东一峰突起，端严

　　① 金丞相兀钦仄钦注《青乌先生葬经》，载顾颉主编《堪舆集成》，重庆出版社，1994，第108页。
　　② 朱瑞熙、孙家骅主编《白鹿洞书院古志五种（上）》，白鹿洞书院古志整理委员会整理，中华书局，1995，第776-781页。

竦立者，提学郑廷鹄以卓尔名焉。御史徐岱作高美亭于上。逶迤西下，山脊屈伏，若玉几然，峙书院之中，旧贯道桥在其下，大意亭倚其西，偏山足巨石，突屹可数，一劖"忠信"二字，左右二石，分劖"文""行"字。其上为"听泉"石，其南为"观德"石。又，"听泉"石东为"风雩"石。"风雩"石之上有"隐处"二字，下有"枕流池"三隶字，皆文公笔也。西一峰突立，与卓尔峰相望。东西一带，松林森郁，映日干云，每风振响发，下与溪流韵答。是山之外，凹为陇田，复有层岭障之，不可穷际。

后屏山，书院负山为胜，若屏焉，故名。长松百尺，或亭亭直上，或斜覆庭阴，郁郁葱葱，环匝一二里。中为太极亭，左为思贤亭，右为喻义亭。环折而西，稍南至鹿眠场后，峰际旷然，面五老而倚长松者，为朋来亭。五老云端，拱若宾主。第二峰顶有星岩，霁光可瞩，最称胜览。

左翼山，在书院东，若翔若垂，上周群巘，下临三峡，溪流有声。都御史何迁偕洞主贡安国夜坐其上，各有闻，因作亭名曰"闻泉"。面对罗汉岭，亦旷绝可爱。

五老峰，去书院西二十里，其中峰之脉，逶迤南下，书院实钟秀焉。诸峰横隐苍空，壁立数百仞，轩轩然如人箕踞而窥重湖，又如五云翩然欲飞而下，将入洞里许，望之若拱揖以迎。至登朋来、鹿眠亭，则五老插出云屏，须眉毫发可数，霞光秀色在襟带间。李太白诗云："庐山东南五老峰，青天削出金芙蓉。"又曰："予行天下，所游览山水甚富，峻伟奇特，鲜有能过之者，真天下之壮观也。"

梅溪湖，去书院可十里，溪流曲折，两山夹送，直至大江。东一山自书院左翼山迤至，回流奔驰至湖，为徐家岭。中分一支，以作徐岭，左关差短。西一山自罗汉岭逆迤，至湖包络徐岭，至梅溪湖中有二曜星扼之，为书院水口云。

李应升（1593—1626），字仲达，号次见，明朝南直隶江阴人。天启二年（1622），南康知府袁愚贞请李应升主持白鹿洞书院，重修《白鹿洞书院志》。在此篇书院志中，李应升花费大量笔墨描写书院周边的自然环境。其中，"两山交织，一水中流""水口""二曜星"都是风水学中用来描绘吉象的术语，已在前文中做过详细的解读。文中有关风水的内容，正是风水因素逐渐被层累上去的最好说明。

其五，到清代毛德琦的《白鹿书院志》①，仍然坚持种种"风水奇观"：

> 书院之建，以地胜也。山川清淑，人文聿兴。荷圣明之宠锡，萃贤哲之芳规，岂非灵气攸钟欤。顾亲炙者稽名以赏实，向风者挟册而卧游。记载弗彰，其何以考。志《形胜》。

> 书院之脉，自五老峰来，绝壁悬天。一峰南下，如顷万马。可二十里，崛起一山，而四山环之，是为后屏山。山之阳，即今白鹿书院也。背岭临溪，卓尔山峙其前，左翼山翼其左，两山交织，一水中流，流自犀牛塘、圣泽源，经鹿眠、钓台、贯道，涧中异石峻嶒，盛有先贤劙刻；至勘书台，则危崖飞湍，跨涧为桥，是名枕流。台上平如砥，遥对五老，独对亭作焉。台左即左翼山，山有闻泉亭。又稍折而南，名回流山。其岭空阔，可四望，六合亭作焉。跨溪为流芳桥，后先二坊，夹溪相映带。又前平畴数十亩。隔溪层峦高百仞，曰罗汉岭，为书院外案。去回流二里许，为书院石坊。曲折至梅溪湖，入彭蠡，有二曜星扼其水口，而阳储诸奇岫，隔江入照，此鹿洞山水之全胜也。去书院十里，而遥有水帘三级，飞雪悬崖，则文公所谓新瀑是也。他若楼贤，为李渤读书处，卧龙岗为考亭卜隐地，皆因书院而附见焉。

> 五老峰，去书院西二十里，其中峰之脉，逶迤南下，书院实钟

---

① 朱瑞熙、孙家骅主编《白鹿洞书院古志五种（下）》，白鹿洞书院古志整理委员会整理，中华书局，1995，第1047-1048页。

秀焉。诸峰横隐苍空，壁立数百仞，轩轩然如人箕踞而窥重湖，又如五云翩然欲飞而下，将入洞里许，望之若拱揖以迎。至登朋来、鹿眠亭，则五老插出云屏，须眉毫发可数，霞光秀色在襟带间。李太白诗云："庐山东南五老峰，青天削出金芙蓉。"又曰："予行天下，所游览山水甚富，峻伟奇特，鲜有能过之者，真天下之壮观也。"

后屏山，书院负山为胜，若屏焉，故名。长松百尺，或亭亭直上，或斜覆庭阴，郁郁葱葱，环匝一二里。中为太极亭，左为思贤亭，右为喻义亭。环折而西，稍南至鹿眠场后，峰际旷然，面五老而倚长松者，为朋来亭。五老云端，拱若宾主。第二峰顶有星岩，霁光可瞩，最称胜览。

卓尔山，山在书院前，隔溪横亘数十丈。其东一峰突起，端严竦立者，提学郑廷鹄以卓尔名焉。御史徐岱作高美亭于上。逶迤西下，山脊屈伏，若玉几然，峙书院之中，旧贯道桥在其下，大意亭倚其西，偏山足巨石，突屺可数，一劙"忠信"二字，左右二石，分劙"文""行"字。其上为"听泉"石，其南为"观德"石。又，"听泉"石东为"风雩"石。"风雩"石之上有"隐处"二字，下有"枕流池"三隶字，皆文公笔也。西一峰突立，与卓尔峰相望。东西一带，松林森郁，映日干云，每风振响发，下与溪流韵答。是山之外，凹为陇田，复有层岭障之，不可穷际。

左翼山，在书院东，若翔若垂，上周群巘，下临三峡，溪流有声。都御史何迁偕洞主贡安国夜坐其上，各有闻，因作亭名曰"闻泉"。面对罗汉岭，亦旷绝可爱。

毛德琦，生卒年不详，号心斋，清代宁波鄞县（今宁波鄞州区）人，康熙五十三年（1714）任星子知县。康熙皇帝认为星子是朱子讲学之地，非能人不可任此处县令。受职前，康熙接见毛德琦，见后认定"此人去得"。毛德琦来星子后，"廉明有惠政，以兴废举坠自任"，修府学、县学，修书院，重修谯楼，治理蓼花池，修纂《庐山志》《白鹿书院志》。此文中运用了大量颇具风水思想的词汇，比如"四山环之""二曜星扼其水口"等，前文已有详细解读，在此不再赘述。此篇书院志，同样说明风水思想在书院生存的过程中逐渐被层累，以致令人认为白鹿洞书院仿佛初建时就是因风水因素才卜地在此。

以上五篇书院志，向我们展示了白鹿洞书院在千百年沧桑中的兴衰荣辱，同时，也展示了古代教育、文化、思想的嬗变。朱熹复建白鹿洞书院，只是秉持一种对著名书院的珍爱之情；后人复建书院，对书院的喜爱不言而喻，同时，也不断地制造着风水的神话，不断"层累"着种种风水话语。由于白鹿洞书院所在的山水形胜与风水学中的阴阳风水有相通之处，郑廷鹄的《白鹿洞志》、周伟的《白鹿洞书院志》、李应升的《白鹿书院志》、毛德琦的《白鹿书院志》，也就逐渐将诸多风水元素层层叠加到书院身上，造成了白鹿洞书院"被风水"或者说"风水层累"的后果。

第四节　宋代山川风水与书院

林振礼先生在《朱熹新探》中曾专门讨论过南宋泉州的"胡贾建层楼"事件，认为这是朱熹风水思想的一个重要部分。[①]其实，朱熹并未置身于这一事件，也未针对"胡贾建层楼"事件发表过任何风水方面的言论。但"胡贾建层楼"事件的确掺杂了"胡楼"与"书院"之间的风水之争，而事件的主角，也都与朱熹关系密切。因而从比较的角度观察这一事件与朱熹阳宅（书院）风水的关系，则更为合理。本节通过讨论"胡贾建层楼"的风水之争，进而将视野扩大至整个宋代，以便从"书院风水语境"的角度更透彻地理解朱熹的阳宅风水思想。

---

① 林振礼：《朱熹新探》，中国广播电视出版社，2004，第301页。

一、"胡贾建层楼"的风水之争

泉州是朱熹出仕、任职时间最久的地方。泉州社会对朱熹研究政治、经济、文化、思想等方面产生了巨大的影响，而对其风水观产生重要影响的，当属"胡贾建层楼"事件为最。

朱熹任泉州同安县主簿期间（1153—1157）职兼学事，主管一县教育。其父朱松、父执刘子羽①均与泉州古代教育有涉。泉州安海镇被称为"闽学开宗"之地，朱松、朱熹、朱在（朱熹子）三代都与安海结下不解之缘。而朱熹父执刘子羽，则与后来发生"胡贾建层楼"事件的泉州府学有着甚深的渊源。

据泉州地方志记载，绍兴六年（1136）刘子羽赴泉州任职，为政两年期间，惠利民众，百姓爱之如父母。尤其是他修建学宫（府学）一事，受到当地各方人士和社会精英的称颂。泉州府学历史上，府学在1011年被时任泉州太守高惠连"逞私憾，迁而西之，衣冠遂减畴昔"。高氏之举，招致泉州舆论的不断抨击，社会各层人士纷纷要求迁回原址。直到大观三年（1109），府学才由告老还乡的龙图阁学士柯述主持迁回。刘子羽于绍兴六年知泉州，"座席未温，则视事于府学"，见馆舍颓隘，则以"学校不修，太守之责"自励，几经策划实施，筹资于旧址重建左学右庙，增旧基二尺余，"凿长河，浚青草池，纳潮汐于桥之下"，使学宇告备。②从高惠连迁学宫，到刘子羽在柯述迁复的基础上重修府学，时隔125年。刘子羽复建泉州府学后，"鹏抟鹍化，春榜拿先"，泉州学子在科举考试中金榜题名者较以往明显增多。

绍兴八年（1138）三月，李邴（曾位居宰辅）与"善属文"的张读（曾知兴化军、官至直讲）两个地方上极有影响的人物，联手撰写了泉州府学的著名碑记《泉州重建州学记》③。此文以刻石的形式，极力讴歌重建州学的刘子羽：

---

① 刘子羽（1096—1146），字彦修，建州崇安五夫里府前村人。抚养教育少年朱熹，并为他建紫阳楼，作为他起居、修学之所。

② 林振礼：《朱熹新探》，中国广播电视出版社，2004，第305页。

③ 张读：《泉州重建州学记》，载曾枣庄、刘琳主编《全宋文》第132册，上海辞书出版社，2006，第352-354页。

　　清源郡学，以绍兴丁巳闰十月甲申重建，越明年戊午三月乙丑
讫功。教授正录率生徒，连镳方驾，惠访蓬荜。读疲惫岑寂，初不
知何以取此，倒屣迎肃，方汗骍间，乃辱属记新学之本末。顾气衰
才尽，避席再四，不克让辞，谨采掇而叙之。维学官之建，在州城
南之东。门直于庚，以阓通衢，擅山川之壮气，践槐袭衮，元勋伟
节，世有名人。厥后太守高侯逞私憾迁而西之，衣冠遂减畴昔，鼓
箧来游者，每愤惋焉。舍法之初，斥养士之额。厥地褊迫，不足以
容冠屦。大观三年，乡先生龙图柯公述解组还第，徇枌榆之舆情，
审芹荪之故址，乃扣州牧，自西而东，今学是也。然广轮虽延袤，
而基失庳下，时雨浸淫，坏屋壁者屡矣。加之行门陈地已给编户，
未仍旧贯，生徒汹汹，至兴狱讼，竟以居民高资沮格不行，不获
已，径委巷而出。士气伊郁，积年于兹。绍兴丙辰冬，富沙刘公子
羽以忠孝名家，清华重望，抗请乡邦便养，来曳泉山之绂。座席未
温，已大播桃李袴襦之谣。铃斋余暇，解榻优贤。适以上丁，从事
于学，前期斋瀹，裴回周览，悯馆舍之颓隘，进诸生而告之曰："学
校不修，太守之责也。时虽间关，讵忘俎豆乎？"遂有经营之意。
会有甘泉庵没财，鸠工市木，命浮屠惠胜等掌之，委教授戴纬、驻
泊张谨董其事。增庳而高凡二尺余，殿俨其中，螭蟠翚展，从祀脩
廊，以翼左右。为堂二，以集讲论；斋十有二，以分肄习，职事位
亦如之。御书有阁，祭器有库。祠旁燕亭，宾次庖廪之属，一新轮
奂。又赎庚门旧地，以揖紫帽之峰，横跨石桥，因溪支流入自巽
方，遂凿长河，浚青草池，纳潮汐于桥之下，则学宇告备矣。教官
廨舍在学之右，乃袊佩函丈之地，亦广而新之。阅十旬毕工，靡金
钱五万余缗，公帑民力无丝毫扰，父老士民乐输金以犒役。既成，
车盖填塞，万口一词，以为东南壮观。璧沼贤关，规模不专美也。
先是，兴役之际，熊轼屡临，趣工弥切，至忘寝食，因感微恙。而
方技之流，谓岁星日直，薄有咎澄。公慷慨敢为，初不涓择，以招

无妄。神介正直，指日视事，而公力匄宫祠。士子愿借留，不克从欲。无由报万一，营生祠于讲堂之左，岩岩清峙，庶几朝夕景仰焉。读尝闻鲁侯修泮宫，当时有史克颂之，郑侨不毁乡校，后世有韩愈颂之，并能流芳古今，学者慕尚。矧惟雄伟不常之功，超鲁跨郑，芜累匪工。辄希二颂遗文以揄扬之，因托名不泯，谨蘸笔作颂云。颂曰：

赫赫清源，甲于闽山。有屹其巘，有澄其渊。地灵人杰，龙虎旧传。著肩蕴藻，炜烨青编。我宋龙兴，化被幅员。兹惟望郡，首建学官。卜云其吉，雄城东偏。公卿纷逯，誉蔼中原。高侯逞憾，乃西徂迁。中虽克复，未正门阑。士气不振，殆几百年。超矣刘公，忠义蝉联。辍自紫橐，来拥朱轓。雍容才刃，视牛无全。钧礼韦布，载笑载言。时惟上丁，斋戒吉蠲。顾盼廊庑，蠹楹圮砖。恻然淡色，予职承宣。学校不修，又谁咎焉。屡入意匠，乃趣工班。材如云委，杞梓楠楩。百堵俱兴，如飞如翰。门直于西，前揖紫烟。石梁雄跨，虹卧清涟。江山增丽，亘古无前。青衿感慨，淬砺龙泉。鹏抟鹍化，春榜拿先。遵周蹈孔，密勿朝端。何以报之？绘像岩岩。我公之德业兮拂日戾天，我公之福履兮方至犹川。我公之眉寿兮超万弥千，漫叟作颂兮托青瑶镌。

该记文评价刘子羽"忠义蝉联"，讴歌刘子羽此举"我公之德业兮拂日戾天，我公之福履兮方至犹川"。此外，记文还将科举成败归因于府学风水。

一是府学新建之前，"而基失庳下，时雨浸淫，坏屋壁者屡矣。加之行门隙地已给编户，未仍旧贯，生徒汹讻，至兴狱讼"。人们认为旧学地基常年被雨水侵蚀，墙壁崩坏，加上行门隙地给了编户，没有维持旧例，学子汹汹，常有狱讼。"径委巷而出。士气伊郁，积年于兹。"府学道路多是巷道，学子多年士气郁积萎靡，原因多在于此。

二是府学新建后，"鹏抟鹍化，春榜拿先"，人们将之归功于宝地风水："门直于西，前揖紫烟。石梁雄跨，虹卧清涟。江山增丽，亘古无前。青衿感慨，淬砺龙泉。"其中，"赎庚门旧地，以揖紫帽之峰，横跨石桥，因溪支流入自巽方，遂凿长河，浚青草池，纳潮汐于桥之下，则学宇告备矣"。府学新规制有紫帽峰，长河贯通，青草郁郁，桥下潮汐交替，学宇既成，"车盖填壅，万口一词，以为东南壮观"。此时的风水术士，也纷纷给予称赞："而方技之流，谓岁星日直，薄有咎澄。"

三是此地一直是"地灵人杰，龙虎旧传"。首建府学之时，"卜云其吉，雉城东偏"，高氏西迁府学，后来以迁还复建，"中虽克复，未正门阃。士气不振，殆几百年"。记文将科举及第与学子士气抑郁和府学的地理环境尤其是风水相联系，可见其表露出明显的风水思想。林振礼在《宋代泉州府学·石笋变迁管窥》一文中也论述了风水对泉州庙学改迁、重建左学右庙的影响。他考证了宋代泉州庙学迁建过程，认为绍兴六年刘子羽出知泉州，"重建左学右庙"原因在于高惠连迁庙学于西北梦呆巷口的育材坊，不符合风水原则而招致世人诟病。[①]

泉州府学既兴，学子科举考绩斐然，刘子羽功不可没。朱熹年少时一直由刘子羽抚养教育，其起居、修学之所紫阳楼就是刘子羽为其所建的。朱熹更是遵父命，"往父事之，而惟其言之听"[②]。刘子羽在绍兴十六年（1146）病逝，淳熙五年（1178）朱熹受刘珙之托，为其亡父刘子羽撰写了神道碑文《少傅刘公神道碑》。朱熹在碑文中说：

> 熹自幼得拜公左右，然已不及见公履戎开府时事。独见其居家接人孝友乐易，开心见诚，豁然无纤芥滞吝意。好贤乐善，轻财喜施，于姻亲旧故贫病困厄之际，尤孜孜焉。因尝从公门下士及一二故将问公平生大节，又知其……事皆伟然，虽古名将不能过。至其

---

① 林振礼：《宋代泉州府学·石笋变迁管窥》，《泉州师范学院学报》2006年第5期，第50-51页。

② 朱熹：《屏山先生刘公墓表》，载曾枣庄、刘琳主编《全宋文》第253册，上海辞书出版社，2006，第53页。

为政……有古良吏风。①

刘子羽忠节爱民、孝友乐善的品行无疑给朱熹留下了极深的印象。刘子羽去世后，朱熹又得其奏议读之，感慨不已："及公既没，然后得其议奏诸书读之，知其痛愤无日不在于雠虏，而其识虑之深又如此，未尝不慨然抚卷废书而叹也。"②朱熹后来力主抗金、反对议和，与少年时受刘子羽等人的影响有莫大关系。朱熹与刘子羽深情厚谊，刘子羽兴建泉州府学的举动，朱熹与有荣焉。

朱熹仕泉之初，即绍兴二十一年（1151），时年22岁，初授左迪功郎、泉州同安县主簿。在朱熹到达泉州前，同年，泉州发生"胡贾建层楼"事件，即宗室赵令衿③任泉州知府之际，傅自得同官通判，外国商贾建层楼（伊斯兰教清净寺）于郡庠之前。地方上的士大夫、读书人纷纷认为清净寺建于州学之前破坏了"巽水汇洙泗"的好风水，于是群起告官。地方官傅自得判决"化外人，法不当城居"④，命令官兵，当日拆除，并将清净寺由雉城内迁建到城外濠。这样，既不破坏泉州孔庙州学受盛于山川的"科第人文"，又使清净寺作为点缀品，为文庙增胜。

宋朝曾在泉州建立市舶司，专理对外贸易。南宋时，泉州已是重要的对外贸易海港之一。尽管商业已在泉州留下了深刻的烙印，但这个"天下之货仓"承载的，显然不只是经济，同时也包含着一种文化交流的空间。当时泉州与许多其他地方一样，都受到了印度教和伊斯兰教的影响。⑤伊斯兰教的活动，与海上对外贸易密不可分。随着往来的频繁，伊斯兰教徒纷纷入城居住，泉州成为其聚居之地。伊斯兰教有完整的宗教仪式和制

---

① 朱熹：《少傅刘公神道碑》，载曾枣庄、刘琳主编《全宋文》第253册，上海辞书出版社，2006，第6页。

② 同上。

③ 赵令衿是赵宋宗室，于绍兴二十一年（1151）知泉州。

④ 朱熹：《朝奉大夫直秘阁主管建宁府武夷山冲佑观傅公行状》，载曾枣庄、刘琳主编《全宋文》第252册，上海辞书出版社，2006，第351页。

⑤ 王铭铭：《"泉州学"跨文化研究/文化并存》，《海交史研究》2003年第1期，第81页。

度，虔诚的穆斯林履行宗教义务，完成宗教规定的仪式，就势必要有一个拜主的地方。他们在泉州兴建了清净寺。关于泉州清净寺，明代有石碑为记，摘录如下：

> 清净之教，流入中土，自隋开皇始，经首言真主，以真命为天主，真心为人主，故其教主，于斋戒沐浴以事天，凡一年必有一月之斋，如吾中国岁首月是也，凡一月必有四日之斋，值元牛娄鬼之日是也。拜必沐浴，非沐浴不敢入拜，斋必素食，非见星不敢尝食。教主遇斋，率众诵经，西向罗列，但有膜拜，而无供养，此教之大凡也。郡建寺楼，相传宋绍兴间（1131—1162），兹喜鲁丁自撒那威来泉所造，楼峙文庙青龙之左角，有上下层，以西向为尊，临街之门，从南入，砌石三圜，以象天三，左右壁各六合若九门，追琢皆九九数，取苍穹九天之义，内圜顶象天上，为望月台，下两门相峙，而中方取地方象，入门转西，级而上，曰下楼，南级上，曰上楼。下楼石壁门，从东入。正西之座，曰奉天坛。中圜象太极，左右两门象两仪，西四门象四象，南八门象八卦，北一门以象乾元，天开柱子，故曰天门，柱十有二，象十二月，上楼之正东，曰祝圣亭，亭之南为塔四，圜于石城，设二十四窗，象二十四气，西座为天坛，所书皆经言云。登楼睇之，清源在北，鸿渐在南，葵山在西，灵山在东，紫帽在西南，宝盖、天马在东南，凤山在东北，鹏山在西北，众峰迤列，如屏如垒，溪水从西来，二长虹阑之大瀛海，汪洋其东，俯瞰在城中，千雉如带，双塔插天，通衢曲巷，飞甍联檐，西望一紫在趾踵，下楼北有堂，郡太守万灵湖公额曰：明善堂。以楼为正峰，横河界之，通海水潮汐，短桥以济，异时教众，每于月斋日，登楼诵经，已毕，退，休息于此堂之上，寺极观备是矣。[①]

---

① 韩振华：《宋代泉州伊斯兰的清净寺》，《海交史研究》1997年第1期，第70-71页。

碑刻中，对于泉州清净寺创建年代，明碑依重元碑所记，认为始建于宋高宗绍兴年间。此泉州清净寺与"胡贾建层楼"事件中的清净寺是否为一处，还未可知。在《朱文公文集》卷九八傅公（自得）行状中，朱熹记载："（傅自得于绍兴年间任泉州通判时）有贾胡建层楼于郡庠之前，士子以为病，言之郡。贾赀巨万，上下俱受赂，莫肯谁何。乃群诉于部使者，请以属公。使者为下其书，公曰：'是化外人，法不当城居。'立戒兵官，即日撤之，而后以当撤报。使者亦不说，然以公理直，不敢问也。"[①]藤田丰八氏认为傅自得所撤毁的胡贾层楼，就是今天的清净寺先址，因为"当时之蕃商，公则居城外，且因有财势而居城内者，亦复不少，后遂贿赂上下，于群摩（即郡学）前建筑高楼矣。由其所建之层楼，及其地之位郡学前，或其附近等考之，吾人相信系驰名之清净寺，虽有'立戒兵官，即日撤之'云云，然上下既已受赂，则可变更其位置，后遂变为今代清净寺之基础"。[②]笔者认同藤田丰八的观点，即明碑文中所记泉州清净寺与傅自得拆除的清净寺为一家。由此，可从明碑文中再现清净寺的宏观建筑。

如此宏观的建筑立在文庙之前，泉州社会各层纷纷认为这破坏了州学"巽水汇洙泗"的好风水。傅自得最终判决将清净寺迁到城外。"胡贾建层楼"事件，反映的是中外文化观念的冲突。如同王铭铭在其文中所说：官俗与民俗并不截然分开，官俗的强大与充分发挥，也不是始于明代，至少从胡贾建层楼可以看出，南宋时期官俗的强大，以及官俗与民俗的相互配合，尤其是"对外"方面。换言之，颇为同仇敌忾。[③]也就是说，中国官俗与民俗并非截然不同，当两者面对外来文化的冲击时，往往会一致对外。

本来，"胡贾建层楼"事件到此应结束，即本土文化与外来文化已由冲突演变为和合。然而，后来郡守赵令衿等人受外国商贾贿赂的事情败露，

---

① 朱熹：《朝奉大夫直秘阁主管建宁府武夷山冲佑观傅公行状》，载曾枣庄、刘琳主编《全宋文》第252册，上海辞书出版社，2006，第351-352页。

② 藤田丰八：《宋代市舶司及市舶条例》，载藤田丰八《中国南海古代交通丛考》，何健民译，商务印书馆，1936，第286-287页。

③ 王铭铭：《"泉州学"跨文化研究/文化并存》，《海交史研究》2003年第1期，第87页。

成为秦桧在绍兴二十五年（1155）打击政敌赵令衿的把柄，由此衍生了后来的"赵令衿案"。

傅自得①（1116—1183），字安道，宋代泉州人，与朱熹渊源颇深。朱熹与傅自得有先人之旧，两人过从甚密。淳熙七年（1180），傅自得为朱熹父朱松《韦斋集》作序。序中不仅缅怀朱松"声满天下，交口称焉"，又赞朱熹"故公之嗣子今南康太守熹能绍公之训，早践世科而益笃志于伊洛之学，安贫守道深山穷谷之中者三十余年。明天子用宠嘉之，即其家拜二千石"②。傅自得二子傅伯成与傅伯寿少从朱熹学，隆兴元年（1163）兄弟二人同登进士第。傅自得与朱熹的忘年交之谊，使得朱熹倍加关注"胡贾建层楼"事件及"赵令衿案"。

傅自得初踏政途之时，丞相秦桧企图笼络傅自得为党羽，待他颇为礼遇，然而又怀疑傅自得刚果负气，最终不能为其所用，遂命傅自得"体究"赵令衿案。绍兴二十五年，傅自得在兴化军任上受命来到泉州，对赵案"力图宽解"，按事十得一二，"即不复穷究"，力图宽大处理。《宋史》本传说赵令衿尝会宾客观"秦桧家庙记"，口诵"君子之泽，五世而斩"之句。秦桧的兄婿汪召锡，颇疑令衿，讽教官莫汲诉令衿"论日月无光，谤讪朝政"。③汪召锡的奸党亦趁机弹劾赵令衿，"诬以赃私"。事实上，傅自得与赵令衿有同病相怜之处，即都是秦桧的政敌。秦桧妄图"傅赵相争，自己得利"。出于共同的政治理念，傅自得不欲置赵令衿于死地，此其一。

其二，傅自得本人也深信风水祥瑞。他在为文庙大成殿所作的题词《夫子泉》中写道："此泉与皂荚、蓁菜并瑞。图谍按五季间庙有皂荚，本州人举进士，视其生之多寡以为验。梁贞明中，忽生荚，有半，人莫测其祥。是

---

① 傅自得的母亲是宰相赵挺之的女儿，封清源郡君，赠秦国夫人。傅自得为赵明诚、李清照的外甥。

② 傅自得：《韦斋集原序》，载曾枣庄、刘琳主编《全宋文》第211册，上海辞书出版社，2006，第33页。

③ 林振礼：《朱熹与闽南多元宗教》，《泉州师范学院学报》2012年第30卷第5期，第1页。

岁，陈逖进士及第，黄仁颖学究出身。后唐同光中，仁颖亦进士及第，半荚之枝遂生全荚。"[1]皂荚树所结的皂荚（亦称皂角）、荚藻（荷花的古称）与"夫子泉"并瑞，数量多少被视为地方上科第人文兴衰的征兆。由傅氏所题可见他对孔子庙堂寄予的深厚情感及其强烈的风水思想。傅自得在处理"胡贾建层楼"事件时，已将清净寺迁到城外，保存了府学的绝佳风水。此时严惩赵令衿，已无必要。

然而，傅自得的宽大处理，与秦桧对赵令衿"必欲置之死地"的态度大相径庭。赵令衿因此案下狱，死于绍兴二十八年。傅自得最终因赵案，在绍兴二十五年底被罢官，后被流放到今广西境内。流放前（1156年秋），仕途坎坷、纵情山水的傅自得与初仕任满、志犹未酬的朱熹同游九日山，泛舟金溪江，诗酒相和，互诉衷肠。

淳熙十年（1183），傅自得过世，朱熹从闽北亲赴泉州吊丧，并为傅自得写下《朝奉大夫直秘阁主管建宁府武夷山冲佑观傅公行状》[2]：

> 公居泉久，及贰郡事，洗手奉公，无毫发私。且熟知民俗利病，部使者多委以事。转运司尝欲榷郡酒酤，公格弗下。吏白恐获罪，公曰："泉人中产之家仰是以给者十室而五，是决不可行。若辈徒欲行文书，因取赂于酒家耳。"乃私以书条利害于使者，事竟寝。有贾胡建层楼于郡庠之前，士子以为病，言之郡。贾赀巨万，上下俱受赂，莫肯谁何。乃群诉于部使者，请以属公。使者为下其书，公曰："是化外人，法不当城居。"立戒兵官，即日撤之，而后以当撤报。使者亦不说，然以公理直，不敢问也。受代造朝，民争遮道以送。
>
> ……
>
> 公在郡不半岁，罢去之日，父老遮遮涕泣，其贤士大夫有追路

① 陈国仕：《丰州集稿》，南安县志编委会，1992，第202页。
② 朱熹：《朝奉大夫直秘阁主管建宁府武夷山冲佑观傅公行状》，载曾枣庄、刘琳主编《全宋文》第252册，上海辞书出版社，2006，第351-353页。

越境，持公恸哭而别者。后两年，谏官挟旧怨，复以前事为言，遂夺公官，徙融州为民。

……

乾道初元，始复得申前命。未几，故枢密林公安宅又力荐于上，且具白公前被枉状，除知漳州……

朱熹在上文中记载了"胡贾建层楼"事件，胡贾建层楼于府学之前，众人以为不妥，告之于郡。胡贾贿赂官吏，没有人员处理此事。民众请傅自得处置此事，傅自得判决将层楼拆除迁到城外。朱熹对于此事的论述，风水思想俱无。

鉴于傅自得被流放之前，与朱熹同游三天，朱熹肯定知道事情的原委。而且，府学是朱熹父执刘子羽所建，傅自得为朱熹好友，朱熹毫无疑问是站在傅自得的立场上的。"胡贾建层楼"事件及其风波"赵令衿案"给朱熹带来的影响也是刻骨铭心的。正如林振礼先生所说："初仕闽南泉州的青年朱熹，除了与傅自得结为忘年，与名儒陈知柔，以及李邴之子李缜也有深交。因此，谙究中外不同信仰之间'文化接触'的社会原因与复杂过程。因此，由于'胡贾建层楼'事件引发的傅自得与赵令衿案，成为朱熹后来应对其他宗教挑战之镜鉴，则是毋庸置疑的。"[①]

"胡贾建层楼"事件所涉及的风水问题，朱熹从始至终未明确提出过。然而，事件及后续风波，不仅令朱熹对待宗教之争有自己鲜明的态度，也令朱熹从政治角度开始反思君权吏治。受其影响，朱熹于政治之外治学立论，逃禅归儒，探索山川美景。

二、宋代风水中的"卜书院"与"卜学宫"

春秋时期，孔子聚徒讲学于杏坛，开启中国历史上师徒授业的传统。汉朝时在都城设立太学，各地又广设精舍，皆是讲学之所。唐朝时正式有了

---

① 林振礼：《朱熹与闽南多元宗教》，《泉州师范学院学报》2012年第30卷第5期，第5页。

"书院"的称谓，"书院之名，起于唐玄宗时，丽正书院、集贤书院，皆建于朝省"①。丽正书院、集贤书院都是由朝廷出资建设，主要负责收集和编纂经典书籍，类似于后代的馆阁，同时也服务于皇家讲学。此后，民间也涌现出许多书院，有学者统计《全唐诗》诗题中所见的书院有11处，而载于方志的唐代书院有17处，这些散落于民间的私人书院日常主要活动内容是招收生员讲学。此时，书院便渐渐具有了浓厚的私学性质，与朝廷设立的官学体系并行而相补益，正如历史学家侯外庐所论："在历史上，书院是研究和传播儒学的文化教育机构。但它有别于官立学校，多半具有民间色彩，因而也比较容易普及。"②

宋朝建立之后，吸取五代时期军人乱政的教训，"与士大夫共治天下"，推行重文抑武政策，大兴科举，这从根本上带动了民间教育的热情。然而，经过数十年的战乱，既往的官学体系废弛，于是带有私学属性的书院便一时大量涌现出来。宋人吕祖谦说："国初斯民，新脱五代锋镝之厄，学者尚寡，海内向平，文风日起，儒生往往依山林、即闲旷以讲授，大率多至数十百人。"③明人李东阳也说："书院之作，乃古庠序之遗制。宋之初，学校未立，故（书院）盛行于时。"④

书院的兴起，一方面满足了广大士子读书求学的愿望；另一方面，也缓解了朝廷尚文治而又教力不足的矛盾，为朝廷培养了大批文治人才，因而尤得政府的赞助和鼓励。宋代一些著名的书院，如嵩阳书院、岳麓书院、白鹿洞书院、睢阳书院等，都兴建于这一时期。北宋中期，边境安定，四海无事，国家财政充裕，有充分精力和财政发展官学，因而开展了三次较大规模的兴办官学运动。随着太学、州府县学等官学体系的逐渐恢复，书院教育受到了一定程度的影响。北宋中后期，更是硬性规定参加科考者必须入读官

---

① 袁枚：《袁枚全集》第5册，江苏古籍出版社，1997，第358页。
② 张岂之：《侯外庐著作与思想研究》，长春出版社，2016，第2516页。
③ 吕祖谦：《吕祖谦全集》第一册，浙江古籍出版社，2008，第99-100页。
④ 李东阳：《李东阳集》第三卷，岳麓书社，2008，第992页。

学，这给蓬勃发展的书院教育带来沉重打击①，"熙宁后，丛林尽废"，"莽为丘墟"，"鞠为茂草"。例如，受此影响，当时一度兴盛的白鹿洞书院就此停办了很长时间。

1127年，赵构在临安称帝，南宋建立。为了安抚民心、宣示正统，南宋朝廷延续了北宋以来重视文官、士大夫，尊崇儒学的基本国策，为南宋书院进一步发展奠定了良好政策基础。与此同时，随着印刷术的普及、商品经济的发展，图书出版业也逐渐发达起来，州县兴办书院也没有了以往十分烦琐的程序干扰，书院教育摆脱了官学的压制，触底反弹。

朱熹可谓是南宋书院教育发展历程中的一个关键人物，他成年后，除在外地担任9年地方官吏和46天的宋宁宗皇帝待诏侍讲外，其余大多数时间都在书院度过。据考证，与朱熹相关的书院有67所之多，包括创办书院4所，修复书院3所，读书的书院6所，讲学的书院41所，题诗题词的书院13所。②这些书院中有6所比较特殊，分别为白鹿洞书院、岳麓书院、寒泉精舍、晦庵书院、武夷书院、考亭书院，前两所为朱熹修复，后四所为朱熹创办。在本书的其他章节中，笔者会对这些书院进行一一分析，此处略过。此外，朱熹还制定了"五教之目""为学之叙""修身之要""处事之要""接物之要"的学规，成为后世天下书院的办学精神。在长达40年的讲学实践中，朱熹不仅构建了森严的理学思想体系，同时也培养了一大批亲炙弟子，历史上光是留下姓名的就有四百多人。尽管朱熹在世时，一直备受打压，但他的弟子很快通过书院将理学发扬光大。宋理宗即位后，追封朱熹为徽国公，理学更是被确立为国家意识形态，书院教育作为朱熹的遗产，也受到朝廷的支持，宋理宗还亲自手书朱熹所作的《白鹿洞书院揭示》颁行天下，各地书院在官府的支持下，呈现井喷式发展。

---

① 1066—1076年，王安石主导变法，创立了"三舍法"，将朝廷主管的太学分为内舍、外舍和上舍三个等级，以年终考核成绩、学生平时考核成绩作为学生升舍凭据，并且将学生的考核成绩与科考应试资格挂钩，甚至将其作为将来进入仕途的重要评判标准。宋徽宗时期，蔡京主政，将太学"三舍法"推行全国，进一步强化官学统治地位，没有官学求学经历的人不能参加科举考试。（参见樊克政：《中国史话：书院史话》，社会科学文献出版社，2012，第25—26页。）

② 参见方彦寿：《朱熹书院与门人考》，华东师范大学出版社，2000，"序言"第1页。

纵观宋代书院的发展历程，不难发现，终宋之世书院都在文化教育中承担着相当重要的角色，可以说书院建设的优劣直接关乎地方人才培养之成败。那么如何才能建设好一所书院呢？首要条件亦在择地。

在择地方面，宋代书院借鉴了佛教的丛林规制，多选择远离人群而又风景优胜之地。晚唐五代时期，国家多故，天下扰乱，迄无宁日，士子苦无就学之所，于是便相率借住于偏僻幽静的寺院。宋朝建立后，士子在幽静偏远之寺院静心读书已经形成一种代代相传的传统，于是在书院选址上便倾向于风景秀丽的山水之地，有的书院甚至就是在寺院的旧址上扩建或新建而成，如岳麓书院便是割寺地而营建。南宋欧阳守道《赠了敬序》云："往年余长岳麓，山中碑十余，寻其差古者……碑言书院乃寺地，有二僧，一名智璿，一名某，念唐末五季湖南偏僻，风化陵夷，习俗暴恶，思见儒者之道，乃割地建屋，以居士类。凡所营度，多出其手。时经籍缺少，又遣其徒市之京师，而负以归。士得屋以居，得书以读。"[1]欧阳守道于南宋淳祐（1241—1252）时任岳麓书院的副山长，他的记载是根据宋初创院时的碑刻，应是可靠的。"择胜地，立精舍，以为群居读书之处"，"泉清堪洗砚，山秀可藏书"，宋代知名的书院大多遵循这一原则而建立，除了岳麓书院，还有石鼓书院修建在衡阳石鼓山，白鹿洞书院建在庐山五老峰下，其他如问津书院、象山书院、茅山书院等一大批古代著名书院都是建立在风景秀丽的地方。

宋初书院依山林而建，本出于士子寻求僻静的目的，并非有什么风水上的考虑，但正如前文在白鹿洞书院一节所论，在后来的历史进程中，风水之说渐渐地被附会到书院上，后来的书院志中往往有"形胜"篇，专门用以论述如何依据风水来选择书院的地理位置，以致此后在新建或迁建书院时，"风水形胜说"几乎成了考察书院择地的首要考虑因素。

大体而论，卜书院的原则亦是围绕风水中的"气"与"势"而展开，以此为理论基础择吉凶，更有乘气、聚气、顺势、造势等说法。所谓"气乘风

---

① 欧阳守道：《赠了敬序》，载曾枣庄、刘琳主编《全宋文》第346册，上海辞书出版社，2006，第391页。

则散，界水则止"，古人勘定书院必定选择在山环水抱之地，以便使"气"聚而不散，认为这样才有利于学子成才。此外，古代阴阳五行理论认为，"木秀"之地可兴"文运"，而水不仅有储藏"生气"的作用，还能"生木"，因此作为教育机构的书院亦必定在其周围营造"水""木"。

随着宋代风水的普及化，书院风水的思想逐渐向官办的学宫渗透，诸多建在人群密集地区的学宫也开始日益讲究起地理"择胜"，我们从史籍中可以发现大量的因风水因素而迁建学宫的案例，试举数则如下。

其一：

> 维淳熙八年，岁次辛丑，三月丁未朔，十八日甲子，具位某敢昭告于先师至圣文宣王。窃惟吏治以仁义为先，教化为本。某误叨邑宰，两年于兹矣。顾瞻学宫，栋宇倾颓，日就毁废，惟是俎豆之事，因仍苟简，仰不足以奉承圣师，俯不足以振作士气，心实愧之。属者邑士复以阴阳向背为请，愿协力移建。乃即县治之西偏，卜云其吉，地灵形胜，面势当阳，前仰后拥，山秀水清。于是言出未几，众口和附，咸曰礼义兴行，异人杰出，于古有光，其在斯乎！方当谋始，用伸虔告，圣神其听之。尚飨。[①]

此处的旧学宫"栋宇倾颓，日就毁废"固然是此次迁建的重要原因，但既云"属者邑士复以阴阳向背为请"，"乃即县治之西偏，卜云其吉"，显然是说旧学宫没有照顾到风水吉凶——大概因为在旧学宫营建之时风水思想尚不流行，而此时风水已然成为学宫选址首要考虑的核心问题了。

其二：

> 浙河以东郡县，连城数十，独萧山去都为近，人徒之众，薨

---

① 李昌：《代赵宰移学告庙文》，载曾枣庄、刘琳主编《全宋文》第220册，上海辞书出版社，2006，第306页。

宇之壮，舟车之杂集，大哉县也！近而且大，宜有卓异秀颖之民出乎其间，而未之见。绍兴二十有六年夏四月，丹阳陈南来宰是邑，顾瞻黉宇，陋其制之卑下，与其地之嚣尘也，相度南门之外，地广以平，环群山而带流水，遂定迁焉。冬十有一月役于邑中，明年秋移病归，常山宋敷实嗣之，请于郡守赵公，出公帑钱八十万以佐其役。冬十有二月，庙学于是始成。[①]

此例中，迁建学宫的原因是学宫建筑卑陋、位置喧闹，"陋其制之卑下，与其地之嚣尘"，于是"相度南门之外，地广以平，环群山而带流水，遂定迁焉"。文中虽没有明言卜地，但新迁之地"环群山而带流水"，显然也是符合风水择胜原则的。

其三：

旧学在城之隈，地非爽垲，气郁不舒。周览以求胜处，乃得今地，临流负山，面势宏杰。经始于去秋，而告具于今春。自大成殿至于两庑重门，自明伦堂至于东西斋序，自仓库至于庖湢，凡屋百区，坚壮轩豁，遂成伟观，而纤芥不扰。士业其中，雍雍愉愉，有云飞川泳之适。[②]

此例中，作者并未提及旧学宫之状貌，大概旧学宫的建筑并不存在质量问题，只是因为"地非爽垲，气郁不舒"而迁址。"地非爽垲"是说地势卑下，比较潮湿；"气郁不舒"是说风水不佳，"气"滞而不通。这似乎也可以构成学宫迁址的合理理由。

① 莫济：《重修萧山县学记》，载曾枣庄、刘琳主编《全宋文》第210册，上海辞书出版社，2006，第413页。
② 袁燮：《迁建嵊县儒学记》，载曾枣庄、刘琳主编《全宋文》第281册，上海辞书出版社，2006，第245页。

其四:

国家崇儒尊道,诸郡许建学,通祀先圣先师,俾学者知所宗
仰,而德行道义由是进修,德至渥也。新昌初建泮宫于郡城南,气
相宏伟,栋宇壮丽,面势得溪山之胜。淳熙丙申,余尝宦侍,屡获
观礼,迨今识之。后有惑于阴阳曲说,次年迁于今址。一时欲速,
而殿宇简陋,木不坚寿,陶非精实,风雨逢迎,迨亦三十余年,榱
桷欹蠹,覆甃飘剥,因循玩衰,不足以振士气而兴人心。①

此例与前三例有明显区别,前举三例中旧有学宫或年久失修,或地势卑
下,或位置喧闹,都存在着不得不迁建的客观理由,但此例中旧有学宫"气
相宏伟,栋宇壮丽",且"面势得溪山之胜",按照常理来说根本不需要迁
建,只因为"惑于阴阳曲说"而迁至新址,并且因为行事仓促,新建的学宫
建筑简陋,仅仅三十年后就变得"榱桷欹蠹,覆甃飘剥",这是一个失败案
例,整个过程中充满了荒诞意味。

当然,新修学宫也未必都需要迁址,但即便原址重建,也不免风水堪舆
的参与,如下面这则记载:

上虞自汉图舆地,著为名邑,两都相望,宗工巨儒,骚人墨
客,与夫循吏、孝女,史不绝书。夫岂山川英秀,钟聚于人,有时
而发越,是抑重熙累洽□相承,教育熏陶之有自,上之人所以用其
力者,非一日积尔。宋兴,列圣崇儒右文以化成天下。自庆历诏书
行,学官始遍于州邑,县之黉舍盖鼎盛矣。中罹变故,仅存绵蕞,
塉垣污泥,可为太息。绍兴甲戌,莆田叶公屈临宰字,悼士气之不
振……令龟考卜,斤斧交兴。明年九月辛亥,首彻宣圣殿,尽去腐

---

① 赵汝励:《新州学宫记》,载曾枣庄、刘琳主编《全宋文》第204册,上海辞书出版社,
2006,第226页。

材，斩然一新，飞甍浮□，荫覆耽耽。[1]

此次新修学宫是典型的旧址翻新，并未另寻吉地，但"令龟考卜"又分明显示出，之所以选择在旧址翻新，归根结底还是因为旧址通过了风水师的考验，不必再改迁他处。

宋人在书院、学宫的风水问题上不敢有丝毫因循苟且，不过是因为这里面潜藏着巨大的可能收益的想象，当时流传着各种因书院、学宫迁址而科举丰收的传闻，如白鹤书院的故事，此事在前文中已有详述，不再赘言。这些真真假假的传闻掌故，时刻挑动着天下士子的神经，既然勘察风水可能会带来地方科举人才的涌现，必然会持续地引发各地迁建学宫的热忱，从记载中可以看到，每当有此动议，地方上总是一呼百应，争相出钱出力。

对于宋人的风水执念，我们不应过分苛责，如果细细寻绎，从中不难理出中国古代文化的一些幽深而丰富的内涵。所谓风水，其实就是对先秦文化"比德"思想的系统化延展，"比德"强调人与自然的统一，孔子的"仁者乐山，智者乐水"，老子的"上善若水""上德若谷"等都属此类。一方面，古人相信"天人合一""万物与我为一"，在这种一体化的世界观里，大自然的山水形胜、一草一木都与人的内在精神世界存在着神秘的共振。另一方面，古代科举取士又专以考察文章写作能力为主，而事实上，山水俱佳的地理空间也的确能够在相当程度上陶冶人的精神情操，人们在长期熏习之下，下笔为文自然流露出一派灵动挥洒之气。正如古人所论：

> 惟山川清和淑灵，秀绝之气旁礴委积于天地之间，常为一时高材胜士、骚人墨客揽取以为文章翰墨之用。唐李太白周览四海名山大川，一泉之旁，一山之阻，神林鬼冢，魑魅之穴，猿狖所家，鱼

---

① 丰谊：《绍兴府上虞县重修学记》，载曾枣庄、刘琳主编《全宋文》第225册，上海辞书出版社，2006，第136页。

龙所宫，往往游焉。故其为诗，疏荡有奇气。①

又如：

> 诗之作，得于志之所寓，而形于言者也。周《诗》既亡，屈平
> 始为《离骚》，荀卿、宋玉又为之赋，其实诗之余也……或曰楚之
> 地富于东南，其山川之清淑，草木之英秀，文人才士遇而有感，足
> 以发其情致而动其精思，故言语辄妙，可以歌咏而流行，岂特楚人
> 之风哉，亦山川之气或使然也。②

以此观之，风水之说亦可谓有着相当曲折的科学意涵。自宋以来，南方
士子往往在科举考试中独擅胜场，究其原因，除南方相对安定，经济文化得
以长期稳定发展以外，还应当与其地山水形胜有着不小的关系（相对而言，
北方多平原而少形胜，所以人文粗犷有余而细腻不足，这在讲求谋篇布局、
精雕细琢的科场上难免吃亏）。当然，这种理解和同情，大抵不可脱离于理
性和常识，否则一旦流于不可知论的玄学，必定会造成各种荒诞而沉重的社
会问题，如前举第四个案例就属此类，当地人对于学宫风水的偏执追求，显
然已经远远脱离了理性的范畴。

---

① 孙觌：《送删定佺归南安序》，载曾枣庄、刘琳主编《全宋文》第160册，上海辞书出版社，
2006，第297页。

② 韩元吉：《张安国诗集序》，载曾枣庄、刘琳主编《全宋文》第216册，上海辞书出版社，
2006，第109页。

第五章　家国卜居与理学风水 ≫

如前所述，朱熹的大阳宅风水是一个天人合一的系统，即由天地、山川、国都、城居、村落、家居、宅内完整构成。本章通过分析朱熹在都城与城居择址方面的材料，进一步讨论朱熹的大阳宅观。

第一节　家国卜居之一：都城与城居

一、朱熹的都城风水观

阳宅风水包含范围甚广，上至京都，下至县府。风水术士认为，在阳宅风水中，最重要的是择地建都，其次是州县城市。《周礼·夏官司马》曾记载："土方氏掌土圭之法以致日景，以土地相宅而建邦国都鄙。"故有周武王择都镐都，周成王选择洛都。由此，《泄天机》一书曾说："四用建都为第一，天机原有术。故人俯察有四用，建都是为重。"

京都作为一国核心与中枢城市，都城选址不但是风水问题，也是关系到江山社稷的政治大计，是宋代知识精英、政治精英和风水术士共同关注的大事。宋代流行的风水相宅书《宅经》也记载："上之军国，次及州郡县邑，下之村坊署栅乃至山居，但人所处，皆其例焉。"①

按照古代堪舆的观点，建都所在地应选在山水交汇处。正如《泄天机·俯察本源歌》中所说："建都山水必大聚，中聚为城市，坟宅宜居小聚中。"朱熹则从自然地理的角度论述建康"正诸方水道所凑"。他认为，诸方水道所凑，便于交通、民生、防御和遣兵，"有相应处"。所谓相应，就是符合建都的风水条件之一。

朱熹论述择都的材料主要有三条。

第一条见《朱子语类》卷一百二十七：

> 先生脚疼卧息楼下，吟咏杜子美古柏行三数遍。贺孙侍立。先生云："偶看中兴小记，载勾龙如渊入争和议时言语。若果有此言，如何夹持前进，以取中原？最可恨者，初来魏公既勉车驾到建康，当绍兴七年时，虏王已篡。高庆裔、粘罕相继或诛或死。刘豫既见疑于虏，一子又大败而归，北方更无南向意。如何魏公才因吕祉事见黜，赵丞相忽然一旦发回跸临安之议？一坐定著，竟不能动，不知其意是如何！"因叹息久之云："为大臣谋国一至于此，自今观之，为大可恨！若在建康，则与中原气势相接，北面顾瞻，则宗庙父兄生灵涂炭，莫不在目，虽欲自已，有不能自已者。惟是转来临安，南北声迹浸远，上下宴安，都不觉得外面事，事变之来，皆不及知，此最利害。方建康未回跸时，胡文定公方被召，沿江而下。将去，闻车驾已还临安，遂称疾转去。看来若不在建康，也是徒然出来，做得甚事！是时有陈无玷者，字筠叟，在荆鄂间为守，闻车

---

① 方成之整理《宅经》，载季羡林、张岱年主编《四库家藏·子部·术数》，山东画报出版社，2004，第1页。《宅经》一般被归为宋人作品，《四库提要》记载：《宋史·艺文志》"五行类有《相宅经》一卷，疑即此书"。但也有人称之为唐人作品，不过不管何时所出，该书对宋代阳宅风水的巨大影响是无可置疑的。

驾还临安，即令人赍钱酒之属，往接胡文定。吏人云：'胡给事赴召去多日。兼江面阔，船多，如何去寻得？'陈云：'江面虽阔，都是下去船。你但望见有逆水上来底船，便是给事船。'已而果然。当时讲和本意，上不为宗社，下不为生灵，中不为息兵待时，只是怯惧，为苟岁月计！从头到尾，大事小事，无一件措置得是当。然到今日所以长久安宁者，全是宗社之灵。看当时措置，可惊！可笑！"贺孙。

建康形势胜于临安。张魏公欲都建康，适值淮西兵变，魏公出而赵相入，遂定都临安。饶。

东南论都，所以必要都建康者，以建康正诸方水道所凑，一望则诸要害地都在面前，有相应处。临安如入屋角房中，坐视外面，殊不相应。武昌亦不及建康。然今之武昌，非昔之武昌。吴都武昌，乃今武昌县，地势迫窄，只恃前一水为险耳。鄂州正昔之武昌，亦是好形势，上可以通关陕，中可以向许洛，下可以通山东。若临安，进只可通得山东及淮北而已。义刚。

前辈当南渡初，有言都建康者。人云，建康非昔之建康，亦不可都。虽胜似坐杭州，如在深窟里，然要得出近外，不若都鄂渚，应接得蜀中上一边事体。看来其说也是。如今杭州一向偏在东南，终不济事。记得岳飞初励兵于鄂渚，有旨令移镇江陵。飞大会诸将与谋，遍问诸将，皆以为可，独任士安不应。飞颇怒之。任曰："大将所以移镇江陵，若是时，某安敢不说？某为见移镇不是，所以不敢言。据某看，这里已自成规模，已自好了。此地可以阻险而守。若往江陵，则失长江之利，非某之所敢知。"飞遂与申奏，乞止留军鄂渚。建康旧都所以好，却以石头城为险。此城之下，上流之水湍急，必渡得此水上这岸，方得，所以建邺可守。屯军于此城之上，虏兵不可向矣。贺孙。

建康形势雄壮，然攻破著淮，则只隔一水。欲进取，则可都建康；欲自守，则莫若都临安。或问江陵。曰："江陵低在水中心，全凭堤，被他杀守堤之吏，便乖。那堤一年一次筑，只是土。"节。①

在这条材料中，朱熹的评价"东南论都，所以必要都建康者，以建康正诸方水道所凑"，与古代堪舆学认可的建都地点应选山水交汇处，有异曲同工之效。建康形势雄伟，据说有龙盘虎踞之气，自古相传得建康者得天下。三国时期诸葛亮也曾经慨叹说："钟阜龙蟠，石城虎踞，真帝王之宅。"

朱熹只是客观地对比建康、临安、武昌与江陵的地理位置和周边山川、水源环境，加之朱熹一向在宋金关系上是坚定的主战派，他始终认定建康是当时国都的最佳选择。朱熹所坚持的"诸水凑集"与风水思想中的"风水以得水为上"有莫大的联系，故曰"有相应处"。但他并没有从龙盘虎踞、帝王之宅的风水角度来做过多的讨论。

从《朱子语类》中的这条材料还可以看出，朱熹是反对南宋在杭州（临安）建都的，因为与建康相比，杭州是"不相应"的。朱熹的这个论断与南宋风水名家傅伯通的相关论述颇为一致。傅伯通，南宋江西德兴人。据王玉德教授研究，傅伯通"师承廖金精致学"，是（北宋）吴景鸾的弟子。②据《古今图书集成》载，宋室欲南迁之时，傅伯通受命往相临安风水，经过一番察勘，傅伯通表奏云："顾此三吴之会，实为百粤之冲。钱氏以之开数世之基，郭璞占之有兴王之运。天目双峰屹立乎斗牛之上，海门一点横当乎翼轸之间。"在夸赞一番之后，却话锋一转，认为此地"文曲多山，俗尚虚浮而诈，少微积水，士无实行而贪，虽云自昔称雄，实乃形局两弱，只宜为一方之巨镇，不可作百祀之京畿，驻跸仅足偏安，建都难奄九有"。③傅伯通上表之后，朝廷遂以杭州为临安府，意为"临时安顿"，并非都城。将傅伯通的奏议与朱熹的论述稍加对比，可以看出二人在对临安的风水判断上大致相同。

朱熹关于都城风水的第二条材料见《朱子语类》卷二：

---

① 黎靖德编《朱子语类》卷一百二十七，中华书局，1986，第3054-3055页。

② 王玉德：《堪舆术研究》，中央编译出版社，2010，第156页。

③ 傅伯通：《临安行在表》，载曾枣庄、刘琳主编《全宋文》第182册，上海辞书出版社，2006，第250页。

冀都是正天地中间，好个风水。山脉从云中发来，云中正高脊处。自脊以西之水，则西流入于龙门西河；自脊以东之水，则东流入于海。前面一条黄河环绕，右畔是华山耸立，为虎。自华来至中，为嵩山，是为前案。遂过去为泰山，耸于左，是为龙。淮南诸山是第二重案。江南诸山及五岭，又为第三四重案。淳。义刚同。

尧都中原，风水极佳。左河东，太行诸山相绕，海岛诸山亦皆相向。右河南绕，直至泰山凑海。第二重自蜀中出湖南，出庐山诸山。第三重自五岭至明越。又黑水之类，自北缠绕至南海。泉州常平司有一大图，甚佳。扬。

河东地形极好，乃尧舜禹故都，今晋州河中府是也。左右多山，黄河绕之，嵩、华列其前。广。[1]

朱熹早年任同安主簿时，通过研读泉州常平司的大幅地图，观察各地自然环境。在朱熹看来，在中国以往的都城中，"冀都"，即"尧都""尧舜古都"，是绝佳的风水宝地。这里的"冀都"，即古人所说的"尧治（都）平阳，舜治蒲坂，禹治安邑，三都相去各二百余里，俱在冀州，统天下四方，故示有此冀方也。"[2]其大致方位均在今山西。这些地方是否为尧舜故都，这当然只是朱熹的一种文化判断，也只是那一时代的一种公共认知。朱熹据此断定这一区域为天下之中，为天地间最好的风水。值得注意的是，朱熹所持的"好风水"的标准：一是处于"正天地间"；二是俱为自然山水环绕；三是俱为自然山水的自然走势；四是与自然山川的地图相吻合（泉州常平司有一大图）。这样，朱熹就通过"冀都风水"阐释了一种与"福祸吉凶"无关的自然风水，把风水的重心从"阴宅风水"引向更为广阔的"天地风水"。这种"天地风水"显然与近代以来的自然地理和人文地理有本质上的相通。

根据《禹贡》的说法，大禹治水之后，划天下为"九州"。"冀州"列九州

---

① 黎靖德编《朱子语类》卷二，中华书局，1986，第29页。

② 孔颖达：《尚书注疏》，转引自李民《〈禹贡〉"冀州"与夏文化探索》，《社会科学战线》1983年第3期，第128页。

之首，为国都所在地，即上引所谓"尧治平阳，舜治蒲坂，禹治安邑"。所以朱熹的"冀都是正天地中间，好个风水"，即是对大禹治水划天下为"九州"的地理大势的描述，也是对以尧舜禹为源头的儒家"道统论"①的张扬，有着自然地理和人文地理的双重意义。朱熹把这种双重意义概括为"大形势""大纲领"：

> 曰："禹治水，不知是要水有所归不为民害，还是只要辨味点茶，如陆羽之流；寻脉踏地，如后世风水之流耶！且太行山自西北发脉来为天下之脊，此是中国大形势。其底柱王屋等山皆是太行山脚。今说者分阴阳列，言'道岍及岐，至于荆山'，山脉逾河而过，为壶口雷首底柱析城王屋碣石。则是荆山地脉却来做太行山脚，其所谓地脉尚说不通，况《禹贡》本非理会地脉耶！"铢。②

> 李得之问薛常州《九域图》。曰："其书细碎，不是著书手段。'禹决九川，距四海，浚畎浍距川。'圣人做事，便有大纲领：先决九川，距四海了，却逐旋爬疏小水，令至川。学者亦先识个大形势，如江河淮先合识得。渭水入河，上面漆沮泾等又入渭，皆是第二重事。郦道元《水经》亦细碎。"③

---

① 朱熹的"道统论"是理学的一大立论，但学术界对此的讨论很少。日本学者土田健次郎对此则有很深入的分析。他认为，道统论其实就是朱熹所描绘的思想史，其对先人地位的勘定，与其说正确地反映了历史的原貌，还不如说是从朱熹的视角出发加以润色的结果，如实地反映了朱熹在道学内所处的地位。本节检讨朱熹的道统论，并不停留于指出道统论所包含的歪曲成分，为了把握朱熹思想的特点，道统论本身便应成为道学形成史研究的一环。（参见土田健次郎：《道学之形成》，朱刚译，上海古籍出版社，2010，第465-466页。）

冠有南宋乾道六年（1170）序的李元纲《圣门事业图》中，有"传道正统"之图，其中心的正系为：尧—舜—禹—汤—文—武—周公—孔子—颜子、曾子—子思—孟子—明道、伊川（在上注所引的陈氏发言稿中，推测朱熹未曾见到此图）。此图只到二程为止，那么在这二程之后可以写上谁的名字呢？至少从朱熹的道统论来说，结果将会写上朱熹的名字。笔者认为，朱熹通过对程子语录的集成和有关资料的校订，通过与道学内部以及周边思想的论争，企图确立自己在道学内部的正统性。（参见土田健次郎：《道学之形成》，朱刚译，上海古籍出版社，2010，第468页。）

② 黎靖德编《朱子语类》卷七十九，中华书局，1986，第2025页。

③ 同上书，第2027页。

　　第一段对话中的"太行山自西北发脉来为天下之脊，此是中国大形势"，是前引"冀都风水"的一种简说。朱熹把"冀都风水"看作"大形势"，而这种大形势，与"后世风水之流"有格局上的根本不同。

　　这两段对话也是对"后世风水"的批评，即"今说者分阴阳列"并不合理。事实上，朱熹这里是想建立一种阴阳混一的"大阴阳""大格局""大风水"。[①]这种"大风水"就是"正天地中间，好个风水"，即"天地风水"。这样，朱熹通过"冀都风水"的话题，提出了一个崭新的创造性表述——"天地风水"。

―――――――――

　　① 朱熹的这种"大阴阳""大器局"最早是由南宋陈著提出的。他在《见山说》中有一段从未被研究者关注和使用过的议论：

　　余投老杜门，一日闻剥啄声，启关则有捧刺而前者，姓马名元炎，求一见。进而问其故，曰："元炎家铜山之阴，泉溪之阳，望门墙仅一舍，而如蓬莱弱水。今得见，幸矣。窃有请焉，不敢以冒昧嗫嚅自尼。"因言世业阴阳地理，将挟之以驰骛于外，以侥幸如景纯、公明之印可，然非得贤士大夫宠所谓自号者重其行，则犹乡人耳。长光价，生气势，此一机也。余感其云云之勤勤，乃诘之以古谚云"铜山八面，有藏无人见"，而面铜山以居，其见之否乎？矍然而扬眉掀髯，道其山之来冈去水、伏垄起峰，屏折而壁削，爪足布而髓脉引，指诸掌。"余知八面之藏亦既玲珑于方寸中，当以'见山'为号。然可矣，而未也。东南山川之秀会乎四明，亦尝见之乎？"曰："飞鸟振策，东至太白、玉几，西至小丹、石窗。三江之上，十洲之间，扬舲鼓枻，且有日千态万状，不逃所览已。"余曰："可矣，而犹未也。"退立而请曰："然则当如何而可？"余因告之曰："天下有大阴阳、大器局，朱文公所谓在冀州之野，坐常山、太行之所盘结，左泰右华，以受嵩、衡诸山之朝揖，而长江大河横贯于前，此则方为有所见。而既有志于此，不可以近且小者自画，及今眼明筋力强，就术资身，以为万里计。吾非强而以所难，正欲以成而之所以请。太史公遍行天下，周览山川，归而作《史记》。而行矣，归之日，以所见作《见山说》，是为不负所号。"岁辛卯八月朔，嵩溪遗氓陈某书。（陈著：《本堂集》卷三四，载曾枣庄、刘琳主编《全宋文》第351册，上海辞书出版社，2006，第72~73页。）

　　陈著对朱熹"冀都风水"的理解和提炼有着重要的意义，概括起来说，有两点：一是指出"朱文公所谓在冀州之野"是前无古人的创造性概念，是一种崭新的"大阴阳""大器局"；二是这种大阴阳、大器局与局限于祸福吉凶的阴宅风水决然不同，这是一种"周览山川"，即以自然的山脉和大江大河为观察对象的"大阴阳""大器局"，这正是阴阳风水向自然地理转换的标志。这种"大阴阳""大器局"，至明清时代，被正确地发挥为"大风水"。清魏裔介《兼济堂文集·罗子地理管见序》记载：

　　《易》曰"俯以察于地理"，此地理之说也。地理对天文而言，犹之乎阴以配阳，母以配父，合则双美，离则相伤，不相舛耳。古伏羲生而知之，其后圣人迭兴，莫不洞然。黄帝分九州，尧巡五岳，周公营洛，孔子墓泗水上，朱紫阳详论天下，称冀州大风水，讵谓此非儒者事而忽之哉！余素不读青乌之书，己丑先考妣见背，乃得地理四书读之。其第一书郭景纯《葬经》古本也，观玩月余有得于中，大约即《河图》《洛书》之意，而归重于乘生气一语。顾佳地不易得，地师不易遇，应受佳地之人亦不易许，此三者所以难相值也。罗世兄自西江来，其学本于吾师罗先生，乃孔孟程朱之正传。以其绪余学及于此，批注大意，精微深奥，举景纯之妙义，阐发已无剩蕴，而又得其象外之诀，教外之传，著为《俯察》一赋，勿论指示天机老婆心切，即其文辞声韵骈丽精工，操觚染翰之士，亦可饱其枵腹，而当琅玕之液、金鼎之膏矣。有志地理者，熟读而精味之，察地之理以察心之理，察心之理以察天之理，此仰观俯察下学上达契合于一，而岂但造福于世，为仁人孝子所必资哉！

朱熹关于都城风水的第三条材料见朱熹《山陵议状》[①]：

> 臣自南来，经由严州富阳县，见其江山之胜，雄伟非常。盖富
> 阳乃孙氏所起之处，而严州乃高宗受命之邦也。说者又言临安县乃
> 钱氏故乡，山川形势，宽平邃密，而臣未之见也。凡此数处，臣虽
> 未敢断其必为可用，然以臣之所已见闻者逆推其未见未闻者，安知
> 其不更有佳处，万万于此而灼然可用者乎？

这条材料是讲，朱熹途经严州富阳时，富阳"江山之胜，雄伟非常"，是
三国孙权起兴之处，而且严州恰是宋高宗受命而王之地。南宋首都临安，以
往是钱镠的吴越国的首都，故曰是钱氏故乡。"山川形势，宽平邃密"，是一
般对临安的风水评价。朱熹大致认同。

朱熹讨论择都的三条材料无不显示出朱熹阳宅风水观，其特点是十分
看重山川的自然形胜、自然地理，注重"山水凑集"的优势及便利性。朱熹
有关"冀都风水"的论述，更是形成了一种摆脱阴宅风水，转向天地自然的
"大风水"观。[②]

---

① 朱熹：《山陵议状》，载曾枣庄、刘琳主编《全宋文》第243册，上海辞书出版社，2006，第122页。

② 关于这一问题，我国台湾学者汉宝德已有简略论述，他说：朱子一派的理学家，有穷理致知的观念，对于外在的自然现象是很有兴趣的。自观察自然以求理之所安，在风水上，就会追随《葬书》，走上山川形象的路子，自山脉水流中找理气。这就是后世所称"峦头"派。在《朱子语录》中有一段谈到"冀都"的，"冀都是正天地中间，好个风水。山脉从云中发来，云中正高脊处。自脊以西之水，则西流入于龙门西河，自脊以东之水，则东流入于海。前面一条黄河环绕。右畔是华山耸立，为虎。自华来至中，为嵩山，是为前案。遂过去为泰山，耸于左，是为龙。淮南诸山是第二重案，江南诸山及五岭，又为第三四重案"。朱子的这段话有几层含意。他用《葬书》的观念解释全国的自然地理，打破了《葬书》以葬为主的限制，使"峦头"正式成为一种环境观念，不一定拘泥于祸福；同时，朱子的话说明传至今天的风水的自然环境架构，在宋代确实被广泛流传。汉宝德进一步认为：到宋代，风水积近千年的历史，已经非常复杂了。有《葬书》的山水论，有天文家的星象论，有八卦五行之说，有三元、九宫之理，有古典的五音地理。而这些论调又均因人而异，即使是绝顶聪明的风水家，也无法把一切理论都归纳起来，使无所遗漏，又不相抵触。而术家的聚讼纷纭，莫衷一是，可以想象其混乱之情形。正是这种混乱状况，使得类似于朱熹的这些"相信风水的读书人一直在反抗这一大混乱的情势，那就是走《葬书》的路线，以山川形势为主体。（参见汉宝德：《风水与环境》，天津古籍出版社，2004，第31页。）

二、南宋关于择都的其他论述：与朱熹比较

仁者见仁，智者见智。南宋时期的鸿儒巨擘对于择都也都有自己的见地。大部分人认为，择都时，山水形胜固然重要，但关键还是要看"气运"。

"气运"，又被称为"元运"或"气数"，是宇宙周期的别称。宇宙运转不息，万物随宇宙消长，气运就是宇宙星辰运行的周期规律及大地运行的规则。气运影响风水，因此，堪舆界研究地运变迁，莫不是先了解"气运"。南唐何溥在《灵城精义》中道："宇宙有大关合，运气为主；山川有真性情，气势为先。"以下为南宋文人墨客讨论择都时涉及"气运"的材料。

材料一是陈亮的《钱唐·力请孝宗移都建邺》[①]：

> 龙川陈氏亮，字同甫，天下士也。尝圜视钱唐，喟然而叹曰："城可灌尔。"盖以城中地势下于西湖也。亮奏书孝宗，谓："吴蜀，天地之偏气也；钱唐，又吴之一隅也。一隅之地，本不足以容万乘，镇压且五十年，山川之气，发泄而无余。故谷粟、桑麻、丝枲之利，岁耗于一岁，禽兽、鱼鳖、草木之生，日微于一日，而上下不以为异。"力请孝宗移都建邺，且建行宫于武昌，以用荆襄，以制中原。上题其议，使宰臣王淮召至都省问下手处。陈与考亭先生游，王素不喜考亭，故并陈而嫉之。陈至都省，不肯尽言，度纵言亦未必尽复于上。翌日，上问以亮所欲言者，王对上曰："秀才说话耳。"上方鄙远俗儒，遂不复召见。时两学犹用秦桧禁，不许上书言事。陈尝游太学，故特弃去，用乡举名伏丽正门下。王又短之，以为欺君。故迁都之议，为世迁笑。至于今日，亮得以迁笑议己者于地下矣。

陈亮在《钱唐·力请孝宗移都建邺》中，历陈奏请移都的缘由：镇压且五十年，山川之气，发泄而无余。陈亮认为，钱塘气尽，一隅之地，不足以

---

① 叶绍翁：《四朝闻见录》乙集，中华书局，1989，第47页。

容万乘。

陈亮论择都的材料还有《上孝宗皇帝第一书》[1]，以下为节选：

> 臣窃惟：中国，天地之正气也，天命之所钟也，人心之所会也，衣冠礼乐之所萃也，百代帝王之所以相承也，岂天地之外夷狄邪气之所可奸哉！不幸而能奸之，至于挈中国衣冠礼乐而寓之偏方，虽天命人心犹有所系，然岂以是为可久安而无事也。

> 使其君臣上下苟一朝之安而息心于一隅，凡其志虑之所经营，一切置中国于度外，如元气偏注一肢，其他肢体往往萎枯而不自觉矣，则其所谓一肢者，又何恃而能久存哉？……

> 夫吴、蜀天地之偏气也；钱塘又吴之一隅也。当唐之衰，而钱镠以闾巷之雄起王其地，自以不能独立，常朝事中国以为重。及我宋受命，俯以其家入京师而自献其土。故钱塘终始五代被兵最少，而二百年之间，人物日以繁盛，遂甲于东南。及建炎、绍兴之间，为六飞所驻之地。当时论者固已疑其不足以张形势而事恢复矣。秦桧又从而备百司庶府以讲礼乐于其中，其风俗固已华靡；士大夫又从而治园圃台榭以乐其生于干戈之余，上下宴安，而钱塘为乐国矣。一隙之地本不足以容万乘，而镇压且五十年，山川之气盖亦发泄而无余矣。

在《上孝宗皇帝第一书》全文中，陈亮共提到"发泄"二字14次，例如下列材料：

> 天地之正气，郁遏于腥膻而久不得骋，必将有所发泄，而天命人心固非偏方之所可久系也。

---

[1] 陈亮：《上孝宗皇帝第一书》，载曾枣庄、刘琳主编《全宋文》第279册，上海辞书出版社，2006，第105-110页。

百年之间，其事既已如此，而天地之正气，固将有所发泄矣。

国之耻不得雪，臣子之愤不得伸，天地之正气不得而发泄也。

岂以堂堂中国，而五十年之间无一豪杰之能自奋哉！其势必有时而发泄矣。苟国家不能起而承之，必将有承之者矣。

黄池之会，孔子之所甚痛也。天地之气发泄于蛮夷之小邦，可以明中国之无人矣。

一隙之地本不足以容万乘，而镇压且五十年，山川之气盖亦发泄而无余矣。

及其气发泄无余，而隋唐以来遂为偏方下州；五代之际，高氏独常臣事诸国。

其地虽要为偏方，然未有偏方之气五六百年而不发泄者。

今诚能开垦其地，洗濯其人，以发泄其气而用之，使足以接关洛之气，则可以争衡于中国矣。

同时，陈亮在《上孝宗皇帝第一书》中提到"偏气"二字4处：

使其君臣上下苟一朝之安而息心于一隅，凡其志虑之所经营，一切置中国于度外，如元气偏注一肢，其他肢体往往萎枯而不自觉矣，则其所谓一肢者，又何恃而能久存哉？

陛下试幸令臣毕陈于前，则今日大有为之略必知所处矣。夫吴、蜀天地之偏气也；钱塘又吴之一隅也。

及其气发泄无余，而隋唐以来遂为偏方下州。

其地虽要为偏方，然未有偏方之气五六百年而不发泄者。况其东通吴会，西连巴蜀，南极湖湘，北控关洛，左右伸缩，皆足为进取之机。

陈亮认为，天地正气是天命所在，而君臣苟安一隅，如元气偏注。他多次强调，一隙之地，正气发泄，元气偏注，不足以容万乘。陈亮的择都观念极度重视"地气"。

关于"地气",朱熹在《山陵议状》中也有论述:"至于穿凿已多之处,地气已泄,虽有吉地,亦无全力。而祖茔之侧,数兴土功,以致惊动,亦能挺灾。此虽术家之说,然亦不为无理。以此而论,则今日明诏之所询者,其得失大概已可见矣"①,"脱使其言别有曲折,然一坂之地,其广几何?而昭慈圣献皇后已用之矣,徽宗一帝二后又用之矣,高宗一帝一后又用之矣,计其地气已发泄而无余"②。不过,朱熹在谈到"地气"时,是强调坟墓的卜地,这适用于朱熹的阴宅风水观念,而非阳宅风水观。朱熹的都城风水观,注重的是"山水凑集"。

材料二是陆游的《书渭桥事》③:

中大夫贾若思,宣和中知京兆栎阳县,夏夜,以事行三十里,至渭桥,夜漏欲尽,忽见二三百人驰道上,衣帻鲜华,最后车骑旌旄,传呼甚盛。若思遽下马,避于道傍民家,且使从吏询之,则曰:"使者来按视都城基,汉唐故城,王气已尽,当求生地。此十里内已得之,而水泉不壮,今又舍之矣。"语毕,驰去如飞。时方承平,若思大骇。明日还县,亟使人访诸府,则初无是事也。若思,河朔人,自栎阳从蔡靖辟为燕山安抚司管勾机宜文字。靖康中,自燕遁归,入尚书省,为司封郎而卒。陆某曰:河渭之间,奥区沃野,周、秦、汉、唐之遗迹隐辚故在。自唐昭宗东迁,废不都者三百年矣。山川之气,郁而不发,艺祖、高宗,皆尝慨然有意焉,而群臣莫克奉承。予得此事于若思之孙逸祖。岂关中将复为帝宅乎?虏暴中原,积六七十年,腥闻于天。王师一出,中原豪杰必将响应,决

① 朱熹:《山陵议状》,载曾枣庄、刘琳主编《全宋文》第243册,上海辞书出版社,2006,第119页。
② 同上书,第121页。
③ 陆游:《书渭桥事》,载曾枣庄、刘琳主编《全宋文》第223册,上海辞书出版社,2006,第148页。

策入关，定万世之业，兹其时矣。予老病垂死，惧不获见，故私识
若思事以示同志，安知士无脱挽辂以进说者乎？

此文中记载，宣和夏，中大夫贾若思遇到使者按视都城基。使者曰：
汉唐故城，王气已尽，当求生地。此十里内已得之，而水泉不壮，今又舍之
矣。陆游认为，自唐昭宗东迁，废不都城三百余年，山川之气，郁而不发。王
师可北定中原，复关中为帝都。不难看出，陆游也赞同择都要注重"地气""王
气"。

通过与陈亮、陆游的择都观念比较，我们可以清晰地看到，朱熹都城
卜居的观念，远远超越了同时代知识精英单纯以风水好坏决定吉凶祸福的认
知，也超越了择都看"气运"的认识。山水交汇处的山水形胜、进可攻退可
守的地理环境、便利的生活条件即其都城风水观的出发点。

关于都城选择的论述，朱熹尽管使用了"正天地中间，好个风水""诸水
凑集"等明显的风水概念和术语，但就其论述内容来看，他关注的重心还是
在都城的自然形胜、实际功用和人文积累方面，这与近代都城理论也有相合
之处。相对来说，也更为科学和理性。

而陈亮、陆游等是从"王气""地气"的角度加以论述的。王气、地气是
汉唐以来文人与术士经常使用的、相对陈旧的概念，所包含的内容逻辑也以
虚玄神秘的成分居多。同时，"王气""地气"包含着风水术中的一个核心概
念，即吉凶祸福、命运起伏。依据陈亮、陆游有关王气论、地气论的逻辑，
当某一地方地气、王气被过度使用后，如果选作都城就会造成国运的衰败，
这种吉凶祸福观念与阴宅风水中的"葬先荫后"在文化逻辑上是一致的。

朱熹虽然使用了风水的概念论述都城风水，其观念却并不包含吉凶祸福、
命运起伏的文化逻辑，这是他与陆游、陈亮在择都问题上的一个根本的差别，
当然也是朱熹的高明和先进之处。如果说朱熹在阴宅风水中偶尔还会有吉凶祸
福之类的"风水信仰"的话，那么，在其阳宅风水观念中，这种"风水信仰"
是不存在的。

三、朱熹的城居风水观

阳宅风水包含范围广泛，上至都城，下至县邑，微至居所。朱熹关于家国卜居的风水观还包括对城邑、村落风水的论述：

> 或问："天下之山西北最高？"曰："然。自关中一支生下函谷，以至嵩山，东尽泰山，此是一支。又自嶓冢汉水之北生下一支，至扬州而尽。江南诸山则又自岷山分一支，以尽乎两浙闽广。"僩。
>
> 江西山皆自五岭赣上来，自南而北，故皆逆。闽中却是自北而南，故皆顺。扬。
>
> 闽中之山多自北来，水皆东南流。江浙之山多自南来，水多北流，故江浙冬寒夏热。僩。
>
> 仙霞岭在信州分水之右，其脊脉发去为临安，又发去为建康。义刚。
>
> 江西山水秀拔，生出人来便要硬做。升卿。
>
> 荆襄山川平旷，得天地之中，有中原气象，为东南交会处，耆旧人物多，最好卜居。但有变，则正是兵交之冲，又恐无噍类！义刚。①

王玉德先生在《堪舆术研究》中指出：风水思想要求大城镇必须建立在"脉远""气大""水弯""穴阔"之地。《阳宅集成》卷一云："凡京都府县，其基阔大，其基既阔，宜以河水辨之，河水之弯曲乃龙气之聚会也。若隐隐与河水之明堂朝水秀峰相对者，大吉之宅也。"古人认为，龙气大则结都会，龙气小则安县邑。干龙为城镇，支龙为村舍。从以上材料可以看出，朱熹的论述与阳宅风水的原则是一致的。当然，朱熹的观点更偏重于自然因素，力图从地理环境、山水形胜角度出发，对城镇及村落的风水卜居、风水形胜进行评判。这与朱熹论都城卜居有一致性，即强调山水凑集。

---

① 黎靖德编《朱子语类》卷一，中华书局，1986，第30页。

　　福建同安有朱熹"筑堤以补龙脉"一说。同安是朱熹最初任职之地，后来又多次访于此，时间前后有四五年之久。[1]据民国《同安县志》卷八《岩潭》记载："文公堤距城北里许，有大石倚山麓，刻'应城山'三字。明刘存德题其旁云：'朱子为同簿，筑堤以补龙脉。'"清朝乾隆时期的《泉州府志》卷八《山川》曰：

　　　　应城山在县城北里许，上有普慈院，旧传院中钟声与城钟相
　　应，故名，今废。旁有堤，朱子所筑。上有大石刻"应城山"三
　　字。朱子为簿时，筑堤以补龙脉。嘉靖间，李春芳刻石，刘存德
　　书。又刻"钟英毓秀"四字。庙旁一石，字漫漶莫辨。

　　此外，清朝嘉庆时的《同安县志》卷二六《金石》也有"朱子筑堤，山上刻'应城山'三字"的记载。高令印在《朱熹事迹考》中说，由于石刻已不存在，"应城山"三字是否为朱熹真迹，不敢臆断。[2]不过，方志的记载应该是真实的，文公堤尚存有废址，亦有传说。

　　事实上，同安与南安交界的小盈岭是同安通往泉州的古道驿站。此地地势偏低，东北风由此刮入，当地有"沙溪七里口，无风沙自走"的谚语流传。南宋高宗绍兴二十三年（1153），朱熹为主簿勘察此地，见状，于是在小盈岭建造了一座石坊"以补岭缺"，亲笔题名为"同民安坊"，希望"安斯民于无既"。同时，朱熹还在坊后栽种三棵榕树抵御风沙。此地结束了"种地瓜不伸藤，种花生不饱仁，种水稻少收成"的贫穷状况。

　　地理风水讲求的就是自然和谐、藏风聚气。如果一地有个大缺口，造成自然失衡，就会出现"无风沙自走"的自然灾害。面对这种自然失衡的状况，朱熹在同安"补龙脉"这一举措，是否出自风水学说已无从考据，但其筑堤既起到了防洪消灾惠民作用，又使得城与江之于周边山峦呈现出一幅生

―――――――
[1] 高令印：《朱熹事迹考》，上海人民出版社，1987，第179页。
[2] 同上书，第179-180页。

动和谐的自然山水画。正如杨文衡先生在《中国科学技术史·地学卷》中提到的，风水常把土高水深、郁草茂林的生态环境看作理想的风水环境，因此人们一面寻找林木茂盛的理想环境，一面通过广植林木或保护林木来获得良好的风水，使自己的居址成为山清水秀、风景宜人的理想环境。①

李约瑟也在其著作《中国科学技术史》中说，"位置的选择固然有着头等重要性，但不好的地势也不是不可弥补的，因为可以开掘沟渠和地道或采取其他措施来改变'风水'的形势"②。对于缺乏协调的先天风水，朱熹采用"后天"人工补之的方法，使之自然和谐，达到"天人合一"。

朱熹的城邑风水观念，讲究的是自然和谐，天人合一。比较典型的、恰能体现朱熹的城邑风水观念的材料是以下这条，即朱熹《答孙敬甫》③：

> 阴阳家说，前辈所言固为正论。然恐幽明之故有所未尽，故不敢从。然今亦不须深考其书，但道路所经，耳目所接，有数里无人烟处，有欲住者亦住不得。其成聚落、有宅舍处，便须山水环合，略成气象。然则欲掩藏其父祖，安处其子孙者，亦岂可都不拣择，以为久远安宁之虑，而率意为之乎？但不当极意过求，必为富贵利达之计耳。此等事自有酌中恰好处，便是正理。世俗固为不及，而必为高论者，似亦过之也。

从以上材料可以看出，朱熹认为风水学说不能尽信，城镇的择址还是以山水环抱为首要选择，山水便于民生，体现的是择居的功能性。盲目追求风水，力争尽善尽美不如"中恰好处"。

通过分析朱熹谈论都城与城镇选址的材料，不难看出，朱熹的阳宅卜居观念是以风水大格局为要，讲究山水凑集，强调生气聚合，便于居住和生

---

① 杨文衡：《中国科学技术史》地学卷，科学出版社，2000，第428页。
② 李约瑟：《中国科学技术史》第二卷，科学出版社，1990，第385-386页。
③ 朱熹：《答孙敬甫》，载曾枣庄、刘琳主编《全宋文》第249册，上海辞书出版社，2006，第196页。

产。而整个城市或者城镇在地势上最好呈现合围封闭之态，以便于防御。正如罗大经在《鹤林玉露》中所说："余行天下，凡通都会府，山水固皆翕聚。至于百家之邑，十室之市，亦必倚山带溪，气象回合。"①

四、南宋城邑风水观的其他论述：与朱熹比较

清代学者金锷在《求古录·礼说·邑考》中说："邑者，民之所聚也……邑为民居所聚，民居有多少，故邑有大小。"我们知道，虽然城邑在规模上一般不能与都城相比，其空间结构与布局也不如都城完整，但城邑是后来众多中小城市兴起的基础。②南宋时期，由于人口从北向南迁移、商业快速发展，出现了诸多人口集聚的大型城邑。这些城邑的风水问题也出现在包括朱熹在内的许多知识精英的讨论话题中。

1. 会稽

会稽即绍兴，是南宋除首都临安（今杭州）之外，与金陵（今南京）齐名的大城市，居民超过万户。会稽以绍兴会稽山得名。相传夏禹时就有会稽山之名，会稽即会计之意。《史记》记载了汉代流行的说法："或言禹会诸侯江南，计功而崩，因葬焉，命曰会稽。会稽者，会计也。"③《越绝书》卷八记载："禹始也，忧民救水，到大越，上茅山，大会计，爵有德，封有功，更名茅山曰会稽。"④会稽人王充在《论衡》书虚篇中引吴君高之语："会稽本山名。夏禹巡狩，会计于此山，因以名郡，故曰会稽。"南宋皇陵地址位于会稽镇，朱熹上奏《山陵议状》要求改卜他处，如严州、富阳等"山川形胜、宽平邃密"的吉地，但疏入不报，宋孝宗最终还是被安葬在会稽。

会稽自古就是一个好地方，对会稽山水人文的赞誉有颇多记载：王十朋在其所撰《会稽三赋》中描写道："鳞鳞万户，龙吐戒珠，龟伏东武，三峰鼎峙，列嶂屏布，草木茏葱，烟霏雾吐，栋宇峥嵘，舟车旁午，壮百雉之巍

---

① 罗大经：《鹤林玉露》丙编卷之六，王瑞来点校，中华书局，1983，第588页。
② 陈国灿：《南宋城镇史》，载王国平主编《南宋史研究丛书》，人民出版社，2009，第33页。
③ 章玉安：《绍兴文化杂识》，中华书局，2003，第10页。
④ 同上书，第5页。

垣，镇六州而开府。"陆游在其嘉泰年间所撰《会稽志序》中则谓："今天下巨镇，惟金陵与会稽耳，荆、扬、梁、益、潭、广皆莫敢望也。"[1]南宋文人为会稽之地写下许多诗篇，或记载于书信中。以下通过两条关于会稽的材料，讨论南宋文人对城邑风水的看法。

材料一为陆游的《会稽志序》[2]：

> 昔在夏禹，会诸侯于会稽。历三千岁，而我高宗皇帝御龙舟，横涛江，应天顺动，复禹之迹。驻跸弥年，定中兴之业，群盗削平，强虏退遁。于是用唐幸梁州故事，升州为府，冠以纪元。大驾既西幸，而府遂为股肱近藩，称东诸侯之首。地望盖视长安之陕、洛，汴都之陈、许，所命牧守，皆领浙东安抚使。其自丞相执政来，与去而拜丞相执政者，不可遽数。而又昭慈圣烈皇后及永祐以来四陵攒殿，相望于郁葱佳气中。朝谒之使，舻衔毂击。

> 中原未清，今天下巨镇，惟金陵与会稽耳，荆、扬、梁、益、潭、广皆莫敢望也。则山川图牒，宜其广载备书，顾未暇及者，绵数十年。大卿沈公作宾、待制赵公不迹继为守，皆慨然以为己任。乃与通判军事施君宿、安抚司干办公事李君兼、韩君茂卿及郡士冯景中、邵持正、陆子虞、王度、朱鼎等，上参《禹贡》，下考太史公及历代史、金匮石室之藏，旁及《尔雅》、《本草》、道释之书，稗官野史所传，神林鬼区幽怪恍惚之说，秦汉晋唐以降金石刻，歌诗赋咏，残章断简，靡有遗者。若父老以口相传，不见于文字者，亦间见层出，积劳累月乃成。是虽本之图经，图经出于先朝，非藩郡所可附益，乃用长安、河南、成都、相台之比，名《会稽志》。

---

① 章玉安：《会稽鸟田之说》，载章玉安《绍兴文化杂识》，中华书局，2003，第15页。

② 陆游：《会稽志序》，载曾枣庄、刘琳主编《全宋文》第222册，上海辞书出版社，2006，第343—344页。

会稽为郡，虽迁徙靡常，而郡本以山得名，又禹所巡也，故卒以名之，而属某为之序。嘉泰元年二月庚子，中大夫、直华文阁致仕陆某谨序。

嘉泰元年（1201）二月，陆游在此篇序中认为，天下巨镇，唯金陵与会稽，会稽"又昭慈圣烈皇后及永祐以来四陵攒殿，相望于郁葱佳气中"。在陆游看来，会稽前有圣人禹，后有当朝王室葬于此，乃是风水宝地。在此篇序中，陆游的城镇风水观念显露得不是很明显。我们将借助陆游的另一篇文章《会稽县新建华严院记》①来解读其城镇风水观念：

会稽五云乡有山曰黄琢。山之麓，原野旷，水泉冽，冈峦抱负，岩嶂森立，而地莫不治者，不知几何年。或谓古尝立精舍，以待天衣云门游僧之至者，有石刻具其事。其后寺废石亡，独龟趺犹在，父老类能言之。

庆元三年，有信士马君正卿闻而太息，乃与其弟菘卿，以事亲收族之余赀，买地筑屋，择僧守之。凡僧若士民之道出于此者，皆得就憩。犹以为未广也，则为堂殿门庑，仓廥庖湢，凡僧居之宜有者悉备，而殖产使足以赡足其徒。犹惧其不能久也，告于府牧丞相葛公，以华严院额徙置焉，可谓尽矣，而其意犹未已也，曰："年运而往，或者欺有司而寓其孥，则院废矣。家世隆替不可常，万分一有子孙以贫故，规院之产，侵院之事，则僧散矣。"于是因其同学于佛者朝奉郎致仕曾君迅叔迟，来请予文刻之石，庶来者知此院经理之艰勤，则不忍寓其孥，子孙知乃祖乃父志愿之坚确，则不忍规其产，侵其事。设若有之，而至于有司，则贤守善令必有以处此。虽至于数百千岁，此院犹不废也。

---

① 陆游：《会稽县新建华严院记》，载曾枣庄、刘琳主编《全宋文》第223册，上海辞书出版社，2006，第117–118页。

予报之曰：僧居之废兴，儒者或谓非吾所当与。是不然。韩退之著书，至欲火其书，庐其居，杜牧之记南亭，盛赞会昌之毁寺，可谓勇矣。然二公者卒亦不能守其说。彼"浮图突兀三百尺"，退之固喜其成；而老僧挐衲无归，寺竹残伐，牧之亦赋而悲之。彼二公非欲纳交于释氏也，顾乐成而恶废，亦人之常心耳。则君之志，叔迟之请，与予之记之也，皆可以无愧矣。庆元五年八月甲子，中大夫致仕、山阴县开国男、食邑三百户陆某撰并书丹。

陆游说，会稽五云乡有山叫作黄琢。山清水秀、原野空旷、冈峦抱负，这与风水学中负阴背阳、背山面水、左辅右弼、草丰林茂的风水格局有极大的相似之处。然而，陆游在此盛赞的是会稽的山川之美。在他的城镇风水观念中，同朱熹一样，注重的是山川审美。

材料二为周必大的《永思陵掩攒慰皇帝表》[1]：

稽阴地胜，陵邑天成。丘绕四蛇，居切帝鸿之畏；势如万马，允符郭璞之占。大事克襄，渊衷永慕。

在周必大看来，会稽山山川秀美，其风水格局"稽阴地胜，陵邑天成。丘绕四蛇，居切帝鸿之畏；势如万马，允符郭璞之占"。也就是说，会稽山的风水格局十分符合郭璞《葬书》中所说的卜葬最佳地形。作为大儒巨擘，周必大在给皇帝的上书中直言会稽风水之好，可见其评判一个城镇的风水观念源于对传统风水术的崇奉。与朱熹相比，在城镇风水观念上，两人是大不相同的。朱熹推崇的是风水原则，即山川审美、天人合一的环境就是好的城镇选址；周必大则是以风水信仰为评判一个城镇风水好坏的标准。

---

① 周必大：《永思陵掩攒慰皇帝表》，载曾枣庄、刘琳主编《全宋文》第227册，上海辞书出版社，2006，第349页。

2. 吴城

南宋谈论吴城（即苏州）风水的文章主要有胡舜申的《吴门忠告》[①]。胡舜申（1091—？），徽州绩溪（今安徽绩溪）人，官至朝散大夫、舒州通判。他在文中写道：

> 吴城以乾亥山为主，阳山是也。山在城西北，屹然独高，为众山祖，杰立三十里之外。其余冈阜累累，如群马南驰，皆其支陇。城居陇前，平夷如掌，所谓势来形止，全气之地也。如只自城中观之，则城中之地亦惟西北最高，是乾亥无疑。乾为天，亥则紫微帝座所次，是谓贵龙。此城既主是山，法当用金局，乾亥于大五行属金故也。

> 山如此，水则当与山相应。此邦水势，自东南贪狼，西南及正西武曲，以至西北巨门等位来，其来皆聚于太湖。由正北廉贞，及正东、东北禄存而去，以入于江而归之海，其来去无一不合金局之法。故自古常为大郡国，今为行都藩辅。而吴中人物繁伙，冠盖峥嵘，所以常甲于东南。今观水之流派，常自阊、盘二门入，即西南、西北水也。由葑、娄、齐三门出，即正东、正北、东北水也。其于来去之法固合，然所以导迎善祥气者尚有缺然。盖胥塘自正西帝旺来，是谓武曲之水，本由胥门入；运河自吴江东南长生来，是谓贪狼之水，本由蛇门入。顷岁乃塞胥、蛇二门，而生旺之水遂不得朝向城中，此其为害。

> 明阴阳风水者，常叹息于斯。胥塘之水尚由阊、盘二门委曲而入城东南，长生之水乃环城而东，径由葑门之外以出于城中，了不相关，此尤可叹息。故自顷以来，城市萧条，人物衰歇，富室无几，且无三世能保其居安，士宦达者比承平时浸少。至建炎之祸，

---

① 胡舜申：《吴门忠告》，载曾枣庄、刘琳主编《全宋文》第182册，上海辞书出版社，2006，第301-303页。

一切扫灭，至举城无区宅能存，数百千年未之有也。

按地理法，生、旺二水利害最切，犹人身血气荣卫，今塞绝之，能安强乎？明知者愿图回其事，复开二门，导水入城，以幸此邦可也。胥门适当姑苏新馆，势不可动。又武曲但主财富而已。蛇门之水为贪狼，主文笔官职之事，于理为重。复门之便，政和修城于诸，故门虽已塞，然皆刻石于右以识，今石刻具存。但袭府图之误，以蛇门为赤门尔。蛇门在城之巳方，故以蛇名赤门，以在城正南至阳之地，其义可考。况蛇门直南正对吴江运河，今舟船自南来，非东入葑门，即西入盘门，皆迂远十数里，于水行非便。昔吴王阖闾始作城，伍子胥实规画之，立水陆门各八。其后诸门开闭不常。吴时欲以绝越，遂不开东南门，即蛇门也，不知塞绝生气，故终为越所灭，兹亦明效大验。至吴、晋、李唐时，诸门未尝不开，故左太冲赋吴都有"通门二八，水道陆衢"之语，刘梦得诗亦曰"二八城门开道路"，故晋唐时吴下最为雄盛。今所启门者五，余皆闭塞，而甚不可塞者惟蛇门。究所以闭塞，图经之说为其多途，艰于守卫几禁。噫，抑末矣。今清跸暂驻钱塘，吴尤当开东南之门，以申朝拱之义焉。吴城门不常启闭旧矣，昔年盖尝于八门之外，又开赤、平二门，而葑门陆衢盖尝塞矣。范文正公守郡，始命辟之，往来至今为便。诚能远迹晋、唐，近效文正，复辟蛇门，东南虚秀之气，疏导迅发，儒道亨利，文物之盛，非复今日吴下矣。

胡舜申是宋代著名的风水术士，此文全篇都是说风水形法、理法，其中讲地势、讲山水环绕、讲地气，其风水观念虽然与朱熹等一般士大夫不同，但反映出的思想是对儒学的尊崇，合"风水"与"儒道"为一体的倾向则十分明显。这说明南宋时期，既存在着朱熹等人的风水理学化，也存在着风水术士的风水儒学化，二者殊途同归，这是我们在讨论相关问题时应十分注意的一个方面。

3. 桂城

除上文提到的巨镇会稽、吴城外，张栻在《尧山漓江二坛记》①一文中探讨了桂城（即今桂林）的风水。他在记文中曰：

古者诸侯各得祭其境内之山川。山川之所以为神灵者，以其气之所蒸，能出云雨，润泽群物，是故为之坛壝，立之祝史，设之牲币，所以致吾祷祀之实，而交孚乎隐显之际，诚之不可掩也如此。后世固亦有山川之祠，而人其形，宇其地，则其失也久矣。夫山峙而川流，是其形也，而人之也何居？其气之流通，可以相接也，而宇之也何居？无其理而强为之，虽百拜而祈，备物以飨，其有时而应也，亦偶然而已耳。

淳熙二年之春，某来守桂，按其图籍，览观其山川，所谓尧山者，蟠据于东，气象杰出。环城之山，大抵皆石，而兹山独以壤，天将雨则云气先冒其颠。山之麓故有唐帝庙，山因以得名。而漓江逶迤，自城之北转而东以达于南，清洁可鉴，其源发于兴安，与湘江同本而异派，故谓之漓。而以水媲之，凡境内之水皆汇焉。以是知尧山、漓江为吾土之望，其余莫能班也。岁七月弥旬不雨，禾且告病。先一日斋戒，以夜漏未尽望奠于城观之上。曾未旋踵，雷电交集，一雨三日，均浃四境，邦人欢呼，稔以大稔。伏自念山川为吾土之望，而坛壝未立，祷祀无所，其何以率吾民严昭事之意？用惕然不敢宁，乃俾临桂县尉范子文度高明爽垲之地，得于城之北叠彩岩之后，隐然下临漓江，而江之外正与尧山相直，面势回环，表里呈露。对筑二坛，以奉祀事，为屋三楹于坛之下，以备风雨，其外则绕以崇垣。逾时而告成，乃十有二月丁酉，率僚吏躬祭其上，以祈嗣岁。事毕裴徊，喟然叹息，退而述所以为坛之意，以告邦

① 张栻：《尧山漓江二坛记》，载曾枣庄、刘琳主编《全宋文》第255册，上海辞书出版社，2006，第372页。

之人与来为政者，使知事神之义在此而不在彼，庶有以致其祷祀之实，且得以传之于无穷云。

张栻守桂，"览观其山川，所谓尧山者，蟠据于东，气象杰出。环城之山，大抵皆石，而兹山独以壤，天将雨则云气先冒其颠。山之麓故有唐帝庙，山因以得名。而漓江逶迤，自城之北转而东以达于南，清洁可鉴，其源发于兴安，与湘江同本而异派，故谓之漓。而以水媲之，凡境内之水皆汇焉"。桂城之山，与其他地方环城的石山不同，东侧尧山在天将要下雨的时候会有云气漫过山顶。尧山山麓有唐帝庙。漓江自城北转向东方，并直抵城南，水质清洁，境内之水都汇聚在此江。张栻展示给读者的是一幅山清水秀、云气缭绕的风景画。文中"高明爽垲之地""面势回环"等用语，与前文分析过的风水术语相似。不过，纵观全文，张栻只是写实地描绘了桂城的风景和地势，虽有风水术中的术语，但难以证明张栻的城镇风水观等同于传统的迷信的风水观。张栻为朱熹的好友，在城镇风水观念上，他们也有相同之处。

孔子在《论语·雍也》中说："智者乐水，仁者乐山。智者动，仁者静。智者乐，仁者寿。"山清水秀的城邑环境，为儒家知识群体所关注，是很普通的现象；而在关注中大量使用风水的概念和理念，则是由宋代开其端绪的，上述朱熹、张栻、陆游等在这方面的讨论都值得关注。而风水术士（如胡舜申）的风水儒学化，更是值得关注的现象。

第二节　家国卜居之二：住宅

宋朝流行的相宅书《宅经》说："上之军国，次及州郡县邑，下之村坊署栅，乃至山居，但人所处皆其例焉。"其中，住宅居所是人类生存不可或缺的安身立命之所。《阳宅十书》认为宅基的所在地址直接关系到主人的祸福吉凶。住宅卜居的做法盛行于南宋。

纵观朱熹一生，寄居五夫里潭溪数十年，后为母守墓别居西山、云谷，期间为讲学别居武夷精舍，最后定居在建阳考亭。在他辗转居住的几个地方里，西山、云谷、武夷、考亭都是朱熹亲力亲为所卜居的住所。

一、卜居西山

朱熹曾在福建建阳的西山居住。西山在建阳县崇泰里，与云谷对峙，去县六十里而遥。四面壁立，山顶平旷。朱熹卜居西山是在41岁左右，即1170年前后。朱熹对卜居西山有诗文记载。

卜居

卜居屏山下，俯仰三十秋。终然村墟近，未惬心期幽。
近闻西山西，深谷开平畴。茆茨十数家，清川可行舟。
风俗颇淳朴，旷土非难求。誓捐三径资，往遂一壑谋。
伐木南山颠，结庐北山头。耕田东溪岸，濯足西溪流。
朋来即共欢，客去成孤游。静有山水乐，而无身世忧。
著书俟来哲，补过希前修。兹焉毕暮景，何必营菟裘。①

我们先看"卜居"二字，"卜居"是《楚辞》中的一篇作品名称，意思是占卜自己该如何处事。古人自古有问卜相地的意识，根据李约瑟的研究，这就是阳宅风水的开端。②朱熹选用"卜居"二字作为一首诗的题目，已经很明显地表达出其倾向于堪舆风水以"相地卜居"的观念。

---

① 根据束景南先生考证，此诗在《嘉靖建阳县志》卷三"西山"条下题作《西山卜居诗》。诗中称"西山西"，崇泰里寒泉坞正在西山之西，云谷则在西山之东，故其指寒泉精舍而非指云谷晦庵甚明。且云谷非卜居之地，至淳熙二年（1175）始有灭景此山之意（见《云谷记》），与此诗不合。自朱熹卜居屏山至乾道六年（1170）建寒泉精舍为二十七年，"三十秋"盖虚数。（参见束景南：《朱子大传》，商务印书馆，2003，第884页。）

② 李约瑟：《中国科学技术史》第二卷，科学出版社，1990，第389页。

诗中除"卜居"二字外，没有过多引用风水理论及术语，似乎也看不出明显的风水堪舆元素，但阳宅选址的纲要则尽括其中："深谷开平畴"，即阳宅选地要地势平坦；"清川可行舟"，意指阳宅周围的水要清幽并且要有交通水运的功能；"旷土非难求"，是说明堂要宽阔光明；"结庐北山头"，是指造宅于高处，一是可得地气，二是可免水患；"而无身世忧"，则是宅吉人丁少忧患的卜居追求。其中，"山水之清幽""土地之空旷""造庐之趋高"的择地标准恰是堪舆家的卜地原则：山水交合之处方得气。

除诗中暗含的风水堪舆思想外，这首诗关注更多的是民风的淳朴和生活的便利。[①]而"生活的便利"正是风水最初产生的阳宅卜居的根源。"茆茨十数家，清川可行舟""耕田东溪岸，濯足西溪流""朋来即共欢，客去成孤游"等句都是民风淳朴的山居生活的真实写照，朱熹此处也丝毫未流露出因卜居带来的家族兴旺的说法。可见，朱熹的阳宅观念一直都崇尚的是生活便利、心旷神怡，强调山水秀美、环境科学，以及强调因物理之气而带给人精神之气的良好陶冶和影响。从这一点可见，朱熹对阳宅的关注和卜居与阴宅择葬的方向一致，其思想基调亦一致，并不完全是以家族的富贵为目的的。

[①] 事实上，生活的便利等始终是朱熹阳宅卜居所奉行的主要原则。如《与籍溪胡原仲先生》载："但闻其家欲居泰宁，似非良计。然伯修乐之，人不得而间也。熹初与元履诸人议，以为居建阳一则便于坟墓，二则便于讲学，三则便于生事，言之甚祥，未有见从之意。窃惟范丈平日教诲之谊，未敢默然，故敢复言于左右。"（朱熹：《与籍溪胡原仲先生》，载曾枣庄、刘琳主编《全宋文》第245册，上海辞书出版社，2006，第333页。）又如《与刘平父》载："前此某尝妄发卜居之议，未有定论。既而闻居泰宁之意甚决，且谓劝居建阳者皆挟党徇私，其说乖悖，不知谁主倡此说，真贼伯修昆仲者也。夫范丈素志不欲居泰宁，见于书札者非一。况启手足之际，又有道学失传之叹，不属意可知矣。今纩息未定而异议纷然，不顾义理之所安，妄言同异，虽其意谓范丈为不复有知，其如义理，有出于人心之所同然者，不可幽明而殊观也。胡丈之旨不约而同，幸持以示修崇，老仆之言今可思未？二公赙金尚在胡丈许，某不晓求胡事，诸公已属元履矣。当于建阳近墓买田，则建阳不忧食不足，断然可居无疑。况近三世之坟墓，而范丈之门人子弟布满左右，伯修兄弟动息必闻，小有过失，必有交谒而更谏之者，其于范氏门户久长之计，岂不优于入泰宁范丈所不欲居之地，去坟墓、背朋友而自肆其心乎？然则伯修兄弟今日之计不患于食之不足，而患乎身之不修，为前人羞辱而已。平父至彼，便宜论此。某月末至麻沙，或扶曳一至邵武不可知。然此议之责，今在平父。向者某已不复有意启口，偶因胡丈之言，复发其狂。"（朱熹：《与刘平父》，载曾枣庄、刘琳主编《全宋文》第250册，上海辞书出版社，2006，第27-28页。）

二、卜居云谷

孝宗乾道五年（1169）九月，朱熹的母亲祝氏去世。朱熹在《尚书吏部员外郎朱君孺人祝氏圹志》中写道：

> 先君卒，熹年才十有四。孺人辛勤抚教，俾知所向，不幸既长而愚，不适世用，贫病困蹇，人所不堪，而孺人处之怡然。乾道五年九月戊午卒，年七十。……越明年正月癸酉，葬于建宁府建阳县后山天湖之阳，东北距先君白水之兆百里而远。[①]

此地即是崇泰里，名曰寒泉坞。此山即是芦峰山，寒泉坞就在此山谷中，曰云谷。以下为史料中关于云谷山的两条材料：

> 云谷山在县西崇泰里，高甚。翠岚环绕，内宽外密，且多飞云出入其间。下有谷，水西南流，循涧北而下，路径陡绝。行里许，侥入荟蔚。折而东，石壁高广，皆百余丈。相传昔有王子思者弃官学道于此。朱子爱其幽胜，构草堂，匾曰晦庵。山之下有蔡西山、刘氏草堂。其东为赫曦台山，朱子所命名也。[②]

> 云谷山在西山之东芦峰之巅，翠峦环绕，内宽外密，地高气寒，上多飞云。登者缘崖攀葛，崎岖数里，始到其上。朱文公喜其幽邃，号曰云谷。……西山与云谷对峙，四面壁立，山顶平旷。蔡元定尝结庐于此，与朱熹讲道其中。[③]

两则材料中，都提到云谷山"翠岚环绕，内宽外密，且多飞云出入其

---

① 朱熹：《尚书吏部员外郎朱君孺人祝氏圹志》，载曾枣庄、刘琳主编《全宋文》第253册，上海辞书出版社，2006，第207页。

② 《建阳县志》卷二《山川》，民国十八年（1929）铅印本，第40页。

③ 《建阳县志》卷三《山川》，明嘉靖刻本，第17页。

间"，"下有谷，水西南流，循涧北而下，路径陡绝"，云谷风景秀丽，自然去雕饰，是一处绝佳风水宝地。

朱熹在此为母守墓数年，建寒泉精舍。他在著述及与亲朋好友的信件往来中，常常提到云谷山。与云谷相关的材料主要有以下几条。

第一条是朱熹向门下弟子描述云谷为"天下奇观"："某尝登云谷。晨起穿林薄中，并无露水沾衣。但见烟霞在下，茫然如大洋海，众山仅露峰尖，烟云环绕往来，山如移动，天下之奇观也。"[①]寥寥数语，朱熹将云谷风景描绘得跃然纸上，可见云谷风水景观甚得朱熹心意。

第二条是朱熹的《云谷合记事目效俳体戏作三诗寄季通》[②]：

> 云关须早筑，基趾要坚牢。栽竹行教密，穿池岸欲高。乘春移菡萏，带雪觅萧椮（自注：谓杉径也）。更向关门外，疏泉斩乱蒿。
>
> 堂成今六载，上雨复旁风。逐急添茆盖，连忙毕土功（自注：谓柱下贴砖）。桂林何日秀，兰径几时通？并筑双台子，东山接水筒。
>
> 庄舍宜先立，山楹却渐营。泉疏药圃润，堰起石池清。早印荒田契，仍标别户名。想应频检校，只恐欠方兄。

此诗是朱熹交代蔡元定营建居所所要注意的事项。在这三首诗里，虽然没有明显的风水术语和词汇，但是无一不是在向读者展示朱熹的风水观念，或者说营建居所的实用性信息，比如"云关须早筑，基趾要坚牢"，"栽竹行教密，穿池岸欲高"，"庄舍宜先立"。

第三条材料则是朱熹写就的《云谷记》[③]，在记文里，朱熹把云谷寒泉精

---

① 黎靖德编《朱子语类》卷一，中华书局，1986，第23页。
② 郭齐笺注《朱熹诗词编年笺注》，巴蜀书社，2000，第615页。
③ 朱熹：《云谷记》，载曾枣庄、刘琳主编《全宋文》第252册，上海辞书出版社，2006，第55-58页。

舍题曰"晦庵"。

云谷在建阳县西北七十里芦山之巅，处地最高，而群峰上蟠，中皋下踞，内宽外密，自为一区。虽当晴昼，白云坌入，则咫尺不可辨，眩忽变化，则又廓然莫知其所如往。乾道庚寅，予始得之，因作草堂其间，牓曰"晦庵"。谷中水西南流七里所，至安将院东，茂树交阴，涧中巨石相倚，水行其间，奔迫澎湃，声震山谷。自外来者至此，则已神观萧爽，觉与人境隔异，故牓之曰"南涧"，以识游者之所始。

循涧北上，山益深，树益老。涧多石底，高下斗绝，曲折回互。水皆自高泻下，长者一二丈，短亦不下数尺。或诡匿侧出，层累相承，数级而下。时有支涧自两旁山谷横注其中，亦皆喷薄溅洒可观。行里余，俛入荟翳百余步，巨石临水，可跂而息。涧西危石侧立，藓封蔓络、佳木异草上偃旁缀，水出其下，淙散激射于涧中，特为幽丽。下流曲折十数，腾蹙沸涌，西抵横石如龈腭者，乃曳而长，演迤徐去。欲为小亭临之，取陆士衡《招隐诗》语，命以"鸣玉"而未暇也。自此北去，历悬水三四处，高者至五六丈，聚散广狭，各有姿态，皆可为亭，以赏其趣。又北，舍涧循山，折而东行，脚底草树胶葛，不可知其浅深。其下水声如雷，计应犹有佳处，而亦未暇寻也。行数百步，得石壁，高广皆百余尺，瀑布当中而下，远望如垂练，视涧中诸悬水为最长。径当其委，跣揭而度，回视所历群山，皆抚其顶。独西北望，半山立石丛木，名豺子岩者，槎牙突兀，如在天表。然石瀑穷源，北入云谷，则又已俯而视之矣。地势高下，大略于此可见。谷口距狭为关，以限内外。两翼为轩窗，可坐可卧，以息游者。外植丛篁，内疏莲沼，梁木跨之，植杉绕径。西循小山而上，以达于中皋。沼上田数亩，其东欲作田舍数间，名以"云庄"。径缘中皋之足北入泉峡，历石池、山楹、药圃、井泉、东寮之西，折旋南入竹中，得草堂三间，所谓晦庵也。

山楹前直两峰，峭耸杰立，下瞰石池，东起层嶂，其胁可耕者数十亩。寮有道流居之，自中阜以东，可食之地无不辟也。草堂前隙地数丈，右臂绕前，起为小山，植以椿桂兰蕙，峭蒨苓蔚。南峰出其背，孤圆贞秀，莫与为拟。其左亦皆茂树修竹，翠密环拥，不见间隙。俯仰其间，不自知身之高、地之迥，直可以旁日月而临风雨也。堂后结草为庐，稍上山顶北望，俯见武夷诸峰。欲作亭以望，度风高不可久，乃作石台，命以"怀仙"。小山之东，径绕山腹、穿竹树，南出而西下，视山前村墟井落，隐隐犹可指数。然亦不容置屋，复作台，名以"挥手"。南循冈脊下，得横径。径南即谷口小山。其上小平，田畦即以祈年，因命之曰"云社"。径东属杉，径西入西崦。西崦有地数十亩，亦有道流结茅以耕其间，曰"西寮"。其西山之脊，蟠绕东下，与南峰西垂相啮，而谷口小山介居其间，如巨人垂手，拱玩珠璧。两原之水合于其前，出为南涧。东寮北，有桃蹊、竹坞、漆园，度北岭，有茶坡。自茶坡东北行，攀危石，履侧径，其下蓬蓬者数十步，行东峰之巅，下而复上，乃至绝顶。平处劣丈余，四陨皆巉削，下数百丈，使人眩视，悸不自保。然俯而四瞰，面各数百里，连峰有无，远近环合，彩翠云涛，昏旦万状，亦非世人耳目所尝见也。予尝名湘西岳麓之顶曰"赫曦台"，张伯和父为大书，甚壮伟。至是而知彼为不足以当之，将移刻以侈其胜。绝顶北下有魏林，横带半岩，木气辛烈，可已痼疾，疑即方家所用阿魏者。林下岩中滴水成坎，大如桮棬，不竭不溢，里人谓之显济，水旱祷焉。又下为北涧，有巨石二对立涧旁，嶙峋嵯峨，古木弥覆，藤卉蒙络，最为山北奇处。里人名其左曰"仁"，右曰"义"，岁时奉祠如法。闻自是东北去，有瀑布出油幢峰下石崖陬下，水泻空中数十丈，势尤奇壮。东南别谷有石室三，皆可居。其一尤胜，比两房，中通侧户，旁近水泉，可引以漱濯，然皆未暇往观。自东嶂南出小岭下数十步，有巨石赑屃。下瞰绝壑，古木丛生，樛枝横出，是为中溪。别径下入村落，其中路及始入南涧西崖小瀑之源，各有石田数亩，村民以远且瘠，弃不耕。皆以赀获之，岁给守者，以其余奉增葺费，势若可以无求于外而足者。

盖此山自西北横出，以其脊为崇安、建阳南北之境，环数百里之山，未有高焉者也。此谷自下而上，得五之四，其旷然者可望，其奥然者可居。昔有王君子思者，弃官栖遁，学练形辟谷之法，数年而去。今东寮即其居之遗址也。然地高气寒，又多烈风，飞云所沾，器用衣巾皆湿如沐。非志完神王（通"旺"），气盛而骨强者，不敢久居。其四面而登，皆缘崖壁、援萝葛，崎岖数里，非雅意林泉，不惮劳苦者，则亦不能至也。自予家西南来，犹八十余里，以故他人绝不能来，而予亦岁不过一再至。独友人蔡季通家山北二十余里，得数往来其间。自始营葺迄今有成，皆其力也。

然予常自念自今以往十年之外，嫁娶亦当粗毕，即断家事，灭景此山。是时山之林薄当益深茂，水石当益幽胜，馆宇当益完美，耕山钓水，养性读书，弹琴鼓缶，以咏先王之风，亦足以乐而忘死矣。顾今诚有所未暇，姑记其山水之胜如此，并为之诗，将使画者图之，时览观焉以自慰也。山楹所面双峰之下，昔有方士吕翁居之，死而不腐，其地亦孤绝殊胜。本属山北民家，今亦得之，名曰"休庵"。盖凡耕且食于吾山者，皆翁之徒也。往往淳质清静，能劳筋骨以自给，人或犯之不校（通"较"）也。有少年弃妻子从之，问其所授受，笑不肯言。然久益坚苦，无怨悔之色。呜呼！是其绝灭伦类，虽不免得罪于先王之教，然其视世之贪利冒色、湛溺而不厌者，则既贤矣。因附记之，且以自警云。淳熙乙未秋七月既望，晦翁书。

朱熹于淳熙二年（1175）撰写了这篇《云谷记》。《云谷记》是一篇很长的山水美文，向世人展示的是一幅地理之美、自然之美、人心之美与和谐之美的"天人合一"之境，并成为朱熹风水美学的经典名篇。记文中说，朱熹打算在"自念自今以往十年之外"，即等儿女婚事"粗毕，即断家事"后，终老此山，并对颐养天年的生活充满了憧憬。

此外，《云谷记》也包含了朱熹关于卜宅卜居的风水美学观。其中的主要观点，如"中阜下踞，内宽外密，自为一区"，"独友人蔡季通家山北二十余里，得数往来其间。自始营葺迄今有成，皆其力也"等，都反映了他在风水方面的思想。文中多处有明显的风水山川思想，当然也是一种风水审美观念。而朱熹选择人迹罕至、他人绝不能来的云谷作为终老之地，究其原因，正如记文中所说："处地最高，而群峰上蟠，中阜下踞，内宽外密，自为一区。虽当晴昼，白云坌入，则咫尺不可辨，眩忽变化，则又廓然莫知其所如往。"云谷的自然生态环境，山水皆备，自成一区，非常符合堪舆家的价值追求："真龙所住，去而复留，盘旋屈曲，穴占云头，万云拱揖，富贵千秋。"[①]

在朱熹的风水观念中，择居的最佳环境即是"天人合一"。云谷呈现的山水之秀美、自然之谐和，具有"不衰之气"。这种不衰之气投射到人身上，将对人的发展和进步起到积极的促进作用。检索有关文献，记载朱熹与友人在云谷研究学问的材料有以下几条。

第一条材料是民国时期《建阳县志》中的记载：寒泉精舍在崇泰里寒泉坞，宋乾道庚寅，朱子葬其母祝夫人于天湖之南，遂筑室焉。淳熙乙未，朱子与吕祖谦编《近思录》于此。[②]

第二条是朱熹在孝宗淳熙二年（1175）五月五日写的《书近思录后》：淳熙乙未之夏，东莱吕伯恭来自东阳，过余寒泉精舍，留止旬日。

第三条材料记载于清道光《重纂福建通志》[③]：

> 朱文公与吕东莱读书云谷，锐意著述，精神百倍，无少怠倦。东莱至夜分辄觉疲困必息而后兴，尝自愧精神不及。爰询文公，夜坐时书几下若有物抵其足，据踏良久，精神倍增。数岁后，一夕文公忽见神人头上目光百余道，云多目星见。自是几下之物不至，文

---

① 朱杰人、严佐之、刘永翔主编《朱子全书》卷二十六，上海古籍出版社，2002，第465页。
② 《建阳县志》卷三《名胜·园宅》，民国十八年（1929）铅印本，第33页。
③ 《重纂福建通志》卷二七八《轶事·建宁府》，清同治十年正谊书院刻本，第13页。

公亦必就寝矣。

第四条材料同样记载于清道光《重纂福建通志》[1]：

> 西山在县西，周围百里。其巅绿畴广衍，舟楫通流，宋蔡元定结庐山麓。……元定每忍饥读书时，朱子寓云谷，每欲质疑，辄揭灯为望。及至，淹留数日，通夕晤语。理宗宝祐乙卯，敕建西山书院，绘塑二贤对榻讲学像。

前三条材料都是记载朱熹与吕祖谦研究学问的情况。朱熹与吕祖谦在云谷寒泉精舍内研读周敦颐、张载、程颢、程颐等人的著作，感其"广大闳博，若无津涯"，初学者不容易把握要义，于是精选622条，辑成《近思录》，共分14卷。《近思录》是依照朱、吕二人的理学思想体系编排的，全面阐述了理学思想的主要内容，可谓北宋五子及朱吕一派学术思想的承载。《近思录》的诞生，标志着中国古代儒家思想文化发展已达到成熟的理论形态，对后世影响深远。

第四条材料则是描述朱熹与蔡元定"揭灯为望""淹留数日，通夕晤语"的研究态度。蔡元定，人称西山先生，他博通八阵图、洪范、太玄等。《四朝闻见录》说："考亭先生（朱熹）得友人蔡元定，而后大明天地之数，精诣钟律之学，又纬之以阴阳风水之书。先生信用蔡说，上书建议，乞以武林山为孝宗皇堂，且谓会稽之穴浅粗而不利，愿博访草泽以决大议。"[2]由此可见，朱熹的风水观念与蔡元定的风水思想有密切相关处。

三、卜居考亭

光宗绍熙二年（1191），朱熹62岁，离任漳州知事，直接到建阳考亭

---

[1] 《重纂福建通志》卷十一《山川·建阳县》，清同治十年正谊书院刻本，第11页。
[2] 叶绍翁：《四朝闻见录》乙集，冯惠民、沈锡麟点校，中华书局，1989，第46页。

定居。在卜居考亭之前，朱熹早年居五夫里，是遵先父之命借居在刘氏的住宅，为客居；居住在云谷，是为母守陵及研究学术所居，是为别居；还有后文将提到的卜居武夷，也是为学术活动而别居。建阳考亭是朱熹在福建的定居地所在，所以后人常称朱熹为建阳人，称之为朱考亭，其学派为考亭学派。

1.迁居考亭之缘由

这次卜居，史料记载较多，关于朱熹卜居考亭之缘由的材料主要有以下几条。

材料一是朱熹的《与陈同父》[①]：

> 某叩首再拜：诉哀叙谢，略具前幅，而苦痛之怀，终有不能以言语自见者。三复来教及所示奠文，则已略尽之矣。尚何言哉！尚何言哉！自闻意外之患既解而益急，地远，无从调知动息。亲旧书来，亦不能言其详，第切忧叹而已。数日前得沈应先书，乃报云云，自是必可伸雪。今日忽见使人，得所惠书，乃知盲料亦误中也。急拆疾读，悲喜交怀。又念常年此时常蒙惠问，不谓今岁彼此况味乃如此，又益以悼叹也。观望既息，黑白自分，千万更且宽以处之。天日在上，岂容有此冤枉事也！
>
> 亡子卜葬已得地，但阴阳家说须明年夏乃可窆，今且殡在坟庵。其妇子却且同在建阳寓舍。小孙壮实粗厚，近小小不安。然观其意气横逸，却似可望，赖有此少宽怀抱。然每抱抚之，悲绪触心，殆不可为怀也。
>
> 五夫所居眼界殊恶，不敢复归，已就此卜居矣。然囊中才有数百千，工役未十一二，已扫而空矣。将来更须做债，方可了办，甚悔始谋之率尔也。但其处溪山却尽可观，亡子素亦爱之，今乃不

---

① 朱熹：《与陈同父》，载曾枣庄、刘琳主编《全宋文》第250册，上海辞书出版社，2006，第35—36页。

及见此营筑，念之又不胜痛也。奠文说尽事情，已为宣白。哀恸之余，哽咽不能自已。此儿素知尊慕兄之文，此足以少慰之矣。更有少恳，将来葬处，欲得数语识之。

此子自幼秀慧，生一两月，见文书即喜笑呜呜，如诵读状。小儿戏事，见必学，学必能，然已能辄弃去。后来得亲师友，意甚望之。既而虽稍懒废，然见其时道言语，亦有可喜者。但恐其骛于浮华，不欲以此奖之。去年到婺，以书归云，异时还家，决当尽捐他习，刻意为己之学。私窃喜之，日望其归，不意其至此也。痛哉痛哉！尚忍言之？此语未尝为他人道，以老兄素有教诲奖就之意，辄以不朽为托。伏惟怜而许之，千万幸甚！更一两月，当遣人就请也。奠礼有状拜谢，但来人至江山遇盗，颇有所失亡。今赍到两缣，云是他人所偿。此不敢留，却封纳，却可送官，给还本主也。无以伴书，白毛布一端，往奉冬裘之须，幸视至。未有承教之期，惟千万自爱为祷。某叩首再拜。

这是朱熹写给陈同父的信，信中提到迁居考亭的原因：长子在这里去世，"五夫所居眼界殊恶，不敢复归，已就此卜居矣"。朱熹远走五夫里，迁居考亭，最重要的原因就是物是人非、伤景伤情。

在朱熹居住五夫的数十年间，他的师友亲人相继去世。绍兴十七年（1147），朱熹的启蒙恩师刘子羽年方47岁即在五夫英年早逝。淳熙三年（1176），与朱熹感情笃深的夫人刘清四也在五夫去世。朱熹胞妹、五夫刘子翔（彦集）的夫人朱心，在淳熙八年（1181）去世。绍熙二年（1191）正月，长子朱塾又不幸病卒于五夫。故而朱熹在《答吴伯丰》书八中提到其长子朱塾之殁时说："衰晚遭此祸故，殊不可堪。既未即死，又且得随分支吾，谋葬抚孤，触事伤怀，不如无生也。"他在写给黄干的信中也说："五夫不可居，不如只此相聚，为谋一屋，不就别讨屋基了，相去又十数步，若作小屋三间，尽可居也。"朱熹母、妻、子皆亡于此地，触景生情，对朱熹来说，五夫是万万住不得了。

材料二是朱熹的《迁居告家庙文》①：

　　熹罪戾不天，幼失所怙。祗奉遗训，往依诸刘。卜葬卜居，亦既累岁。时移事改，存没未安。乃眷此乡，实亦皇考所尝爱赏而欲卜居之地。今既定宅，敢伸虔告，以安祖考之灵。

　　这篇记文是朱熹迁居考亭时所作的告家庙文，文中清晰地说明，定居考亭是朱熹之父朱松的遗愿。关于朱熹卜居考亭，《朱子年谱》中有简要梳理：朱熹"始筑室于建阳之考亭"。在这之前，朱熹曾写信给好友吴伯丰，提到迁居之事。《答吴伯丰》书八②记载：

　　此间寓居近市，人事应接倍于山间。今不复成归五夫，见就此谋卜居。已买得人旧屋，明年可移。目今且架一小书楼，更旬月可毕工也。其处山水清邃可喜，陈师道、伯修两殿院之故里也。又有吴仲感名赟，常与古灵荐自中，亦其里人也。若得粗了，便可歌哭于斯。

　　《答吴伯丰》是朱熹写给吴伯丰的书信，信中说归不得五夫里，而卜居考亭。"其处山水清邃可喜，陈师道、伯修两殿院之故里"，地理环境和人文环境不错，适合定居。在这段文字中，朱熹流露出的阳宅观念依旧是看重山水和人文。

　　朱熹的女婿黄干在《吴节推墓志铭》③一文中也提到过朱熹卜居考亭的原因：

---

　　① 朱熹：《迁居告家庙文》，载曾枣庄、刘琳主编《全宋文》第253册，上海辞书出版社，2006，第286页。

　　② 朱熹：《答吴伯丰》书八，载曾枣庄、刘琳主编《全宋文》第247册，上海辞书出版社，2006，第336页。

　　③ 黄干：《吴节推墓志铭》，载曾枣庄、刘琳主编《全宋文》第288册，上海辞书出版社，2006，第470页。

君讳居仁，字温父，姓吴氏，建阳县考亭人。考亭溪山之胜甲
建阳，文公朱晦庵先生卜居之，君其西邻也。先生以道学训后进，
四方之士日造焉。暨君至，则竦然起敬，延之上座，语移晷乃退。
干尝私请焉，曰："此真廉吏也。"嗟异者久之。又数年，先生为干买
地结庐，徙其家以居，则又为君之西邻焉。

黄干（1152—1221），福州闽县（今福建福州）人。宁宗立，熹荐补将
仕郎，铨中，授迪功郎。黄干在为吴节推所作的铭文中说，吴居仁是建阳考
亭人，考亭是建阳山水形胜最好的地方，朱熹就是因为考亭的溪山之胜而卜
居此地。这也间接说明了，朱熹卜居考亭的原因之一是考亭溪山之胜。

朱熹迁居考亭，在相关文字材料记载中，均未体现明显的风水思想。
朱熹迁居，一是丧子伤心，二是遵从先父遗愿，三是考亭山水清邃。他在整
个卜居考亭的过程中，并未提及因卜居带来的家族兴旺的说法。朱熹选择阴
宅注重风水与孝道，强调父祖体全灵安；选择阳宅着重风水带给人的心旷神
怡。因此，朱熹对阳宅的关注和卜居与阴宅择葬的大致方向一致，其思想基
调亦一致。

总的来说，朱熹卜居考亭，遵循的是阳宅风水的原则。但与一般阳宅风
水过分关注风水与命运、风水与家业发达不同，朱熹更多表现出的是山水审
美与人伦方面的思想。

2. 定居考亭之时间

朱熹决定卜居考亭，因为各种原因，到了绍熙三年（1192）初，考亭房屋
建成，才真正定居在此。可以佐证朱熹定居考亭时间的材料有以下几条。

一为朱熹的《答吴伯丰》书九："归来半年，卜葬尚未定，筑室亦不能得
了。湖南之命，出于意外。"[①]"归来"是说朱熹从漳州回到建阳，"湖南之
命"是指辛亥九月被免去湖南转运副使。朱熹于辛亥五月到建阳，信里说到

---

① 朱熹：《答吴伯丰》书九，载曾枣庄、刘琳主编《全宋文》第247册，上海辞书出版社，
2006，第336页。

达后半年，该是辛亥十一月左右，尚未建好房屋。

二为朱熹的《答赵尚书》（"四月二十六日"），首云："四月二十六日熹叩首再拜，上复吏部尚书台座。"又云："所幸小屋略就，且夕可以定居。"这则材料是朱熹答赵汝愚所作，朱熹于绍熙二年五月到建阳，他不打算回到五夫里去，寓居建阳东郊的同繇桥。《朱子年谱》记载："绍熙三年壬子春二月，始筑室于建阳之考亭。"据此，朱熹应在绍熙三年壬子二月开始建造考亭的住宅，历时两个月，于四月底建成。

三为朱熹的《答董叔重》书十（"辱惠问"），书云："喻及铭墓之意，尤以愧仄。今年多病，异于常时，又以筑室迁居之扰，殊无好况。……但以叔重如此见属，独不可辞，因留来人。累日不得功夫，……今日小定，方能力疾草定奉寄。又更与允夫订之。"①另外，朱熹为董叔重之父所写《迪功郎致仕董公墓志铭》记载："……属新吉州录事参军程洵允夫状君行如此，来请铭。"②这两则材料相互印证，朱熹定居考亭后，各项事毕"方能力疾草定奉寄"，而《迪功郎致仕董公墓志铭》作于绍熙三年壬子秋冬间，可见朱熹定居考亭当在绍熙三年壬子秋冬前。

四为朱熹的《答黄子耕》书八③，书云："熹湘中之行初但以私计不便恳辞，然愚意尚无固必。既而乃有决不可行者，遂至投劾。"又云："归来已一年矣，而卜葬未遂，筑室未成。自春来无日不病，见苦脚气寒热，伏枕已两日矣。"前者是指朱熹辛亥秋冬辞免湖南转运副使一事。朱熹再三恳辞，辛亥四月去漳，九月湖南之除，十二月自劾。"归来已一年矣"，意即自漳州归来一年，可见此书信作于壬子四月前后，此时"卜葬未遂，筑室未成"，可见朱熹在考亭的住宅还未建成。

---

① 朱熹：《答董叔重》书十，载曾枣庄、刘琳主编《全宋文》第247册，上海辞书出版社，2006，第282页。

② 朱熹：《迪功郎致仕董公墓志铭》，载曾枣庄、刘琳主编《全宋文》第253册，上海辞书出版社，2006，第179页。

③ 朱熹：《答黄子耕》书八，载曾枣庄、刘琳主编《全宋文》第247册，上海辞书出版社，2006，第287页。

五为黄干的《吴节推墓志铭》^①：

> 君讳居仁，字温父，姓吴氏，建阳县考亭人。考亭溪山之胜甲
> 建阳，文公朱晦庵先生卜居之，君其西邻也。先生以道学训后进，
> 四方之士日造焉。暨君至，则竦然起敬，延之上座，语移晷乃退。
> 干尝私请焉，曰："此真廉吏也。"嗟异者久之。又数年，先生为干买
> 地结庐，徙其家以居，则又为君之西邻焉。

黄干在《吴节推墓志铭》中提到的一个重要事实就是，朱熹定居考亭，在考亭的住所是有迁移的，即"居之"到后来的"买地结庐，徙其家以居"。

关于朱熹卜居考亭前后，《朱子年谱》中有简要梳理。朱熹"始筑室于建阳之考亭"，在这之前，朱熹曾写信给好友吴伯丰，提到迁居之事："此间（指考亭）寓居近市，人事应接倍于山间。今不复成归（武夷山）五夫，见就此谋卜居。已买得人旧房，明年可移。目今且架一小书楼，更旬月可毕工也。"迁居时，朱熹在武夷山撰写《迁居告家庙文》，委婉陈述迁居的原因："熹罪戾不天，幼失所怙。祗奉遗训，往依诸刘（指到武夷山五夫里投奔刘子羽、刘子翚兄弟和刘勉之）。卜葬卜居，亦既累岁。时移事改，存没未安。乃眷此乡，实亦皇考所尝爱赏而欲卜居之地。今既定宅，敢伸虔告，以安祖考之灵。"待到六月，考亭新居落成入住："先是韦斋尝过其地，爱之，书日记曰：考亭溪山清邃，可以卜居。"也就是说，朱熹在考亭的居所在六月方建成，这与以上五则材料分析的时间没有出入。因此，朱熹在考亭的定居时间应该为绍熙三年（1192）夏。

3. 定居考亭之生活

朱熹到达建阳后，第一年住在建阳城南的黄杨庵，到次年考亭房子盖好后才迁居。据记载：

---

① 黄干：《吴节推墓志铭》，载曾枣庄、刘琳主编《全宋文》第288册，上海辞书出版社，2006，第470页。

绍兴三年，松子熹，因先志，筑室居此。五年，以四方来学者众，复建精舍于所居之东以处之，扁曰竹林精舍，后更曰沧洲精舍。前为明伦堂，又前为燕居，以奉先圣。庆元六年，熹卒。宝庆元年，县令刘克庄始辟祠祀之。淳祐四年，诏为书院，御书"考亭书院"四大字扁额，扁于门。①

由材料可知，朱熹定居考亭后，因为师从者众多，"复建精舍于所居之东以处之，扁曰竹林精舍，后更曰沧洲精舍"。在考亭生活期间，朱熹的主要事务就是"传道授业解惑"。由于纷繁的人际交往，朱熹对于定居考亭流露出了悔意。这方面的材料主要有以下几条。

第一条材料是朱熹在《与田侍郎》子真②中所记：

昨日季通说旧居山水甚胜，弃之可惜。新居近城，以此间事体料之，必不能免人事之扰。只如使节经由，不容不见，便成一迎送行户。应接言语之间，久远岂无悔吝？今年尤觉不便，始悟东迁之失计。贤者异时亦当信此言也。

这是朱熹与田侍郎子真的信函，信中说，季通（蔡元定）认为五夫里胜于考亭，考亭难免人事之扰。朱熹自己久居考亭后，也觉得不便，"始悟东迁之失计"。

第二条材料是朱熹《与朱鲁叔》③，其中也表达了同样的悔意：

去岁归来，计度不审，妄意作一小屋，至今方得迁居。然所费

---

① 《建宁府志》卷十七《学校》，明嘉靖二十年刻本，第58页。
② 朱熹：《与田侍郎》子真，载曾枣庄、刘琳主编《全宋文》第249册，上海辞书出版社，2006，第384页。
③ 朱熹：《与朱鲁叔》，载曾枣庄、刘琳主编《全宋文》第250册，上海辞书出版社，2006，第193页。

百出，假贷殆遍，今尚未能结裹圆备，甚悔始虑之不精也。所喻今方具晓本末。记之不难，但年来多事，精力益衰，日间应接不得少休，才得顷刻无事，即须就寝，俟其宁息，然后可以复起应接，更无暇看文字矣。所欠人家志铭之属积压无数，摆拨不行，恐未暇为吾弟记此也。然亦未敢不为，俟定居后看如何。或人事稍简，试即为思之也。斋记大字亦然。

第三条材料是朱熹所作《怀潭溪旧居》①：

> 忆住潭溪四十年，好峰无数列窗前。
> 虽非水抱山环地，却是冬温夏冷天。
> 绕舍扶疏千个竹，傍崖寒冽一泓泉。
> 谁教失计东迁缪，愈卧西窗日满川。

朱熹在这首诗中，表达了对昔日旧居五夫里潭溪山水生活的无限怀念和深切眷恋。他长居五夫四十年，五夫里的山川草木，给朱熹的生活留下无数美好回忆。此时"始悟东迁之失计"，却早就木已成舟，已于事无补。在这首诗中，"水抱山环地"是典型的风水卜居原则，显然也是为朱熹所认同与熟知的。但值得注意的是朱熹的态度："虽非水抱山环地，却是冬温夏冷天。"这又是典型的儒家卜居观，即信风水，但又不过分执着于风水。

四、武夷精舍的建构

武夷精舍，又称武夷书院、紫阳书院，位于武夷山的隐屏峰下平林渡九曲溪畔。武夷精舍是朱熹于宋淳熙十年（1183）亲自设计、营建的一所书院，是朱熹著书立说、倡道讲学之地。武夷精舍是武夷山的一大建筑群，世称"武夷之巨观"。

---

① 郭齐笺注《朱熹诗词编年笺注》，巴蜀书社，2000，第819页。

明代戴铣《朱子实纪》卷七《书院·武夷书院》对武夷精舍有以下记载：

> 武夷书院在崇安县武夷山五曲之大隐屏下。宋淳熙十年，朱子
> 建精舍于此，韩元吉为记。子在、孙鉴相继茸而广之。部使者潘友
> 文、彭方拨公田以赡学者，知县陈樵子重建，王遂为记。景定间，
> 设山长以教邑士。元因之。后改山长为教授。至正二十五年，书院
> 火毁。国朝正统间，八世孙洵、澍复建，邱锡为记。①

淳熙五年（1178）初秋，朱熹与妹夫刘彦集、隐士刘甫共游武夷，在隐
屏峰下，只见九曲溪旋绕曲折，云气流动，顿觉耳目一新，因而萌发出"眷
焉此家山"和"仙人久相招，授我黄素书，赠我英琼瑶，茅茨几时见，自此
遗纷嚣"的建屋念头。

淳熙十年，朱熹在浙东任上奏劾唐仲友受挫，愤而辞归武夷，并在武夷
山下隐屏峰处动工构筑精舍，当年就颇具规模。根据朱熹《武夷精舍杂咏诗
序》记载，武夷精舍的布局大致是这样的：隐屏峰下，两麓相抱之中，有三
间房屋，命名为"仁智堂"。堂的左右有两间卧室，左边"隐求室"是自己
居住之地，右边"止宿寮"是接待朋友的场所。左麓之外，是一处幽深的山
坞，坞口累石为门，被称作"石门坞"。坞内建有一排房屋，作为学者群居
住所，名为"观善斋"。石门西边，也有一间房屋，方便道流居住，名为"寒
栖馆"。在观善斋前方，还有两座亭子——"晚对亭"和"铁笛亭"；而在寒
栖馆外，则绕有一圈篱笆，以断两麓之口，当中一扇柴门上挂"武夷精舍"
的横匾，即为武夷精舍。当时出入武夷精舍，非鱼艇而不济。武夷精舍美景
"晦明昏旦之异候，风烟草木之殊态，以至于人物之相羊，猿鸟之吟啸，则
有一日之间恍惚万变而不可穷者。"②

武夷精舍落成后，朱熹在此广收门徒，著书讲学，历时五年，培养了大

① 戴铣：《朱子实纪》卷七《书院·武夷书院》，载高令印《朱熹事迹考》，上海人民出版社，
1987，第134页。
② 郭齐笺注《朱熹诗词编年笺注》，巴蜀书社，2000，第787-789页。

量学生。当时，一些著名的学者如蔡元定、刘爚、黄干、詹体仁等人，曾在武夷精舍师从朱熹。其中，蔡元定是公认的风水名家，而詹体仁则是蔡元定风水术的信奉者。①

朱熹建成武夷精舍后，心情很是喜悦，曾写下《精舍杂咏十二首》并撰写诗序，以纪其盛况；此外，还撰写《行视武夷精舍作》和《武夷精舍杂咏并序》。从后面两篇诗文中，可以明显看出朱熹"均衡界定"的风水审美追求：

> 神山九折溪，沿溯此中半。水深波浪阔，浮绿春涣涣。上有苍石屏，百仞耸雄观。嶄岩露垠堮，突兀倚霄汉。浅麓下萦回，深林久丛灌。胡然闷千载，逮此开一旦。我乘新村船，辍棹青草岸。榛荟喜诛锄，面势穷考按。居然一环堵，妙处岂轮奂。左右蠢奇峰，踌躇极佳玩。②

> （大隐屏）屏下两麓坡陀旁引，还复相抱。抱中地平广数亩，抱外溪水随山势从西北来，四屈折始过其南，乃复绕山东北流，亦

---

①《四朝闻见录》丁集《庆元党·考异》记载："刘德秀仲洪……为大理司直，会治山陵于绍兴，朝议或欲他徙，丞相留公正会朝士议于其第，刘亦往焉。是早至相府，则太常少卿詹体仁元善、国子司业叶适正则先至矣。詹、叶亦晦翁之徒，而刘之同年也。二人方并席交谈，攘臂笑语，刘至，颜色顿异。刘即揖之，叙寒温。叶犹道即日等数语；至詹，则长揖而已。揖罢，二人离席默坐，凛然不可犯。刘知二人之不吾顾也，亦移席别坐。须臾留相出，詹、叶相顾，厉声而前，曰：'宜力主张绍兴非其地也。'乃升阶力辩其非地。留相疑之，曰：'孰能决此？'二人曰：'此有蔡元定者，深于郭氏之学，识见议论，无不精到，可决也。'刘知二人之意在蔡季通，则独立阶隅，默不发一语。留相忽顾之曰：'君意如何？'刘揖而进曰：'不问不敢对，小子何敢自隐？某少历宦途，奔走东南，湖湘、闽广、江浙之间，历览尽矣。山水之秀，无如越地，盖甲于天下者也，宅梓宫为甚宜。且迁易山陵，大事也。况国步多艰，经费百出，何以堪此？'公慨然曰：'君言是也。'诸公复向赵汝愚第议之。至客次，二人忽视刘曰：'年丈何必尔耶？'刘对曰：'愚见如此，非敢异也。'既而刘辨之如初，易地之议遂格。刘因自念曰：变色而离席，彼自为道学，而以吾为不知臭味也。虽同年，如不识矣。至枢府而呼'年丈'，未尝不知也。矜己以傲人，彼自负所学矣。而求私援故旧，则虽迁易梓宫勿恤也。假山陵以行其私意，何其忍为也？曰曾曰詹曰叶，皆以道学自名，而其行事若此，皆伪徒也，谓之'伪学'何疑！未几，刘迁御史，于是悉劾朱氏之学者而尽逐之。'伪学'之名自此始。刘之帅长沙也，亲为昺言甚详，特记其颠末如此。……昺字明远，姓乐氏，湘中人。"（叶绍翁：《四朝闻见录》，中华书局，1989，第151—152页。）

②郭齐笺注《朱熹诗词编年笺注》，巴蜀书社，2000，第784页。

四屈折而出。①

古代风水学认为，自然环境中最佳最完美的均衡模式就是"龙虎正体"，意为龙砂、虎砂均出于穴山两旁，左右对称，齐来相抱。朱熹在描绘中虽然没有出现风水名词，但是文中所用的"半""面势""左右矗奇峰"以及"四屈折始过其南""四屈折而出"等词句，均有均衡之意，且比较容易令人联想到风水术语："背负"玄武，"左"青龙，"右"白虎，"面"朱雀。

林振礼在《朱熹选择人居环境的文化意蕴》②一文中说，时空是无限的，而个体的生命却是有限的，以有限的生命去观察、认识无限的时空，无论如何都难以逼近其全部的真实存在。而理学大儒朱熹，以"天人合一"为目标，"驰心空妙之城二十余年"，俯仰观察，只能"神与物游，思与景谐"，从有限去观察无限，又于无限中回归到有限。林振礼认为，人类对于时空的有限性和闭合性的感知，能够渗透到人类的一切文化形态中。作为文化形态之一的艺术，以及作为艺术之一的风水，也不能例外。风水之所以讲究前有朝案，后有靠山，左有龙砂，右有虎砂，其原因就是为了在无法审视、不可把握的无限空间里闭合出一方可以把握、可以感知、可以审视、可以亲近的有限天地来。

英国学者李约瑟在《中国科学技术史》中亦指出，"地面上的阴阳二气，与应用于天上东方和西方的两种象征即青龙和白虎相一致：青龙在东属春，白虎在西属秋。这两者又被用来作为地形的象征。任何一座坟墓或住宅，前者应当常在左，后者应当常在右，最好是形如曲肘那样来保护它们。但这仅是复杂性的开端，因为悬崖峭壁被认为阳，缓坡则为阴。在选择地点时，要尽可能地平衡这些影响（'山灵'），使其五分之三居阳，五分之二居阴。在这些计算中，还要掺进八卦、干支和五行。一般都非常愿意采用迂回曲折的道路、垣墙和建筑物，这似乎是要适合当地的景观而非左右当地的景观，特

---

① 郭齐笺注《朱熹诗词编年笺注》，巴蜀书社，2000，第786页。
② 林振礼：《朱熹选择人居环境的文化意蕴》，《福建师范大学学报（哲学社会科学版）》2011年第3期，第104页。

别忌讳的是直线形的几何布局。孤立的巨石也被认为是不吉利的。'风水'在很多方面都给中国人带来了好处，比如它要求植竹种树以防风，以及强调住所附近流水的价值。但另一方面，它又发展为一种粗鄙的迷信体系。"①李约瑟认为，这体现了一种显著的审美成分，它说明了中国各地那么多的田园、住宅和村庄所在地何以优美无比。

后人可以通过阅读《武夷精舍杂咏并序》②，了解朱熹经营构建武夷精舍的过程，以及朱熹隐约表达的其风水择居观和风水审美观。

武夷之溪东流凡九曲，而第五曲为最深，盖其山自北而南者至此而尽，耸全石为一峰，拔地千尺，上小平处微戴土，生林木，极苍翠可玩。而四隤稍下，则反削而入，如方屋帽者，旧经所谓大隐屏也。屏下两麓坡陀旁引，还复相抱。抱中地平广数亩，抱外溪水随山势从西北来，四屈折始过其南，乃复绕山东北流，亦四屈折而出。溪流两旁丹崖翠壁林立环拥，神剜鬼刻，不可名状，舟行上下者，方左右顾瞻错愕之不暇，而忽得平冈长阜，苍藤茂木按衍迤靡，胶葛蒙翳，使人心目旷然以舒，窈然以深，若不可极者，即精舍之所在也。

直屏下两麓相抱之中，西南向为屋三间者，"仁智堂"也。堂左右两室，左曰"隐求"，以待栖息；右曰"止宿"，以延宾友。左麓之外，复前引而右抱，中又自为一坞，因累石以门之，而命曰"石门之坞"。别为屋其中，以俟学者之群居，而取《学记》"相观而善"之义，命之曰"观善之斋"。石门之西少南，又为屋以居道流，取道书《真诰》中语，命之曰"寒栖之馆"。直观善前山之颠为亭，回望大隐屏最正且尽，取杜子美诗语，名以"晚对"。其东出山背，临溪水，因故基为亭，取胡公语名以"铁笛"。寒栖之外，乃植楥列樊以断两麓之口，掩以柴扉，而以"武夷精舍"之匾揭焉。经始于淳熙癸

① 李约瑟：《中国科学技术史》第二卷，科学出版社，1990，第388页。
② 郭齐笺注《朱熹诗词编年笺注》，巴蜀书社，2000，第786-789页。

卯之春，其夏四月既望堂成，而始来居之。四方士友来者亦甚众，莫不叹其佳胜，而恨他屋之未具，不可以久留也。钓矶、茶灶皆在大隐屏西，矶石上平，在溪北岸，灶在溪中流，巨石屹然，可环坐八九人，四面皆深水，当中科臼自然如灶，可爨以瀹茗。

凡溪水九曲，左右皆石壁，无侧足之径。惟南山之南有蹊焉，而精舍乃在溪北，以故凡出入乎此者非鱼艇不济。总之为赋小诗十有二篇，以纪其实。若夫晦明昏旦之异候，风烟草木之殊态，以至于人物之相羊，猿鸟之吟啸，则有一日之间恍惚万变而不可穷者。同好之士，其尚有以发于予所欲言而不及者乎哉？

《武夷精舍杂咏并序》是一篇"典型的风水美学散文"。第一段字里行间透露出"龙穴砂水"的风水选址原则。武夷精舍位于五曲大隐屏之南，五曲是九曲中山最高、水最深之处，也是最理想的风水格局。大隐屏接笋峰，壁立万仞，竹木苍翠，峰峦挺拔峭削。武夷精舍背山面溪，环境特别清幽。

朱熹曾说："一水屡萦回，千峰郁岩峣。苍然大隐屏，林端耸孤标。"①比如"方屋帽、大隐屏"乃是龙脉之最高峰；"屏下两麓，坡陀旁引，还复相抱"即两砂相抱；"抱中地平广数亩，抱外溪水随山势从西北来，四屈折始过其南，乃复绕山东北流，亦四屈折而出"所说的是曲水。武夷山因为风水要素皆备，从而拥有良好的环境格局。另外，"溪流两旁丹崖翠壁林立环拥"，"舟行上下者，方左右顾瞻错愕之不暇，而忽得平冈长阜，苍藤茂木"。"丹崖翠壁""苍藤茂木"便是说山川至盛有上佳之气。相地卜居往往选择蕴藏山水之"气"的地方，为达到"聚气"的目的，堪舆学对阳宅居地的选择原则就是背傍水、上为屏蔽；山峦要由远及近构成环绕的空间；要有流动的形如"风吹罗带"的曲水；强调环绕区域与外部环境临界处应比较狭窄，以利于藏气和防护。《阳宅十书》认为，"人之居处宜以大地山河为主，其来脉

---

① 朱熹：《晦庵先生朱文公文集》卷九，载曾枣庄、刘琳主编《全宋文》第245册，上海辞书出版社，2006，第257页。

气势最大，关系人祸福最为切要。若大形不善，总内形得法，终不全吉，故论宅外形第一"。在风水理论看来，山川自然也并非处处皆可安顿人生，宅居外部环境的选择，能否处在"阴阳之枢纽"这样一个良好的自然生态系统中，是至为关键的。而这样的阴阳枢纽，即风水格局的理想模式，被喻称为"穴"。①

一般来说，阳宅选址原则是负阴抱阳，背山面水。在风水观念中，宅、村、城镇基址选择都应遵循此原则和格局。所谓负阴抱阳，是指基址后面有主峰作来龙山，山为屏蔽，左右有次峰或岗阜的左辅右弼山，或称为青龙、白虎，犹如双手环抱胸口，这种地方更易有生气；山上要有茂密的林木和便利的道路；基址前面要有月牙形的池塘（住宅、村落的情况下）或弯曲的水流（村镇、城市）；而水的对面还应有一座对景山作案山；轴线方向则最好是坐北朝南，宅前有水流和宽平的场地，视野开阔。这是"旺宅"的最佳选址。位于山水环抱的中央、地势平坦而具有一定坡度的基址，就会形成一个山环水抱的基本格局，也就是被喻为得气之穴的风水格局的理想模式。

第二段具体描述了书院建筑布局搭配、院舍堂馆命名、生活设施安排、讲学气氛营造，并说明院舍堂馆的各项功能和作用。武夷精舍的这种建筑布局，在有关风水著述中也往往被赋予风水的含义，认为这一精心策划的布局是按照方位之说来设计的。其实，这充其量反映了朱熹的风水美学，即体现了"与造化俱游"、享山水之乐的风水美学意境。

朱熹在武夷精舍所享受的山水之美和著书讲学生活，正如他的朋友韩元吉在淳熙十年八月所撰《武夷精舍记》②中所说：

吾友朱元晦居于五夫山，去武夷一舍而近，若其后圃，暇则游焉。……面势清幽，奇石佳木，拱揖映带，若阴相而遗我者。使

---

① 戚珩、丹宇：《景观建筑学、生态建筑学与风水理论辨析》，载王其亨等《风水理论研究》，天津大学出版社，2005，第307页。
② 韩元吉：《武夷精舍记》，载曾枣庄、刘琳主编《全宋文》第216册，上海辞书出版社，2006，第226-227页。

弟子具畚锸，集瓦竹，相率成之。元晦躬画其处，中以为堂，旁以
为斋，高以为亭，密以为室，讲书肄业、琴歌酒赋莫不在是。余闻
之，恍然如寐而醒，醒而后，隐隐犹记其地之美也。

韩元吉在这篇记文中所说的"拱揖映带"，恰恰是风水形胜的标本。"拱
揖"有环绕卫护之意。宋代庄季裕《鸡肋编》卷中有"长冈巨阜，纡余盘
屈，以相拱揖抱负"一说。元代周伯琦在《野狐岭》诗中说"连冈束重隘，
拱揖犹城垣"。"映带"是指景物互相衬托，照应关联。晋朝王羲之的《兰
亭集序》写道："又有清流激湍，映带左右。"后来明朝胡应麟《诗薮·近体
中》记载："独颔高华博大，而冠冕和平，前后映带，遂令全首改色。""拱
揖映带"在风水学说中有自己指定的意义。在风水学讲究的觅龙、察砂、观
水、点穴、取向五大步骤中，观水一项讲究"未看山时先看水，有山无水休
寻地"，"觅龙点穴，全赖水证。龙非水送，无以明其来；穴非水界，无以观
其止"。观水要求水质清明味甘为吉，水浊味涩为凶。水形呈随龙（贵有分
支）、拱揖（贵在前）、绕城（贵有情）、腰带（贵有环湾）。

可以说，韩元吉在此篇记文里表现出他自己的风水观念。而卜居武夷，
朱熹亲力亲为，建堂构亭，也很可能是按照风水方位布局，但必须强调指出
的是，武夷精舍最终留给后人的，还是"隐隐犹记其地之美也"。

五、南宋的其他阳宅卜居：与朱熹比较

南宋时期，卜居已蔚然成风。修阳宅重风水的做法很常见，一般记载
于笔记小说和文集当中。如方勺《泊宅编》记载："浦江宅在深村，众山环
绕，一水萦带，阴阳家云：'法当富贵两得。'"此间主人"举省殿榜，皆占上
等……后又侈大其宅，买田至数万亩。"[①]周密《齐东野语》记载，一僧为杨
存中相宅，说该宅"此龟形也，得水则吉，失水则凶"。高宗允许杨存中引水

---

① 方勺：《泊宅编》卷下，许沛藻等点校，中华书局，1983，第98页。

环宅，百余年里果然没有发生过火灾。①毕仲询《幕府燕闲录》记载，唐末钱镠"将广牙城，以大公府，有术者告曰：'王若改旧为新，有国止及百年。若填筑西湖以为之，当十倍于此，王其图之。'镠笑曰：'岂有千年而天下犹无真主乎？有国百年吾所愿也。'即于治所增广之"。后果应验，宋初"及忠懿归朝，钱氏霸吴越凡九十八年"。②在这些相宅的记载中，我们可以看到宋代阳宅风水观念在官员间盛行。以下，我们再举出一些与阳宅卜居有关的史料，与朱熹的阳宅风水做一比较。

第一条材料是韩元吉的《信州新建牙门记》③：

> 信之地势，来自灵山，中道石起如龙，鳞鬣隐现，至郡而伏，以赴于渊。前山品立如覆钟釜，水澄若留怀玉，高峰出艮隅，森植犹束笋。故老相传得阴阳之胜，虽宣和青溪之盗，建炎寇攘云扰，皆莫能犯其地，而郡治岿然独在。
>
> ……
>
> 信之为州，四百二十有三年矣，其地控闽粤、邻江淮、引二浙，隐然实冲要之会。山川秀发，人物繁伙，异时多士之隽屡冠天下，而宰辅之出，间亦蜚声名、立事业。其风俗兴起，固未艾也。今林侯举久坠之典，克合于古，斧藻面势，有光辉焉，非若泛然楼观登临之美，以为执事者游览之资而已。虽然，侯之车既攻而马既驾矣，不惮以思，不惑以移，断然图之而不日成之，以徇其民之愿欲，则侯之中所存与其所操执者，天下之事何往而不可为哉？某方卜居郡郊，见其民之喜，而嘉其事之能立也，因为之书。

这是韩元吉为信州新建牙门所作的记文。记文中所运用的"龙""伏""阴

---

① 周密：《齐东野语》卷四，张茂鹏点校，中华书局，1983，第68-69页。

② 毕仲询：《幕府燕闲录》，载金心点校《新编分门古今类事》，中华书局，1987，第31页。

③ 韩元吉：《信州新建牙门记》，载曾枣庄、刘琳主编《全宋文》第216册，上海辞书出版社，2006，第193-194页。

阳之胜"等词语具有较强烈的风水色彩。"山川秀发，人物繁伙，异时多士之隽屡冠天下，而宰辅之出，间亦蜚声名、立事业"，韩元吉认为信州人杰地灵源于山川秀发；"天下之事何往而不可为哉"，大有一种居风水宝地而诸事可为的豪放之气。而韩元吉这种由绝佳风水所带来的名冠天下的人杰宰辅认知，颇具风水色彩。显然，朱熹阳宅卜居所持有的山水形胜、山水审美观念与韩元吉大相径庭。

材料二是陆游的《朝奉大夫直秘阁张公墓志铭》[①]：

> 初，中奉公遭乱去秦，生公于襄阳，遂卜居宜春。公仕宦五十年，先畴之外，不增一垄。比右史奉公丧归，至无屋可庐，其清约如此。右史卜以开禧元年八月丙申，葬公于袁州宜春县归化乡宜化里大富岭赵家冲之原。

在这篇铭文中，陆游只提到中奉公"遂卜居宜春"，没有明显的风水思想。卜居是当时社会的潮流，陆游写作时提到"卜居"二字再正常不过，但是他并未提及为"卜居"而"卜"的行为，可见陆游是个不重风水之人。同样，与朱熹追求山水形胜带来的审美感受相比，陆游的风水观则是更注重直接的心灵感受，大有"吾心安处即吾家"的韵味。

材料三是张栻写给朱熹的书信《答朱元晦秘书》[②]：

> 岳麓书院迩来却渐成次第。向来邵怀英做事不著实，大抵皆向倾坏，幸得共父再来，今下手茸也。书院相对案山，颇有形势，屡为有力者睥睨作阴宅。昨披棘往看，四山环绕，大江横前，景趣在道乡碧虚之间，方建亭其上，以"风雩"名之，安得杖履来共登临

---

① 陆游：《朝奉大夫直秘阁张公墓志铭》，载曾枣庄、刘琳主编《全宋文》第223册，上海辞书出版社，2006，第246页。

② 张栻：《答朱元晦秘书》，载曾枣庄、刘琳主编《全宋文》第255册，上海辞书出版社，2006，第83页。

也？它几以道义自重。

"案山""四山环绕""大江横前"都是颇具风水色彩的词汇。此条材料除了描绘山水之美、环境之胜，也可体现张栻的风水思想。与朱熹比较，张栻的阳宅观念更偏向于浓厚的风水堪舆观念。

材料四是周必大的《泛舟游山录》卷三①：

> 去此犹数里，而翠岩寺以鸾冈为案山，恐村民锄掘，托言徐墓，商英为实之云。稍前即翠岩也，栋宇深隐，气象闳壮。南唐保大间有澄源禅师无殷住此山，李主甚敬之。既死，祭以文，时本朝建隆元年也，韩熙载为之铭。其后死心居此，而云峰晚亦悟道，故江西号为胜地。饭罢，同长老子坚步观洪崖，井深不可测，旧有桥跨其上，今废。……望寺场左右山环抱，而鸾冈正当水口，即三徐祠堂也。方丈之右有半月轩，池如半月。蒋颖叔有诗。又有听松堂，熙宁间潘兴嗣尝作《寝堂记》。澄源塔在寺右，大竹成林，围丈五六。旁有齐王庙，即李主弟抚州牧景达也，亦署澄源，敕尝舍田入寺，故庙祀之。法堂左阶花砖犹是南唐旧物，隐起之纹皆踏平，向来僧徒大集故也。晚再同坚老及西堂三人过洪崖，俯视深潭，草木蒙蔽，碕崖峭绝，不容侧窥。……壬午，早，焚香毕，再周览而行。宫西面百步有小观，榜曰太虚，周真人上升于此。旧名宣诏府，有保大五年丁未岁陈元裕记。治平四年赐今额，政和癸巳李山为之记。龙冈相并有彩鸾冈，以吴彩鸾得名。

此文中"案山""左右环抱""水口"等都是比较常用的风水术语。周必大分析此地风水，认为这里是风水宝地。借由文中的风水术语，不难看出周

① 周必大：《泛舟游山录》卷三，载曾枣庄、刘琳主编《全宋文》第232册，上海辞书出版社，2006，第18、20、22页。

必大颇具风水思想，且风水观念较重。周必大与朱熹的阳宅观比较来看，他更看重风水及风水带来的气运，而朱熹则只是关注山水形胜。

材料五是张仲宇的《桂林盛事记》[①]：

> 又采堪舆家之说，汇子癸之流，以注辛戌。环城有水，如血脉之荣一身，遂闻之朝。故大观二年准敕著令，壅隔新汇者，以盗决黄、汴二河堤防法坐之。距今应举之士，十倍前日。

张仲宇，字德仪，临桂（今广西临桂）人，绍兴年间以词翰名于世。张仲宇在记文中，不加掩饰地将堪舆一事记载下来："又采堪舆家之说，汇子癸之流，以注辛戌。环城有水，如血脉之荣一身，遂闻之朝。"他认为，采纳堪舆家的意见后，"距今应举之士，十倍前日"。这种明显的因果之说，将张仲宇的风水信仰直接表露在读者面前。朱熹只强调山水审美、天人合一的意境，与朱熹相比，张仲宇则是以堪舆谋福禄。

材料六是叶适的《醉乐亭记》[②]：

> 永嘉多大山，在州西者独细而秀，十数步内，辄自为拱揖，高不孤耸，下亦凝止，阴阳附从，向背以情。水至城西南阔千尺，自峙岩私盐港，绿野新桥，陂荡纵横，舟艇各出菱莲中，棹歌相应和，已而皆会于思远楼下。土人以山水所到，斯吉祥也，益深其崦，百金一藏，赇匠施僧，阡垄交植。岁将寒食，丈夫洁巾袜，女子新簪珥，扫冢而祭，相与为遨嬉，城内外无居人焉，故西山之游为最著。

叶适（1150—1223），温州永嘉（今浙江温州）人，淳熙五年（1178）

---

① 张仲宇：《桂林盛事记》，载曾枣庄、刘琳主编《全宋文》第214册，上海辞书出版社，2006，第276页。

② 叶适：《醉乐亭记》，载曾枣庄、刘琳主编《全宋文》第286册，上海辞书出版社，2006，第76页。

登进士第。《醉乐亭记》中的"拱揖""阴阳"虽然常被风水学说作为术语来用，然而叶适在此篇记文里，是用风水学中的术语来描述乐亭为自然形成的形胜之地。乐亭山水之美，被世人认为是吉祥之地。很多人在寒食节来此扫冢祭祀，形成了西山游乐之所。与朱熹的阳宅风水观相比较，叶适与朱熹一样，更多的是描绘山水之美、自然形胜。

材料七是吕午的《送程德章归新安叙》[①]：

> 始予游黟之桃源，自墨岭入，两石对峙如剑门，坡陇左袤，壑谷右浚，心固已异之。少进，峰峦周遭，岩洞嵌空，路缭曲深窈。可二十余里，至黄陂，忽轩豁平衍，古木挺拔列道傍。山从北来，横亘端耸，宛若屏障。东西两臂，皆重复蜿蜒。其南则丁、巽二峰，秀丽奇特，上入云霄。四山相拱揖，环绕连属，如城郭然。中有双溪，循两臂流，滩濑湍激，交会于霭峰之前。公侯之居，人士之庐，与山光水色相照映。耕者钓者，飞者潜者，如在画图，使人洞心骇目，应接不暇，李太白所谓"别有天地非人间"也。予意山川若此，必钟秀于人，其显者既已登政府，跻法从，把麾持节，表表当世，与是山川英灵之气，磅礴而上腾矣。

吕午（1179—1255），字伯可，徽州歙县（今安徽歙县）人，年十五入郡学，嘉定四年（1211）第进士。吕午在此文中说，桃源"其南则丁、巽二峰，秀丽奇特，上入云霄。四山相拱揖，环绕连属，如城郭然"。前文分析过，"拱揖""环绕"是比较典型的风水术语，常用来说明此处是风水宝地。"予意山川若此，必钟秀于人"，意即山川俊秀、物华天宝，则人必定钟灵毓秀、卓绝非凡。吕午所表达的风水观念是，形胜之地，钟秀于人，即"一方水土养一方人"。与朱熹的风水观念相比较，吕午同样注重山水形胜，不过在管锥山

川审美之余，他还相信好的风水必定给人带来好的造化。

材料八是苏辙的《卜居赋》[①]：

> 昔予先君，以布衣学四方，尝过洛阳，爱其山川，慨然有卜
> 居意，而贫不能遂。……然平昔好道，今三十余年矣。老死所未能
> 免，而道术之余，此心了然，或未随物沦散，然则卜居之地，惟所
> 遇可也。作《卜居赋》以示知者。

苏辙（1039—1112），眉州眉山（今四川眉山）人，嘉祐二年（1057）
进士。苏辙之父苏洵曾经到过洛阳，爱其山川，有卜居此地之意，因为贫困
而未能遂意。苏辙平时好道，有三十余年的光景，在修习道术的过程中，逐
渐形成了达观豁然的人生态度，卜居洛阳既是为了完成父亲的心愿，也是爱
洛阳山川之美。他感慨卜居之地可遇不可求，应顺其自然。在这点上，他与
朱熹有相似之处，二人都是注重山川审美，遇到喜欢之地就定居，并没有过
分考量风水因素。

材料九是范纯仁的《薛氏乐安庄园亭记》[②]：

> 蒲，舜都也，秦分为河东郡。地沃人富，自汉唐至今，为秦、
> 晋之都会，固宜人物之多奇也。薛氏为河东著姓，世有显人。皇朝
> 枢密直学士乐安公，以清德直道事太宗及真宗皇帝，门族尤盛，
> 今中大夫公即其第几子也。象贤继世，诏封五郡，三领部使，四
> 典巨镇，高识懿行，为时名臣。六十丐闲，七十请老，以三品归
> 第。乃于郡郭之东北，披冈带河，择爽垲之地，远城市之喧，筑
> 室以居焉。

---

① 苏辙：《卜居赋》，载曾枣庄、刘琳主编《全宋文》第93册，上海辞书出版社，2006，第360–361页。

② 范纯仁：《薛氏乐安庄园亭记》，载曾枣庄、刘琳主编《全宋文》第71册，上海辞书出版社，2006，第299–300页。

范纯仁（1027—1101），字尧夫，吴县（今江苏苏州）人，范仲淹次子，皇祐元年（1049）进士及第，父死乃出仕，签书许州观察判官事、知襄邑县。他在《薛氏乐安庄园亭记》中指出，薛氏乐安公门楣显盛，是当时名臣。他七十岁告老还乡，在河东郡城东北方，"披冈带河，择爽垲之地，远城市之喧，筑室以居焉"，是说此处山川环绕，于是选择干爽平坦之地卜居，远离城市喧嚣。范纯仁在记文中，只是就事言事，并没有显露其阳宅卜局的风水观念。就此看来，范纯仁与朱熹相似，在阳宅卜居方面，看重的是山水形胜，而非趋吉避凶的传统风水观念。

通过南宋时期文人墨客关于"卜居"的文献记载，可以看出南宋社会盛行卜居之风，然而众人卜居的理念各有不同。有人追求山水美景，有人寻求心情闲适，还有人追求"风水宝地"以利后代。朱熹的阳宅观与上引九条史料所反映的卜居观念相比，一个明显的特点是比较"纯粹"，即主要表达一种风水审美、天人合一的意境，并不包含追求富贵发达的世俗风水观念。

第三节　家国卜居之三：宅内风水

我们知道，在阳宅风水中，住宅本身包括住宅的坐向、门窗的设置、梁椽的设置等等，这些都是阳宅风水所关注的要素。堪舆家认为，房屋具备良好的外部环境还不够，还需要立向准确，宅内布局合理，才可以称为真正的好风水、好住宅。关于这点，清代堪舆大家赵九峰在《阳宅三要》中指出，阳宅宅内风水的三个重要因素：其一是门，门是阳宅关键所在，是一家人朝夕出入所经；其二是主，即居卧之所；其三是灶，民以食为天，故灶相关甚大。

朱熹是否关注过宅内风水，这是一个全新的问题，也是一个难度较大的问题。本书试根据所掌握的有限史料，对此做一个简单的讨论。这样，可以对朱熹阳宅思想的完整性有一个更好的把握。

一、宅内风水研究现状

中国历史上下几千年，宅内风水在民间影响比较大。然而，关于这一方面的研究始终十分薄弱。周蓓的《宋代风水研究》，就宋代一般的宅内风水情势做了简要论述。

第一，住宅布局。《宅经》言："凡人所居，无不在宅，虽只大小不等，阴阳有殊，纵然客居一室之中，亦有善恶。"[①]所谓"客居一室"，说的是宋代阳宅小格局，即宅内形。风水具体讲究多涉理气，比如九星、九宫、八卦、二十四路等，其法主方位占断，结合居住者的八卦命宫以得出相属的吉凶方位。再比如"二十四路者，随宅大小，中院分四面作二十四路。十干、十二支、乾、艮、坤、巽，共为二十四路是也。"[②]这是说依照此法将方位分为二十四方。其中"乾将三男震、坎、艮，悉属于阳位，坤将三女巽、离、兑，悉属阴之位。是以阳不独王，以阴为得；阴不独王，以阳为得"[③]，即是说分属阴阳后，强调阴阳的相属配合，才谓相得。

第二，时日禁忌。比如"每年有十二月，每月有生气、死气之位，但修月生气之位者福来集，月生气与天道、月德合，其吉。路犯月死气之位，为有凶灾"[④]。《宋史·艺文志》中也收有《行年起造九星图》《九星修造吉凶歌》《阴阳宅经》《阴阳二宅图经》《黄帝八宅经》《淮南王见机八宅经》《黄石公八宅》《活曜修造吉凶法》《修造九星法历代史相》等。

第三，风水派别。魏晋以来，堪舆术更加兴旺发达，唐宋时，堪舆术分为两大流派：一是形法派，亦称峦头派；二是理气派，又称方位派。对于阳宅风水，形法派与理气派的侧重点不同，前者重宅外形，即风水大格局，于宅内亦讲究方位布局，但强调不多；后者主要用于市镇，对宅外形无太多考

---

① 方成之整理《宅经》，载季羡林、张岱年主编《四库家藏·子部·术数》，山东画报出版社，2004，第1页。

② 同上书，第1—2页。

③ 同上书，第2页。

④ 同上书，第5页。

究，主要侧重宅内形，极多禁忌。黄妙应在《博山篇》中将阳宅分为乡居与城居。这种分法与宋代（尤其是南宋）市镇经济的发展有不可割裂的对应关系。乡居与城居的风水应用有很大差异。比如"看乡居，论胎息，论阴阳，论缓急，论浮沉，论起伏，论龙虎，论缠托，论朝案，论城郭，论水口，论八国"。其运作原理为："明饶减，乃架屋。妄增高，恣穿凿，伤龙神，福已消。路从水，门从木，精水位，详作法。"又比如"看城居，论入局。论明堂，论水曲，论卑高，论广狭，论门庭，论比屋"。其运作原理则是："虎忌冲，龙忌压。反巷伤，楼台杀。天井深，开井捐。岑太高，岑太促。入首来，覆金捐。逢土安，逢木发。水则清，火则覆。细推详，毋恍惚。"①《博山篇》一般被归为形法派的著述，但其论述已经可以初见后世形法、理气两派融合的端倪。

周蓓对宋代宅内风水的研究尽管比较简略，但对于我们了解当时的风水思想有所启示。关于宅内风水的问题，吴红娟在《转型时期风水现象盛行的社会学探析——以河南省S县为例》中也有阐释。

吴红娟指出，建房上梁立柱是宅内风水最大的讲究，因"梁"有"脊梁""栋梁"的寓意，象征一家之主的命运，因此一般请风水先生主持，以确保上梁过程的平安顺利及以后生活的幸福祥和。在上梁仪式过程中，风水仪式的目的是驱鬼去煞，凝聚龙脉气运。吴红娟在文中记载："在S县，上梁之前，'吉时'的确定是关系风水气运最重要的一环，由风水先生测算，要与东家男女主人的年庚、命格相符，且不能与木匠、瓦匠的命格'犯冲'。"根据吴红娟的调查，在"吉时"到来之前，房屋主人在协助完成木匠与瓦匠两位掌尺师傅安排的任务外，还要准备上梁所需的各种材料、物事等；女主人还需要准备好丰盛的上梁酒宴和馒头。一切准备就绪后，大梁由主人从家中抬出至新房，梁上有书云"某年某月某日吉时，某某（主人长辈姓名）上梁大吉"（有的写有"吉星高照，福禄祯祥""擎天白玉柱，驾海紫金梁""上梁喜逢黄道日，立柱正遇紫微星"等对联），而梁木上要绑上

---

① 黄妙应：《博山篇》，载周文铮、王拯驹、钟琳等注译《地理正宗》，广西民族出版社，1993，第331页。

几双筷子，挂上一串铜钱，铜钱末端系有一块红绸布。其中，"筷子"象征人口兴旺，取"快生子"之意；而"铜钱"则象征财宝；红红的绸布像燃烧的火焰，意为"人财两旺"。后墙上需要贴上"姜太公在此，众神皆退"的红纸联。

除了这些准备工作，根据吴红娟的调查，上梁还要选择"吉时"。上梁的"吉时"一到，要在对着正间的屋外空地上放好供桌，桌上燃一对红烛，供有鸡、鱼、酒、肉等菜肴，中间设香炉焚香。供桌后面放置以红布封口，内盛小馍馍、栗子、红枣、糖等物事的柳斗。主人在供桌前焚香烧纸、磕头祭拜。吴红娟所记录的上梁仪式是根据《社旗县志》和《中国民间文化集成：河南社旗县卷》（内部资料）以及民间口述资料整理；她还根据《中国民间文化集成：河南社旗县卷》（1987年，第328页）中的相关资料，展示了木匠与瓦匠两位掌尺师傅边唱喜歌边上房梁的场景："进大门，观四方，明三暗五盖得强，四块金砖托玉柱，两根玉柱架金梁，木是好木，梁是好梁，长在南阳卧龙岗上……"然后，两位掌尺师傅便登上房顶，木匠在东，瓦匠在西。之后，二人便开始向上拉大梁，大梁的朝向要避开邻居的客厅及院落。在大梁离地后，点燃事先缠挂好的鞭炮，两位师傅边拉大梁边唱喜歌，等将梁拉到顶安装好以后，再放下两根红绳，木匠提斗，瓦匠提酒，待到将酒与斗拉到屋顶后，瓦匠打开酒瓶沿梁洒下，木匠则拆开封斗的红布，清嗓高唱："一张桌子四角方，酒壶菜碗都摆上，许多东西成对成双。兴许（或许）仙人看，也许凡人望。这把壶儿打得强，烧黄二酒里面藏。东家不敢吃，凡人不敢尝，但等鲁班师傅来上梁。空案一张摆在当阳，一对金蜡插在两旁，齐（音）墨斗齐（音）墨斗，齐（音）下墨斗圣人留。南方修下观音阁，北方修下五凤楼，楼上插金花，富贵荣华头一家。"

吴红娟在文中指出，上梁这种风水仪式的基本原理就是寓意人与神的交流，同时也有当时在场的人之间的交流和互动。

二、朱熹的上梁文研究

吴红娟关于上梁仪式的研究，对于我们理解朱熹的宅内风水思想有一定的启迪作用。与朱熹有关的上梁文记载主要有以下几条材料。

第一条是《经史阁上梁告先圣文》^①："书楼之役，工告偻功。虔举修梁，卜日惟谨。敢以释菜之礼，告于先圣先师至圣文宣王。惟先圣先师启迪众志，畀以有成。谨告。"第二条是《告护学祠文》^②："书楼之役，工告偻功。虔举修梁，卜日惟谨。是用告于尔神，惟尔有神尚佑众心，以相兹事。"这两篇告文的大致意思是说，书楼的建设将要成功，卜吉日上梁，以释菜之礼，虔诚地告知于先圣先师至圣文宣王或诸神。至圣文宣王，指的是孔子，孔子作为儒家大师，启迪众志，畀以有成。在这两段文字中，我们可以看出，朱熹是希望借上梁这一风水仪式，祈求孔圣人施以学识的祝福。朱熹所要表达的是一种美好的希望和祈愿。

第三条是《同安县学经史阁上梁文》^③，文章内容如下：

> 儿郎伟：大同古地，骆粤名邦。间出巨人，鼎在公卿之位；亦多贤士，郁为同里之师。虽山川之炳灵，乃教化之纯被。比罹屯难，益复浇漓。学校荒凉，久风猷之不竞；图书散脱，阅弦诵以无声。诏令壅而弗宣，父兄以为大戚。顾惟窃食，敢不究心？是以申谕诸生，俾沈潜于训义；力衰众记，务广博其见闻。幸大府之哀怜，总群书而推予。惟上贤笃意于教诱，使邑子蒙幸于作成。爰即学宫，创为杰阁。庶缄縢之慎固，绝虫鼠之觊觎。既画诺于县庭，旋受金于省户。西曹藉力，群彦并心。而吏惰不供，几若道旁之室；顾人疲久役，将起泽门之讴。迨程事之既严，始抡材而甫就。偻功见效，献室有期。不惟士得读未见之书，人知自励；且使书得为无穷之利，计以永存。聊出词章，用升梁栭。想均童

---

① 朱熹：《经史阁上梁告先圣文》，载曾枣庄、刘琳主编《全宋文》第253册，上海辞书出版社，2006，第257页。

② 朱熹：《告护学祠文》，载曾枣庄、刘琳主编《全宋文》第253册，上海辞书出版社，2006，第257页。

③ 朱熹：《同安县学经史阁上梁文》，载曾枣庄、刘琳主编《全宋文》第253册，上海辞书出版社，2006，第293~294页。

耄，共此欢呼。

儿郎伟，抛梁东，晓日瞳眬出海红。照见黉堂通复阁，层甍如画插晴空。

儿郎伟，抛梁西，春草秋云极望低。文圃山高君莫羡，圣门山截与天齐。

儿郎伟，抛梁南，沧溟无际水天涵。荡漓鱼龙君莫畏，渊源学海更潭潭。

儿郎伟，抛梁北，错落众星高拱极。昭回运转君莫疑，灿烂光明在方册。

儿郎伟，抛梁上，圣朝硕辅苏丞相。鲁无君子定虚言，犹是诸生丈人行。

儿郎伟，抛梁下，人老遗书追董贾。诸生勉继旧王贡，时泰不忧身在野。

伏愿上梁之后，士无废业，家有传书。究述作之原，遂见古人之大体；际功名之会，起为当世之儒宗。惟不悖其所闻，乃式符于深望。

这篇文章，首先介绍了大同古地驰名邦国，这里多出公卿与贤士。虽说是山川之灵，但也教化纯良。然而，时过境迁，同安县学荒凉已久，图书散脱，不闻读书声。于是召集乡里，举一县之力，重新修建了县学。现在，县学将成，只待上梁。在此，与童叟共欢呼，希望上梁之后，"士无废业，家有传书"，殷切地希望县学能出现功成名就的当世大儒。文中，"儿郎伟，抛梁东，晓日瞳眬出海红。照见黉堂通复阁，层甍如画插晴空。……儿郎伟，抛梁下，人老遗书追董贾。诸生勉继旧王贡，时泰不忧身在野"，都是借助上梁这一风水仪式，表达朱熹作为理学宗师的一种人文期待。其中，"伏愿上梁之后，士无废业，家有传书"，与前引吴红娟论文中的"富贵荣华头一家"一样，虽然包含着风水术中最根本的因素——吉凶祸福和命运前定，但仍可视为一种吉祥的祝福，而不一定是"风水信仰"。①

此外，朱熹的《泉州同安鹤浦祖祠堂记》②中也有一段关于宅内风水的重要论述：

> 惟同有浦，乃山水之最佳者也。浦之西曰西湾，即石尚书府。又其中南向宝珠屿，北枕仙旗山，有一广厦，华丽完壮，丹赤黝垩，巍然临于其上者，石家祖祠也！其龙自大版山、仙旗山而来，大断十余里，顿起凤山，复西转市头山，仍数里，复右转白鹤山，遵星角落，延迤至高浦而始聚。余至其地，观其旧制，甚不当意。遂择吉日，将地翻架三堂，后堂架阴厅，砌满漏岭阶脱煞，开玉尺井制左边风，隔正堂，架阳屋阴厅。天井内作日月井，用石盖密，制辰劫曜，并高迫撞煞。外作阳庭，以纳生气。将中堂开涵，对中宫直出天井。水吞啖，用内厅底直出至□（此处似应为"巽"字）方蟠龙沟，此余之作法也！至其龙，后乐丰美高耸，前案秀丽，贵有卿相。水口龟□（此处似脱一"蛇"字）相会，宝珠耀灵，富有

---

① 如何认定"风水信仰"，本身也是一个有争议的问题。美国著名汉学家韩明士在《道与庶道——宋代以来的道教、民间信仰和神灵模式》中说："当然，使用'信仰'（believe）这个词也易引起其他问题。有些人可能会说，这个词在西方，特别是基督教以外的语境下并不合适。他们认为这是对信仰语汇的滥用，并怀疑人们在其他地区找不到它。其他人可能会说，我们涉及的人只是简单地知道我们称之为'信仰'的东西时，'信仰'是误用。如果将这种观点加以引申，说中国人信奉孝敬父母是人的主要义务，便是将一种不属于他们的态度加在他们身上，因为这种态度知道可以信奉其他东西。最后，人们或许会说，中国宗教根本与精神上的虔信教理无关，无论称之为信仰、知识或其他东西，它只是正确的言行方式而已。当我说中国人'信仰'神祇，我用的完全是该词的大致意思：一些中国人如果有被人询问，可能会说世上有某某神，做过某某事，他（或她）能听到民众的祈祷，享用祭品，他是某个人物或某种力量，可根据它的行为去推测。我不想说任何特殊'信众'感受的可靠程度，无论他只是更'信'，或者更'了解'，或者只是简单地'希望'或'发誓'。"受此启发，是否可以说，朱熹在《同安县学经史阁上梁文》中表达的，可能就是一种介乎"希望"与"信"之间的态度。（参见〔美〕韩明士：《道与庶道——宋代以来的道教、民间信仰和神灵模式》，江苏人民出版社，2007，第15页。）

② 朱熹：《泉州同安鹤浦祖祠堂记》，这是2002年新发现的一篇文献。福建朱子学研究的著名学者林振礼认为，这一文献的前半部分为朱熹原文，后半部分为后人伪托。（参见林振礼：《朱熹风水观与闽南民俗》，《闽都文化研究》2004年第2期，第975-997页。）

陶倚之隆。圃山拱照，功名后先而联续。玄武水缠，钱谷可久而可大。万水环绕，人丁众多。御屏高列，地灵人杰。余莅同日久，见世家巨族有好地，而往往起盖不合法者多矣。

林振礼先生最先关注并使用了这段材料："正文（三百八十六字）记述了当时石家祖祠的风水，因'观其旧制，甚不当意'，故为石氏'将来之福'而改造祠堂建筑结构的经过。……与朱熹风水观的环境与阳宅理论是一脉相承的，而且更为具体而微，涉及环境与审美，涉及闽南地区民间建筑的选址择日、采气通风、避煞禁忌，等等。这也是其特殊的研究价值之所在。"[①]其实，这段史料更大的价值在于其对宅内风水的记载，这是朱熹的其他风水文献所没有的。根据这条材料可知，朱熹对石家祖祠的"宅外风水"十分满意，但对其宅内风水不甚满意（"观其旧制，甚不当意"），于是对宅内风水格局进行了新的调整。其调整的基本程序是：第一，择吉日；第二，翻架三堂，包括架阴厅等一系列工程；第三，天井内的布局，包括作日月井、用石盖密封以避煞等；第四，外作阳庭，以纳生气等；第五，内厅排水等。这些环节，显然都包含着明显的风水思想，甚至也包含着"前案秀丽，贵有卿相""功名后先而联续"等祸福吉凶和命运前定的内容。但由于朱熹只是应邀为石家祠堂作记，这就与应邀作《同安县学经史阁上梁文》一样，所欲表达的可能只是一种吉祥的祝福。但无论如何都足以表明，朱熹对宅内风水的理论与原则不但十分熟悉，也是高度认同的。

三、陈元靓《事林广记》

朱熹关于宅内风水思想的论述寥寥，我们不妨从与朱熹颇有渊源的陈元靓周边了解朱熹的宅内风水观。

1. 陈元靓简介

陈元靓，生活于南宋末年至元代初期，福建崇安人，除《事林广记》

---

① 林振礼：《朱熹风水观与闽南民俗》，《闽都文化研究》2004年第2期，第977页。

外，还编有《岁时广记》《博闻录》等书。《岁时广记》《博闻录》等书为元代生活百科，《事林广记》有许多南宋生活百科内容。

刘祥光先生曾在《两宋士人与卜算文化的成长》[①]中介绍过《事林广记》。《事林广记》涉猎范围广泛，主要功用与现今的日用百科全书相似。其内容、篇幅及文字难易度，比较适合士人或（识字较多的）商人阶层日常生活参考之用。书中有一卷名为《卜史类》，内容即是告诉读者如何卜卦，其中也包括面相。还有一卷名为《选择类》，内容包括官职转受的日期、动土日期、男女合婚法、丧葬吉日、灯花占吉凶与解梦等法。刘祥光先生认为，陈元靓在编写该书时，肯定考虑到了读者的接受能力，令读者翻阅之后就能使用。或者说，《事林广记》有关卜算的这一部分，当时的读者可以在既有知识的基础上，运用该书所教授的技巧自行卜算。这样看来，当时关于卜算的知识已近乎生活常识，融入了宋代士人的生活之中。

另据胡道静先生的考证，《岁时广记》成书于南宋末年，由福建崇安五夫里（今武夷山市五夫镇）陈元靓编撰。《岁时广记》以类书的方式记载了这一时期之前的岁时节日资料，在历代岁时记中起着承前启后的作用。如今，此书已成为人们研究岁时节日民俗的一本重要资料汇编。

2. 陈元靓与朱熹

陈元靓与朱熹虽然不是同辈人，但家族渊源甚深，同在崇安五夫里居住，为通家世好。陈元靓与朱熹的嫡长孙朱鉴往来较多，朱鉴曾为陈元靓的《岁时广记》作序。

《四库全书总目》中关于陈元靓的记载如下："元靓不知其里贯，自署曰广寒仙裔。而刘纯作后序，称为隐君子。其始末亦未详言，莫之考也。书前又有知无为军巢县事朱鉴序一篇，鉴乃朱子之孙，即尝辑《诗传遗说》者，后仕至湖广总领。元靓与之相识，则理宗时人矣。"

胡道静在《元至顺刊本〈事林广记〉解题》一文中，对陈元靓事迹有明

---

① 刘祥光：《两宋士人与卜算文化的成长》，载蒲慕州编《鬼魅神魔：中国通俗文化侧写》，麦田出版社，2005，第221-278页。

283

确考证^①：

> 陈元靓的里贯履历，几无所知。《四库总目提要》卷六十七称：
> "元靓不知其里贯。"由于他的另一著作《岁时广记》署名"广寒
> 仙裔陈元靓"，经陆心源考知他是福建崇安人。因为这个别署表明
> 他是广寒先生的后代。据《崇安志》的记载，广寒先生姓陈，不知
> 其名，崇安人，为五季、宋初陈希夷的弟子。后尸解，墓在建阳县
> 三桂里水东原。崇安有仙亭峰、白塔、仙洞^②等胜迹，都以广寒得
> 名。子逊，绍圣四年（1097）进士，官至侍郎，尝构亭于墓所，名
> 曰'望考'。后来朱熹尝居其地，故得'考亭先生'之名。元靓应即
> 是陈逊的后裔。元靓的《岁时广记》前有刘纯所撰引文，内称："龟
> 峰之麓，梅溪之湾，有隐君子，广寒之孙，涕唾功名，金玉篇籍。"
> 按，崇安县东乡五夫里有龟山；又有西坑岭，为梅溪之源。梅溪西
> 南流入崇溪，崇溪即崇安之主流也。因此知陈元靓是崇安五夫里
> 人。又，靓祖广寒先生仙亭峰胜迹亦在五夫里。可知元靓并无功名
> 仕历，唯隐居著书而已。^③

据胡道静先生的考证，陈元靓与朱熹为同乡。根据如下：一是陈元靓为
广寒先生的后裔。《崇安志》记载，广寒先生姓陈，崇安人，去世后葬在建
阳县三桂里水东原。后来，广寒先生之子陈逊，曾经打算将墓所建在考亭，
而考亭亦是朱熹晚年定居的地方。胡道静先生认为，陈元靓是陈逊的后裔。
由此可知，陈元靓与朱熹同为崇安县人，朱熹晚年定居的考亭是陈元靓先人
的墓所所在地。二是陈元靓著书的场所。陈元靓隐居著书所在地，如刘纯在

---

① 王珂：《宋元日用类书〈事林广记〉研究》，博士学位论文，上海师范大学，2010，第9-10页。
② 据魏时应修、张榜纂《万历建阳县志》卷一"舆地志"载，该县有白塔山，其山亦跨崇安境。
显然胡氏此处断句有误，当作"崇安有仙亭峰、白塔仙洞等胜迹"。参见中国科学院图书馆选编《稀
见中国地方志汇刊》第31册，中国书店，1992，影印本，第601页。
③ 胡道静：《元至顺刊本〈事林广记〉解题》，载胡道静《中国古代典籍十讲》，复旦大学出版
社，2004，第160页。

《岁时广记》引文中所言："龟峰之麓，梅溪之湾，有隐君子，广寒之孙，涕唾功名，金玉篇籍。"而龟山在崇安县五夫里，崇安县西坑岭又为梅溪之源。综合地理位置，可知陈元靓隐居所在地为崇安五夫里，与朱熹居住了四十余年的五夫里为一处。

王珂在《宋元日用类书〈事林广记〉研究》[1]中，对陈元靓的乡址也做过考究。"其始祖名法会，法会曾孙名盛，此人即建阳人广寒先生，曾官建州刺史。盛有四子，今知其名者有二：长子望，为闽主王延政麾下战将；另一人即逊，字师诲，族行二十四，官至南唐侍中。元靓究竟为盛何子之后裔，因无文献可征，故不得而知。"[2]王珂认为，不能确定陈元靓是陈盛四子中哪一位的后代，但陈元靓是建阳陈氏的族人，建阳陈氏与朱熹家族为世交。

陈元靓与朱熹的另一交集表现在朱熹嫡长孙朱鉴曾为陈元靓的著述《岁时广记》作序。王珂在他的博士论文《宋元日用类书〈事林广记〉研究》中曾做过考证：

> 陈元靓撰《岁时广记》，蒇事之日，求序于刘纯、朱鉴，此举看似无甚深意，实则不然。何以言之？纯字君锡，建阳人，以父荫补沙县簿，历分宜县丞，转授太平惠民和剂局监门，后调河北帐干，卒赠朝散郎。（参见《万历建阳县志》卷六"人物志"，见《稀见中国地方志汇刊》，第31册，第739-740页）鉴字子明，朱熹嫡长孙，以荫补迪功郎，累迁奉直大夫、湖广总领。（参见《万历建阳县志》卷六"人物志"，见《稀见中国地方志汇刊》，第31册，第733页）朱、陈二族乃世交，"松（熹父）初仕入闽，游宦往来，侨寓延、建间，与考亭陈、卓二氏相往还，欲卜居未就"（参见《万历建阳县志》卷六"人物志"，见《稀见中国地方志汇刊》，第31

---

① 王珂：《宋元日用类书〈事林广记〉研究》，博士学位论文，上海师范大学，2010，第12页。
② 同上书，第15页。

册，第731页），后熹晚年始居考亭。又，熹之季父樵有《盖竹与
陈和仲昆季》诗一首，其尾联云："朱陈自古同乡社，更约青云作
往还"（朱樵《玉澜集》，附见朱松《韦斋集》，见《四部丛刊续
编》集部，上海：上海书店，1985年影印本，第64册，第13页；
又，傅璇琮等编《全宋诗》，北京：北京大学出版社，1998年版，
第33册，第20771页），可见两家交谊匪浅。

陈元靓作为隐居文人，邀请刘纯、朱鉴为其《岁时广记》作序。刘纯
与朱鉴都是功名在身的人，而且三人同乡，陈元靓与朱鉴两家世交。作为建
阳陈氏宗族的一员，陈元靓邀刘纯、朱鉴作序，既借乡贤之名，亦修世交之
情，可谓一举两得。

从辈分上看，陈元靓与朱熹不会有何直接往来。但鉴于二人同为崇安五
夫里人，且陈元靓所在家族与朱熹往来密切，陈元靓请朱熹之孙朱鉴为自己
的著作写序，笔者认为，作为晚辈的陈元靓，多多少少会与朱熹产生交集，
尤其在学问上，受其影响应该是比较大的。

3.《事林广记》中的宅内风水

朱鉴在《岁时广记序》中说：仰以稽诸天时，俯以验之人事，题其篇端
曰《岁时广记》，求予文而序之。予惟陈君尝编《博闻》三录，盛行于世。
况此书该而不冗，雅而不俚，自当与并传于无穷云。[①]《事林广记》从礼仪、
闲情、巫蛊、耕织、悬壶、闺妆六大方面对中国古代生活进行了介绍，每个
方面单独成卷，既有对古代日常生活细节的描述，也介绍了中国古人的宗教
思想。其中，能够体现陈元靓阳宅风水思想的内容，主要在《事林广记》第
三卷《巫蛊》中，这一卷简单介绍了巫蛊、卜史、易卦、吉凶之日选择、金
石之术等内容，以及与宅内风水相关的器物"尺"。尺是设计营造的准绳，
它不仅是度量的标准，其精确程度还反映了技术水准的高低。在宋代，有些
尺子既是建筑设计工具，也是风水器物，与构筑过程中的营建风水密切相关。

---

① 朱鉴：《岁时广记序》，载曾枣庄主编《宋代序跋全编》，齐鲁书社，2015，第1367页。

"尺"多用于作门，《阳宅十书》中说：

> 夫人生于大块，此身全在气中。所谓分明人在气中游者是也。惟是居房屋中，气因隔别，所以通气只此门户耳。门户通气之处，和气则致祥，乖气则致戾，乃造化一定之理。故古先圣贤制造门尺，立定吉方，慎选月日，以门之所关最大故耳。

此材料所体现的是古代风水理论的一个重要观点：视门户为咽喉。造门安门，成为举足轻重的事情。在古人看来，门户得体，则和谐祥瑞，反之则是要吃苦的。陈元靓在《事林广记》中记载：

> 鲁班即公输般……其尺也，以官尺一尺二寸为准，均分为八寸，其文曰财、曰病、曰离、曰义、曰官、曰劫、曰害、曰吉；乃北斗令七星与辅星主之。用尺之法，从财字量起，虽一丈十丈皆不论，但于丈尺之内量取吉寸用之；遇吉星则吉，遇凶星则凶。亘古及今，公私造作，大小方直，皆本乎是。作门尤宜仔细。又有以官足一尺一寸而分作长短者，但改吉字作本字，其余并同。

陈元靓认为"鲁班尺"关乎财、病、离、义、官、劫、害、吉，作门用"鲁班尺"尤其要仔细，这是一种比较传统的风水思想。同时，陈元靓在《事林广记》中提及的"鲁班尺"，也是关于"鲁班尺"的最早记载。

确定门的尺寸，往往不能单用鲁班尺。除用到鲁班尺的财、义、官、吉以外，还有"一白""八白"等。后者来自木匠通常所用的曲尺。曲尺以十寸为一尺。《鲁班营造正式》中说，"曲尺者，有十寸，一寸乃十分。凡遇起造至开门高低，长短度量，皆在此上。须当奏（凑）对鲁班尺八寸，吉凶相度，则吉多凶少为佳。匠者但用傚（仿）此大吉。"①

关于曲尺是如何配合鲁班尺使用的，陈元靓《事林广记》记载："《阴阳书》云：一白、二黑、三绿、四碧、五黄、六白、七赤、八白、九紫，皆星之名也。惟有白星最吉。用之法，不论丈尺，但以寸为准，一寸、六寸、八寸乃吉。纵合鲁班尺，更须巧算，参之以白，乃为大吉。俗呼之'压白'。其尺只用十寸一尺。"这里，陈元靓认为，九星中白星最吉，用压白（曲尺）配合鲁班尺，才能取到最吉。陈元靓在这里阐释的都是典型的民间宅内风水。

除鲁班尺、曲尺外，《事林广记》还记载有"玄女尺"："《灵异记》曰：玄女，乃九天玄女。造此尺专为开门设。湖湘间人多使之。其法以官尺一尺一寸为准，分作十五寸，亦各有字用之法，亦如用鲁班尺。遇凶则凶，遇吉则吉；其间尺有田宅、长命、进益、六合、旺益、玄女六星吉，余并凶。"

关于"尺"在宅内风水中的应用，朱熹本人也是非常重视的。前引《泉州同安鹤浦祖祠堂记》中，他对"甚不当意"的石家祖祠的宅内风水进行了重新布局，其中就直接使用了"玉尺"。②由于朱、陈两家为世交，而朱熹之孙又为《事林广记》作序，因而可以大致推断，陈元靓关于"鲁班尺""曲尺""玄女尺"在宅内风水中的运用，应当与朱熹有一定关系。或者也可以反过来说，《事林广记》中关于"尺"的记载，可以为我们理解朱熹的"开玉尺井"等宅内风水思想提供一些具体佐证。

《同安县学经史阁上梁文》和《泉州同安鹤浦祖祠堂记》中的相关记载，以及《事林广记》中关于宅内风水吉凶的诸多讲求，从不同的侧面佐证了朱熹的宅内风水思想，这也大致可以印证本杰明·史华兹在《古代中国的思想世界》中认同的一个著名观点："除了预言和迷狂以外，在普通民

---

① 《明鲁班营造正式》，天一阁藏本，上海科学技术出版社，1988，第26页。
② 林振礼先生认为，"玉尺"即是形容"玉尺井"的美名，同时也包含营建尺度方面的吉凶观念和操作规矩。（参见林振礼：《朱熹风水观与闽南民俗》，《闽都文化研究》2004年第2期，第975-997页。）

众那里所能发现的每一种宗教现象都能够在有教养的精英们之中转变为信念与礼仪。"①

第四节　宋人卜居的人文意蕴

阳宅风水大至勘察论断山川河岳，中至谋划布局城镇聚落，小至占卜调理私宅吉凶，形成了一套包含天文、地理、气象、建筑设计、阴阳八卦、风土人情等学问的复杂理论体系，这些内容在宋代均已发展成熟，是宋人卜居的必要参考。这里，笔者也从宏观、中观、微观三个层次尝试论述宋人卜居的人文意蕴，以便从更加宏阔的历史角度，进一步增进对朱熹风水思想的认识。

一、天下一统的家国想象

山脉可谓是风水的逻辑起点，《考工记》云："天下之地势，两山之间必有川焉，大川之上必有涂焉。"②风水学说通常把绵延的山脉称为龙脉，看风水首先要搞清楚来龙去脉，顺应龙脉的走向。先秦典籍《禹贡》把中国山脉划分为"四列九山"，龙脉源于西北的昆仑山，向东南延伸出三条龙脉，北龙从阴山、贺兰山入山西，起太行，渡海而止。中龙由岷山入关中，至泰山入

---

① 本杰明·史华兹：《古代中国的思想世界》，程钢译，江苏人民出版社，2004，第433页。史华兹这里引述的是弗里德曼《论中国宗教的社会学研究》中的一个观点。关于这一点，史华兹本人也有一段较长的分析。他说：在研究堪舆术的时候，弗里德曼把根据抽象的相关性宇宙论所作的解释归结为共同宗教的精英版本，而把根据鬼神实体所作的解释归于共同宗教的民间版本。尽管从总体上讲我同意弗里德曼的观点，即邹衍和董仲舒的那种相关性宇宙论有可能起源于高层文化，但是，对于认为它根本没有渗透到民间文化中的看法，我持保留的态度。就像神灵世界的官僚制喻象一样，在历史进程之中，相关性宇宙论的范畴逐渐被吸收到了民间文化的结构中（尽管绝大多数时候是零碎的），在堪舆术、医药、算命术、星占术以及其他的日常生活关怀中，它们极大地影响了人们的生活。阴阳和五行并没有从民间宗教的话语中消失，并且在某种程度上还为精英与民间所共享的许多信仰提供了一种（解释性的）"理论"。（参见本杰明·史华兹：《古代中国的思想世界》，程钢译，江苏人民出版社，2004，第424页。）

② 王安石：《周官新义·考工记》，上海书店出版社，2012，第432页。

海。南龙由云贵、湖南至福建、浙江入海。每条大龙脉都有干龙、支龙、真龙、假龙、飞龙、潜龙、闪龙。①在此基础上进而提出九州说，九州又被合称为"赤县神州"，《史记》卷七十四载："儒者所谓中国者，于天下乃八十一分居其一分耳。中国名曰赤县神州，赤县神州内自有九州，禹之序九州是也，不得为州数。中国外如赤县神州者九，乃所谓九州也。于是有裨海环之，人民禽兽莫能相通者，如一区中者，乃为一州。如此者九，乃有大瀛海环其外，天地之际焉。"既然赤县神州与其他八州"人民禽兽莫能相通"，那自然是一个自成系统的独立整体，同属于一个"天下"。这种学说认识奠定了古人牢不可破的天下一统的思想。

就宋代而言，天下实则长期分裂，北宋与辽、西夏三足鼎立，南宋与金南北对立，所谓天下一统，已成空想，即便在这种情况下，宋代风水的宏观理论基础亦未有丝毫改变。例如，中国西北的昆仑山，历来被视为神圣之所，《山海经·海内西经》言："海内昆仑之墟，在西北，帝之下都。昆仑之墟，方八百里，高万仞。上有木禾，长五寻，大五围。面有九井，以玉为槛。面有九门，门有开明兽守之，百神之所在。"宋代时，昆仑山已长达数百年不在宋廷的管理范围之内，但宋代的风水地理书籍仍然将昆仑山作为万山之祖，其所处的西北地理之位，更被人们视为"天道之所出"。②又如，自五代时期以后，幽云十六州即被辽国占有，而南宋时，宋廷所控制的疆域仅限于淮河以南，对于幽云十六州更是可望而不可即。朱熹一生未踏入过北方，即便如此，当他察砂观水的时候，仍然充满了包举宇内的气魄。他认为天下风水以冀都（今北京一带）为胜，他说："冀都是正天地中间，好个风水。山脉从云中发来，云中正高脊处。自脊以西之水，则西流入于龙门西河；自脊以东之水，则东流入于海。前面一条黄河环绕，右畔是华山耸立，为虎。自华来至中，为嵩山，是为前案。遂过去为泰山，耸于左，是为龙。淮南诸山是第二重案。江南诸山及五岭，又为第三四重案。"③朱熹对冀都风水的论断

---

① 王玉德：《堪舆术研究》，中央编译出版社，2010，第56页。
② 参见余格格：《宋代风水文献研究》，博士学位论文，浙江大学，2016，第163页。
③ 黎靖德编《朱子语类》卷二，中华书局，1986，第29页。

大大超出了当时的宋金国域概念，显然，在他的概念里，"天下"处于同一个风水系统之中，即便一时因政权对立而分裂，但终当因风水一贯而统一。

纵观南宋一朝，始终不乏北伐收复旧土的主张，中国历史上亦曾数度经历长期的战略分裂，而最终"分久必合"，这背后深藏着十分强劲的文化心理基础。其中，中国古典的大风水思想扮演了重要角色，这里面既包含着古人对于九州地理形胜的朴素认知，同时也渗透着古人对于天下一统的家国想象。

二、天人合一的聚落结构

宏观大风水往往只存在于想象层面，规划城邑聚落则要重点考察中观层面的风水，这方面在宋代已经形成了成熟的"九宫八卦"和"五行"理论。前者根据风水学说的九宫八卦阵图，进行城市规划和建筑设计，使城市与周围的山脉、河流形成阴阳和谐互补，增强城市的吸气和聚气作用；后者则根据五行相生相克理论，划分了建筑的五行属性和风水能量关系，以求在特定的空间里起到化解负面能量、聚集积极能量的作用。这两种理论都强调天人合一、阴阳调和的原则，由此生成了具有中国特色的聚落结构，不论城市还是乡村，都尽量选址于平阔地带，周围要有河流环绕，四外要有山丘屏护，以便"藏风纳气"。《阳宅撮要》云："凡京都府县，其基阔大。其基既阔，宜以河水辨之。河水之弯曲乃龙气之聚会也。若隐隐与河水之明堂、朝水、秀峰相对者，大吉之宅也。"

古人未明自然之理，因此将"天人合一"的人居追求以一种充满神秘色彩的玄学话语表达出来，但在混沌之中，仍包含着科学和理性的因素："我们生活的这片土地绝大部分位于北回归线以北，西北风和东南风一年内交替出现，冬冷夏热，四季分明，是典型的温带气候。我们的地势是西北高，东南低，大部分河流和山脉也按照这个走向排列。在这种温度、湿度、太阳辐射、风、气压等地理环境中生存，决定了一定会有一种较为适于人类生存的居住样式。比如房子盖在什么地方不至于发洪水被冲掉，再比如房子选在什么样的方位，能够充分利用天然能源。在对居住的安全性、舒适性、能源利用度，甚至审美性的长期考察和经验累积过程中，古人逐渐形成了一些基本的风水概念，像负阴抱阳、背山面水、坐北朝南等。"①

由于历史变迁，宋代具体的人居聚落样貌现在大多已不可考，但我们可以通过宋代画作略窥一二。在宋代大量的山水画作中，可以清晰地看到，宋代聚落多依据风水思想选择山环水绕的地带建设，整体形态呈现出负阴抱阳、背山面水之势，聚落镶嵌在祖山、少祖山、主山、案山等一系列山体的包裹之中，形成山水林田融为一体的整体景观格局，王安石诗云"一水护田将绿绕，两山排闼送青来"，描绘的正是这一场景。这种人居环境不仅符合风水择胜原则，同时山水田相依的地理架构，也可以为渔樵耕织牧等农业生产活动的发展提供优良的自然资源依托。

至于平原地区，由于缺少必要的山水依托，风水格局则更多偏重于考察理念上的八卦、五行。如北宋的都城开封，平而无山，旷荡无收，直接面对八面吹来的风煞。北宋开国时，宋太祖曾有意迁都洛阳，但未能如愿。为了弥补风水上的缺憾，宋代帝王参仿天上的星相规划开封城市布局，以皇城、宫城模拟太微、紫微二垣；又自西北引金水河入皇城、宫城，以比附天上的"银河"，"贯皇城，历后苑，内庭池沼，水皆至焉"②；天上室宿的东面有东壁二星，宋廷便在皇宫的东面筹建了皇家图书馆——崇文院；天上太微垣的东面有天市垣，于是在皇宫东面也设立市场以与天市呼应，如此等等，不胜凡举。正如周邦彦《汴都赋》所论：宋东京城乃"天河群神之阙，紫微太一之宫，拟法象于穹昊，敞阊阖而居至尊"③。当然，除这类象征意义的皇家工程以外，开封城中也不乏富有市井色彩的风水设置。众所周知，《清明上河图》是北宋都城开封的"写真照"，从《清明上河图》中亦可以发现风水思想在城市聚落中的实践：图中的河为汴河，"水为财源"，河面之上架有一座虹桥，形成了关锁水财的风水布局；虹桥码头正对着一条街道口，这是入城的第一条街，人群熙来攘往，人气旺盛，所谓"宅宜静，铺宜动"，故沿街店铺

① 王鲁湘：《风水是一种文化》，《中关村》2013年第10期，第110页。
② 《宋史》卷九十四《河渠志·金水河》，中华书局，1985，第2341页。
③ 吕祖谦编《宋文鉴》上册，吉林人民出版社，1998，第57页。

鳞次栉比，即由此风水获利的得财者。

宋人可能尚未清晰地意识到这些现象背后的理性逻辑，而是将其付诸玄不可言的五行八卦之说，他们相信如果长期生活在"天人合一"的风水格局中，不但可以消灾免祸，而且更足以左右个人命运，影响家族荣衰。例如，宋人周必大就将黄庭坚家族的长盛不衰归功于其故里分宁（今江西修水县）风水的护佑：

> 参考图牒，自唐贞元十五年，分武宁八乡以名兹邑，西有幕阜山，其高千丈，广袤百二十里，修水北来，东南经县治，凡六百余里，下入彭蠡，此山川之最胜者也。黄氏本金华人，先生六世祖瞻尝为邑宰，厥后奉亲卜居，没则就葬。历三世家修水上，家学有声而先生出焉，此世家之可考者也，夫惟山川炳灵，世美交济，故其孝友之行追配古人，瑰玮之文妙绝当世。①

另外，需要特别指出的是，阳宅风水和阴宅风水并非判然可分，两者一直都共享同一套理论体系，而且也常聚集在同一个地理空间内，形成较强的共轭关系。我们从宋人的风水实践中，往往可以发现这样的例子：

> 新淦杨君图南，旷达人也，年未四十，入宜春幕府，片言忤郡丞，拂衣挂冠而去，不啻如弃涕唾。归筑室邑中，治名园酿美酒，客至未尝不饮，饮未尝不醉，醉则剧谈浩歌，傍若无人，如是者三十年。尝出郭四五里，入游家原，得异境焉，山环水周，草木丰茂，凡道宫佛寺与夫岩居而野庐者，虽不可尽见，然钟鼓之音相传，鸡犬之声相闻也。其幽邃如此，君忻然爱之，既卜寿藏于中，

---

① 周必大：《黄文节公祠记》，载曾枣庄、刘琳主编《全宋文》第231册，上海辞书出版社，2006，第249-250页。

又筑眉寿堂，以为往来游息之所。[1]

在该例中，新淦人杨图南觅得一处"山环水周，草木丰茂"的风水宝地，于是筑眉寿堂作为"往来游息之所"，又"卜寿藏于中"，作为永安之地。

按照风水思想设计的城邑聚落，主要是用来营建"天人合一"的优质人居空间，避免凶煞而多占吉利，然而宋代人们往往偏执于九宫八卦和阴阳五行的条条框框，而将事情引向人们所希冀的反面。还是以北宋开封的风水布局为例，尽管宋廷为了弥补开封的风水缺憾，进行了各种形式化的努力，但这些举措实际上都在不同程度上违背了自然、社会或经济规律，如元丰时期，李士京负责修筑开封外城，按照规划图纸开凿护城河，"来山乾艮，例皆发掘，将至震地，即上言：'民庶之家犹有避忌，况天子众大之君乎！'其论甚切，因是罢役"[2]。震地，属八卦中的东方，代表雷。正是由于对这处震地的避讳，致使这一带直到北宋末年仍旧"濠水浅小，绝难保守"。再如前文所举之金水河，北宋皇室为了"以象河汉"，故意将河水引入皇城，在引金水河入皇城时要经过汴河，便在汴河上设置透水槽，此举固然优化了皇城风水，但是"舟至启槽，颇滞舟行"，严重阻碍了汴河漕运。[3]

如果说，以上两例尚且无伤大雅，那么"艮岳"的修建则可以说直接颠覆了北宋王朝。北宋末年，宋徽宗为了扭转皇室人丁凋零的问题[4]，请道士刘混康察看风水，刘混康认为皇城北无靠山，东北方地势低陷，由于此处在风水上被称为"子孙山"，故而人丁不旺。于是徽宗便在此处大兴土木，修建"艮岳"（"艮"为东北之卦，故名"艮岳"），这便引发了大名鼎鼎的"花石

---

[1] 周必大：《眉寿堂记》，载曾枣庄、刘琳主编《全宋文》第316册，上海辞书出版社，2006，第220—221页。

[2] 周城：《宋东京考》卷一《京城》，中华书局，1988，第5页。

[3] 参见李合群：《试论影响北宋东京规划布局的非理性因素——象天设都与堪舆学说》，《河南大学学报》2006年第5期，第10页。

[4] 在历史上，北宋皇室长期人丁不旺，北宋前七个皇帝中，有三位出现了后继乏人的问题：宋真宗共生有六子，其中五个儿子早夭，只有一个儿子赵祯继承皇位；宋仁宗有三个儿子，全部夭亡，只能过继了一个儿子来传位；宋哲宗，仅有的一个儿子早夭，只能传位给自己的弟弟。

纲"，搞得民怨沸腾，天下扰攘，结果未及"艮岳"完工，北宋便已亡国。风水之害，莫此为甚！

三、务求心安的人居追求

论断天下风水格局、燮理城邑阴阳五行，这些都与普通人关系不大，对于普通人来说，最紧要的是个人私宅的风水吉凶。古人所谓卜居，主要也是就个人私宅而言的。在风水学说中，私宅与城邑、村落一样，也讲究避凶、聚气、通利、纳吉，要求坐北朝南，地基要方正且高隆，"地基太低小，或东高西低，东宽西窄，会损害丁财"。

人的居宅可以分为城居和乡居。城居和乡居侧重点有所不同：城居更注重明堂的广狭程度，门庭的大小，以及临近的房屋排列等；乡居则更注重整体布局的完整性，阴阳胎息的生成，气的沉浮变化等。对于这种民居传统，宋代黄妙应在《博山篇·论阳宅》中有细致的总结，"城居要考虑入局、明堂、水曲、高低、广狭、门庭、比屋等因素；乡居要考虑胎息、阴阳、缓急、沉浮、起伏、龙虎、缠托、朝案、城廓、水口等因素"。

以上为卜居建宅的一般风水之理，不必详论，这里需要重点探讨古人卜居的内在精神旨归——务求心安。在古人的世界观中，宇宙中的山川河岳、鸟兽鱼虫、鬼神先人等等都与人存在着幽微难测的关联，这就是"气"。宅院作为人最常居处的地方，与人的关联最为紧密，故居住者不可仅仅考虑身体的安适，同时更要关注精神的和谐安定。如何才能精神安定呢？一个主要判断依据就是看宅院是否合乎风水规范。

宋人卜居时，除了勘察风水，还常常祷祝于神明，如北宋的晁补之，晚年卜居于金乡，建"归来园"。金乡地处平原，自然较少讲究风水择胜，但为了心安起见，他在建房之时仍不免敬备酒果祭奠一番：

　　维元符二年岁次己卯正月丙辰，孤子晁补之谨以羊头一、猪头一、青币酒果之奠祭，告于金乡县东郭山川土地之灵曰：补之家世侨居此州六十余年矣，蒙先之泽不绝如线，而补之不肖，不知修身服生业为齐民，乃以其空言曲学欺取国家之名第，以出入闽省，游行四方，就食取容无愧惭于心，忠不足于君，孝不足于亲，天用丕降祸罚于其不肖，躬大困而归，怵惕陨心，垂死未绝，念不可以不畏天，重怒而讹厥衷，故卜涞之东，尚以休老而莅其芋，虽曰五亩广而盗天地之利已，多惟神其假之，若厥心神所临，不敢徼福于神，觊厥躬光大，惟寝斯安，无恫瘝于其家，暨厥后以康，则神力能鉴助兹。尚飨！①

此后一年，晁补之一家诸事顺利，晁补之认为这是因为神灵护佑，故而再次祭奠神明：

补之改居市南，既告神以迁矣，寒暑一周，畚锸无方，寝安而动吉，非神不害何以得此？是用择日还神之舍，将加涂墍，绘写卫从，以严事神，惟神终相之。尚飨！②

晁补之此文透露了一些令人不易察知的信息，他在祭文中说"畚锸无方"，大意是说建筑宅院时并未严格按照风水规范进行设计，房屋建设得比较随意，但一年来"寝安而动吉"，可见得到了神明的护佑，因此也便可以安心住下去了。

其实，卜居本就含有浓厚的谋求"心安"之意，考之历史，"卜居"一词最早出自屈原的《卜居》，其文曰：

屈原既放，三年不得复见。竭知尽忠而蔽障于谗。心烦虑乱，不知所从。乃往见太卜郑詹尹曰："余有所疑，愿因先生决之。"詹尹

___
① 晁补之：《卜居金乡祭神文》，载曾枣庄、刘琳主编《全宋文》第127册，上海辞书出版社，2006，第190页。
② 晁补之：《迁居安建土地祠文》，载曾枣庄、刘琳主编《全宋文》第127册，上海辞书出版社，2006，第190页。

乃端策拂龟，曰："君将何以教之？"

屈原曰："吾宁悃悃款款，朴以忠乎，将送往劳来，斯无穷乎？

"宁诛锄草茅以力耕乎，将游大人以成名乎？宁正言不讳以危身乎，将从俗富贵以偷生乎？宁超然高举以保真乎，将哫訾栗斯，喔咿儒儿，以事妇人乎？宁廉洁正直以自清乎，将突梯滑稽，如脂如韦，以洁楹乎？

"宁昂昂若千里之驹乎，将泛泛若水中之凫，与波上下，偷以全吾躯乎？宁与骐骥亢轭乎，将随驽马之迹乎？宁与黄鹄比翼乎，将与鸡鹜争食乎？

"此孰吉孰凶？何去何从？

"世溷浊而不清：蝉翼为重，千钧为轻；黄钟毁弃，瓦釜雷鸣；谗人高张，贤士无名。吁嗟默默兮，谁知吾之廉贞！"

詹尹乃释策而谢曰："夫尺有所短，寸有所长；物有所不足，智有所不明；数有所不逮，神有所不通。用君之心，行君之意。龟策诚不能知此事。"①

屈原因"信而见疑，忠而被谤"，内心愁郁，不知何去何从，求问于太卜郑詹尹。郑詹尹听了屈原的诉说后，认为屈原的苦闷并非出于客观外在，而是根植于"人心"，这是占卜无法解决的，只好无奈地表示"龟策诚不能知此事"。可见屈原的"卜居"并非寻找人之所居，而是寻找心之所居，其卜居的目的，只在寻求心安耳。

屈原之后，"卜居"虽然主要是选择居所之意，然终不脱寻求心安的色彩，如杜甫的《卜居》：

浣花流水水西头，主人为卜林塘幽。

已知出郭少尘事，更有澄江销客愁。

---

① 屈原：《楚辞》，四川天地出版社，2021，第151页。

无数蜻蜓齐上下，一双鸂鶒对沉浮。

东行万里堪乘兴，须向山阴上小舟。①

又如苏辙的《卜居赋》：

吾将卜居，居于何所？西望吾乡，山谷重阻。兄弟沦丧，顾有
诸子。吾将归居，归与谁处？寄籍颍川，筑室耕田。食粟饮水，若
将终焉。念我先君，昔有遗言：父子相从，归安老泉。阅岁四十，
松竹森然。诸子送我，历井扪天。汝不忘我，我不忘先。庶几百
年，归扫故阡。我师孔公，师其致一。亦入瞿昙、老聃之室。此心
皎然，与物皆寂。身则有尽，惟心不没。所遇而安，孰非吾宅？西
从吾父，东从吾子。四方上下，安有常处？老聃有言：夫惟不居，
是以不去。②

杜甫卜居于浣花溪畔，苏辙卜居于颍川，所以怡然而自得者，并不在
于身体安适与否，也不在于仕途通达与否。杜甫之安，安在"已知出郭少尘
事，更有澄江销客愁"；苏辙之安，安在"此心皎然，与物皆寂"，都是一种
心灵上的宁静安泰。这与朱熹《卜居》所表达的"静有山水乐，而无身世
忧"有着共通的精神内核。屈原、杜甫、苏辙、朱熹，都可谓是精神放达
者，而一般的世俗中人，在选择居处时不能达到这种"反求诸己"的精神境
界，于是便或者求助于鬼神，或者求助于风水。从这点来说，传统风水择居
为古人的宅居心安提供了一套可操作的实践方案，客观上守护了普通中国人
千百年来的心灵空间。

---

① 杜甫：《卜居》，载周振甫主编《全唐诗》第5册，黄山书社，1999，第1631页。
② 苏辙：《卜居赋》，载曾枣庄、刘琳主编《全宋文》第93册，上海辞书出版社，2006，第
360—361页。

结　语 ≫

一、关于阴宅风水

通过朱熹为父亲改葬、为父母分葬、为山陵择址，以及为其他家人的择地、择日等相关问题的讨论，可以得出以下结论：

第一，朱熹对阴宅风水有着基本的认同和积极的接引。与司马光、张载、二程、张栻、吕祖谦等人相比，朱熹对待风水的态度和立场有着明显的变化和不同。

第二，"送终之孝""慎终追远""诚敬君父"等等儒家人伦道德情感，始终是关联朱熹与阴宅风水的最大纽带；同时，这也是朱熹风水思想与"吉凶祸福""葬先荫后"等"风水功利主义"（亦即风水迷信）的最大区隔。当然，这也是朱熹与一般知识精英、政治精英的一个显著区别。

第三，"诚敬"是朱熹理学思想与民间阴宅风水相互关联的连接点。为何要万般审慎地为先人选择基址，为何在皇陵问题上不能有丝毫轻慢，均因其事关"诚敬"，事关忠孝大节，是子孙与臣民必尽的义务与责任，也是人伦情感的自然表达。虽然其中并无"葬先荫后"的功利主义诉求，但包含着功利主义的必然结果。试想，一个对于君父遗体缺乏"诚敬"的家族或者群体，如何可以维系，又如何传之久远呢？"以子孙而藏其祖考之遗体，则必致其谨重诚敬之心，以为安固久远之计。使其形体全而神灵得安，则其子孙盛而祭祀不绝，此自然之理也。是以古人之葬，必择其地而卜筮以决之，不吉则更择而再卜焉。近世以来，卜筮之法虽废，而择地之说犹存，士庶稍有事力之家，欲葬其先者，无不广招术士，博访名山，参互比较，择其善之尤者然后用。其或择之不精，地之不吉，则必有水泉、蝼蚁、地风之属以贼其内，使其形神不安，而子孙亦有死亡绝灭之忧，甚可畏也。"①正是通过"诚敬"，朱熹完成了对阴宅风水择地的理论提升，完成了风水的理学化。所以，朱熹既反对迷信风水，更反对"孟浪不信"。因为"信"与"不信"，已经不是朱熹阴宅风水的重心，而什么样的心态和动机，才是朱熹阴宅风水发出的考量，这也正是理学"修齐治平"的模式在阴宅风水中的展开。可以说，在中国传统社会的一流思想家中，朱熹是唯一一位熟知阴宅风水，接纳阴宅风水，却又力图跳出阴宅风水，提升阴宅风水的知识精英，这也是这位理学宗师每每被"民间风水"塑造为领袖的缘由。

第四，理论建构的完成，并不等于矛盾的自洽。朱熹在阴宅风水中始终面临着"两难"的语境。讲求阴宅风水就会与民间风水的"愚妄"相混淆；而不讲风水，忠君孝父的儒家人伦则无所寄托，以致陷入不忠不孝的大逆不道。"臣本儒生，不晓术数，非敢妄以淫巫瞽史之言，眩惑圣听，自速讥诮。盖诚不忍以寿皇（宋孝宗）圣体之重，委之水泉沙砾之中，残破浮浅之地，是以痛愤激切，一为陛下言之。譬如乡邻亲旧之间，有以此等大事商量，吾乃明知其事之利害必至于此，而不尽情以告之，人必以为不忠不信之人。而况臣子之于君父，又安忍有所顾望而默默无言哉？"②大致说来，包括朱熹在内的中国传统儒学精英，都是在这种"悖论"和"两难"的语境中弥缝矛盾、建构理论，并重心不同地叙述着各自的风水话语。

---

① 朱熹：《山陵议状》，载曾枣庄、刘琳主编《全宋文》第243册，上海辞书出版社，2006，第119页。

② 同上书，第122页。

二、关于阳宅风水

通过对朱熹阳宅风水思想的系统讨论，可以得出以下结论：

第一，朱熹的阳宅风水是包括"天地—山川—都城—城镇—村落—宅居—宅内"的一个相对完整的理论建构，山川风水审美、环境协调安稳，即给居住者以福祉，是朱熹阳宅风水的核心。

第二，与阴宅风水引起极大质疑与争议不同，朱熹的阳宅风水思想与吕祖谦、张栻，以及宋代知识群体、政治精英之间则高度一致。从比较研究的角度和结果来看，朱熹在山川、都城、宅居问题上使用风水术语、风水概念的频率和直白，则远不及张栻、陆游、周必大等其他知识精英。在山川、城邑、书院、宅居方面，朱熹"被风水"的情况也时有发生。但总的来说，朱熹以及宋代其他知识精英对阳宅风水思想的诸多讲究，大致可以印证本杰明·史华慈在《古代中国的思想世界》中的一个著名观点："除了预言和迷狂以外，在普通民众那里所能发现的每一种宗教现象都能够在有教养的精英们之中转变为信念与礼仪。"

第三，朱熹在阳宅风水方面开创了一种"大风水""大器局"，即"阳宅（都城、城邑、村落、宅居、宅内）"存在于天地之间，故必须关注天地；"阳宅"存在于大地之上，故必须关注山川、地质、河流、地貌，乃至青山绿水。"天地间好个风水"，是朱熹关于风水的创造性表述，至明清则被发挥为"天地间好个大风水"。

第四，"天地间好个风水"把风水的重心从"阴宅风水"引向"天地风水"，而"天地风水"显然可以被包括在古代地理科学的知识体系中，与近代以来的自然地理和人文地理也形成了相互接引之势。

三、综合阴宅、阳宅风水

总括以上八点，可以形成第九点结论：朱熹风水思想的最大价值，一是完成了阴宅风水的理学化；二是将风水的重心由阴宅风水引向更为宏大的"天地风水"，亦即"自然风水"。这种"天地风水"或"自然风水"，与自然地理、人文地理显然是相互接引的，因为深藏于其各自之间的核心诉求是一致的，即如何理解大地上所生长的万物，如何让人及其家园、家国在这个生长万物的大地上安居。[①]

_____

① 关于"核心诉求"的两句话，化用自潘晟《宋代地理学的观念、体系与知识兴趣》（北京大学博士论文，2008年）。这篇论文是近30年来有关地理学史研究的最重要的博士论文之一。作者虽然在正文中完全未曾涉及宋代风水研究（其中只是特别关注到朱熹对地图学的高度兴趣；还关注到宋代地理著作中出现了一个专门的名目"名山福地"，说明这在宋代已成为一个公共常识），但《后记》中的一段话则对"风水"与"地理"的关系做了极其到位的分析：在宋人的观念中，"地理之学"并不是一个纯粹的概念，在相当的程度上后世所谓的"风水"更多地被称呼为"地理"，宋人所谓某人有地理之学，其所指往往是相阴阳二宅之术，而不是王朝疆域地理或其他今人所理解的地理书。如何正确地对待这一问题，并不是一件简单的事情。无论是所谓的科学主义，还是各种打着科学幌子的文化复辟和招魂行动，都与那个时代的理解有着相当遥远的距离。批判和拥护的双方，对于这样一个知识体系在古代社会的基本面目和状况都存在着相当的误解。而地理学，无论是今天还是古代，其基本命题的核心都在于如何了解这个大地上所生长的万物，以及如何让人及其社会在这个生长万物的大地上安居。在这个意义上，近代学科体系下的地理学，以及古代王朝的舆地之学，讲求的是可知的地理认知方式，而图宅术则更多地纳入并祈求各种神秘因素的不可知方式。但是两者所试图解决的问题都包含了上至朝廷，下至家庭的各种社会地理问题，实不可等闲视之。（参见潘晟：《宋代地理学的观念、体系与知识兴趣》，博士学位论文，北京大学，2008，第288页。）

主要参考文献 ≫

［1］曾枣庄，刘琳. 全宋文［M］. 上海：上海辞书出版社，2006.

［2］朱杰人，严佐之，刘永翔. 朱子全书［M］. 上海：上海古籍出版社，2002.

［3］黎靖德. 朱子语类［M］. 北京：中华书局，1986.

［4］王育济. 中华野史：宋朝卷［M］. 济南：泰山出版社，2000.

［5］王育济. 天理与人欲：理学理欲观演变的逻辑进程［M］. 济南：齐鲁书社，1992.

［6］王育济. 理学·实学·朴学：宋元明清思想文化的主流［M］. 济南：山东友谊出版社，1993.

［7］徐松. 宋会要辑稿［M］. 影印本. 北京：中华书局，1957.

［8］王洙. 重校正地理新书［M］//《续修四库全书》编纂委员会. 续修四库全书：第1054册. 影印本. 上海：上海古籍出版社，2002.

［9］邱汉生. 四书集注简论［M］. 北京：中国社会科

学出版社，1980.

　　［10］张立文.朱熹思想研究［M］.北京：中国社会科学出版社，1981.

　　［11］陈正夫，何植靖.朱熹评传［M］.南昌：江西人民出版社，1984.

　　［12］陈来.朱熹哲学研究［M］.北京：中国社会科学出版社，1986.

　　［13］蒙培元.理学的演变：从朱熹到王夫之、戴震［M］.福州：福建人民出版社，1984.

　　［14］高令印，陈其芳.福建朱子学［M］.福州：福建人民出版社，1986.

　　［15］高令印.朱熹事迹考［M］.上海：上海人民出版社，1987.

　　［16］杨金鑫.朱熹与岳麓书院［M］.上海：华东师范大学出版社，1986.

　　［17］周德昌.朱熹教育思想述评［M］.长春：吉林教育出版社，1987.

　　［18］邓艾民.朱熹王守仁哲学研究［M］.上海：华东师范大学出版社，1989.

　　［19］束景南.朱熹轶文辑考［M］.南京：江苏古籍出版社，1991.

　　［20］束景南.朱子大传［M］.福州：福建教育出版社，1992.

　　［21］束景南.朱熹年谱长编［M］.上海：华东师范大学出版社，2001.

　　［22］束景南.朱熹研究［M］.北京：人民出版社，2008.

　　［23］张立文.朱熹评传［M］.南京：南京大学出版社，1998.

　　［24］林振礼.朱熹与泉州文化［M］.福州：福建人民出版社，1999.

　　［25］林振礼.朱熹新探［M］.北京：中国广播电视出版社，2004.

　　［26］方彦寿.朱熹书院与门人考［M］.上海：华东师范大学出版社，2000.

　　［27］郭齐.朱熹诗词编年笺注［M］.成都：巴蜀书社，2000.

　　［28］蔡方鹿.朱熹与中国文化［M］.贵阳：贵州人民出版社，2000.

　　［29］蔡方鹿.朱熹经学与中国经学［M］.北京：人民出版社，2004.

　　［30］朱杰人.迈入21世纪的朱子学：纪念朱熹诞辰870周年、逝世800周年论文集［C］.上海：华东师范大学出版社，2001.

［31］朱杰人，严文儒.《朱子全书》与朱子学：2003年国际学术讨论会论文集［C］.上海：华东师范大学出版社，2005.

［32］徐刚.朱熹自然哲学思想论稿［M］.福州：福建教育出版社，2002.

［33］邹其昌.朱熹诗经诠释学美学研究［M］.北京：商务印书馆，2004.

［34］赵峰.朱熹的终极关怀［M］.上海：华东师范大学出版社，2004.

［35］蔡方鹿，舒大刚，郭齐.新视野新诠释：朱熹思想与现代社会［M］.成都：四川大学出版社，2007.

［36］陈来.朱子书信编年考证［M］.增订本.北京：生活·读书·新知三联书店，2007.

［37］王健.在现实真实与价值真实之间：朱熹思想研究［M］.上海：华东师范大学出版社，2007.

［38］乐爱国.朱子格物致知论研究［M］.长沙：岳麓书社，2010.

［39］林维杰.朱熹与经典诠释［M］.上海：华东师范大学出版社，2011.

［40］陈支平.展望未来的朱子学研究［M］.厦门：厦门大学出版社，2012.

［41］田浩.功利主义儒家：陈亮对朱熹的挑战［M］.姜长苏，译.南京：江苏人民出版社，1997.

［42］田浩.朱熹的思维世界［M］.南京：江苏人民出版社，2002.

［43］田浩.旁观朱子学：略论宋代与现代的经济、教育、文化、哲学［M］.上海：华东师范大学出版社，2011.

［44］金永植.朱熹的自然哲学［M］.潘文国，译.上海：华东师范大学出版社，2003.

［45］陈荣捷.朱熹新探索［M］.上海：华东师范大学出版社，2007.

［46］陈荣捷.朱子门人［M］.上海：华东师范大学出版社，2007.

［47］秦家懿.朱熹的宗教思想［M］.曹剑波，译.厦门：厦门大学出版

社，2010.

　　［48］卜道成.朱熹和他的前辈们：朱熹与宋代新儒学导论［M］.谢晓东，译.厦门：厦门大学出版社，2010.

　　［49］冯友兰.中国哲学史简编［M］.北京：中华书局，1984.

　　［50］侯外庐，邱汉生，张恺之.宋明理学史［M］.北京：人民出版社，1984.

　　［51］葛兆光.中国思想史：第二卷［M］.上海：复旦大学出版社，2001.

　　［52］姜生，汤伟侠.中国道教科学技术史：南北朝隋唐五代卷［M］.北京：科学出版社，2010.

　　［53］侯仁之.中国古代地理学简史［M］.北京：科学出版社，1962.

　　［54］唐锡仁，杨文衡.中国科学技术史：地学卷［M］.北京：科学出版社，2000.

　　［55］李约瑟.中国科学技术史：第二卷 科学思想史［M］.何兆武，等译.北京：科学出版社，1990.

　　［56］小野泽精一，福永光司，山井涌.气的思想：中国自然观和人的观念的发展［M］.李庆，译.上海：上海人民出版社，1990.

　　［57］濑川昌久.族谱：华南汉族的宗族·风水·移居［M］.钱杭，译.上海：上海书店，1999.

　　［58］本杰明·史华兹.古代中国的思想世界［M］.程钢，译.南京：江苏人民出版社，2004.

　　［59］韩明士.道与庶道：宋代以来的道教、民间信仰和神灵模式［M］.皮庆生，译.南京：江苏人民出版社，2007.

　　［60］韩森.传统中国日常生活中的协商：中古契约研究［M］.鲁西奇，译.南京：江苏人民出版社，2008.

　　［61］宿白.白沙宋墓［M］.北京：文物出版社，1957.

　　［62］林耀华.金翼：中国家族制度的社会学研究［M］.北京：生活·读书·新知三联书店，1989.

［63］何晓昕.风水探源［M］.南京：东南大学出版社，1990.

［64］何晓昕，罗隽.风水史［M］.上海：上海文艺出版社，1995.

［65］何晓昕，罗隽.中国风水史［M］.北京：九州出版社，2008.

［66］王玉德.神秘的风水：传统相地术研究［M］.南宁：广西人民出版社，1991.

［67］王玉德.古代风水术注评［M］.北京：北京师范大学出版社，1992.

［68］王玉德.中国民间相宅：阳宅风水图说［M］.北京：中国戏剧出版社，1994.

［69］王玉德.堪舆术研究［M］.北京：中央编译出版社，2010.

［70］王其亨.风水理论研究［M］.天津：天津大学出版社，1992.

［71］刘晓明.风水与中国社会［M］.南昌：江西高校出版社，1994.

［72］刘乐贤.睡虎地秦简日书研究［M］.台北：文津出版社，1994.

［73］刘沛林.风水：中国人的环境观［M］.上海：上海三联书店，1995.

［74］徐吉军.中国丧葬史［M］.南昌：江西高校出版社，1998.

［75］亢亮，亢羽.风水与城市［M］.天津：百花文艺出版社，1999.

［76］张荣明.方术与中国传统文化［M］.上海：学林出版社，2000.

［77］庄孔韶.银翅：中国的地方社会与文化变迁［M］.北京：生活·读书·新知三联书店，2000.

［78］李零.中国方术续考［M］.上海：东方出版社，2001.

［79］汉宝德.风水与环境［M］.天津：天津古籍出版社，2003.

［80］俞孔坚.理想景观探源：风水的文化意义［M］.北京：商务印书馆，2004.

［81］高友谦.中国风水文化［M］.北京：团结出版社，2004.

［82］陈进国.信仰、仪式与乡土社会：风水的历史人类学探索［M］.北京：中国社会科学出版社，2005.

［83］黄建军.中国古都选址与规划布局的本土思想研究［M］.厦门：厦

门大学出版社，2005.

［84］赵益.古典术数文献述论稿［M］.北京：中华书局，2005.

［85］余欣.神道人心：唐宋之际敦煌民生宗教社会史研究［M］.北京：中华书局，2006.

［86］郭彧.风水史话［M］.北京：华夏出版社，2006.

［87］蒲慕州.追寻一己之福：中国古代的信仰世界［M］.上海：上海古籍出版社，2007.

［88］王育武.中国风水文化源流［M］.武汉：湖北教育出版社，2008.

［89］张齐明.亦术亦俗：汉魏六朝风水信仰研究［M］.北京：中国人民大学出版社，2011.

［90］潘晟.知识、礼俗与政治：宋代地理术的知识社会史探［M］.南京：江苏人民出版社，2018.

［91］尹弘基.论中国古代风水的起源和发展［J］.自然科学史研究，1989（8）.

［92］刘祥光.宋代风水文化的扩展［J］.台大历史学报，2010（45）.

后 记 ≫

　　本书是我在山东大学攻读历史学博士学位期间完成的博士论文。朱熹曾言：为学之道，莫先于穷理；穷理之要，必在于读书；读书之法，莫贵于循序而致精；而致精之本，则又在于居敬而持志。

　　孩提时期，家父对我们兄妹有着近乎严苛的教育：每日五更即起，临帖习武、弹琴书画，无论酷暑严寒从未间断，这让我们收获了对"中国传统文化"最早的体验。家父每日的耳提面命，不仅让我们领略了传统文化的博大精深，更驱动着我不断找寻自己"心源"的秘密。家父常说：天道地道人道一贯，天理地理人理一理；悖天违地何求堪舆，法天象地自得心源。父亲一生致力于堪舆研究，向儿女传递的是把学术融入生活的真谛。我愿以堪舆的理学探求，回报父亲呕心沥血的培育。

　　特别感谢我的博士导师王育济教授，指导我的博士论文能以这样的主题和方式完成。我自己原来选定的论文题目仍是硕士论文的研究方向，即风水学与当代设计学的结合。导师要求我改做有关设计史方面的题目，这与我所从事的教学工作比较接近。但在我对风水课题表达了强烈的偏好后，他同意了我的选择，要求则是：必须是一个风水历史学的研究。导师的指导宽泛而又严格。开题头两年，他只有两句话，一是把有关风水研究的著述全部做出索引，越全越好（这种索引不仅仅是标题检索，更要有内容，包括顺藤摸瓜查找著作中的相关章节等）；二是把《全宋文》中所有与风水有关的篇章全部查找编目（后来又加上了《中华野史》中的全部宋元笔记）。偶尔，导师会抽查这两部分材料，每每都能发现其中的许多遗漏，这使得自己不敢再有一丝侥幸和懈怠。论文的修改也浸透着导师的心血。最后的目录、提要、绪论、结语，更是经由导师逐一批改。当然，由于自己的理解力和水平所限，这篇论文远未达到导师的要求，需要修改、纠正的地方还有很多，留待以后进一步补充完善。

感谢我的另一位导师郝振省教授。郝老师有着北京大学哲学系的学术背景，他认为堪舆学是中国独有的研究天文地理和人类休养生息之间关系的学问，堪舆学的独特之处在于，它不仅强调人要顺应自然，与天地万物融为一体，还强调人要利用自然改造自然，应充分发挥人的主观能动性，营造有益于人类生存发展的人居环境。

感谢山东工艺美术学院潘鲁生、董占军等校领导的统筹策划，感谢文丛副主编王任老师的督促协调，他们的支持帮助使得这一成果得以成书；感谢视觉传达设计学院各位领导同仁对我一路走来所给予的助力关怀；感谢本书责任编辑李俊亭、特邀编辑吴修成的辛苦付出，他们细致的编辑工作，促成本书的顺利出版。

感恩母亲丁香，感谢先生浩源及家人的付出与守护。学习之路，既有风景，也有苦旅。在"山重水复疑无路"的求知路上，是家人的无私支持和温暖陪伴，让我开启了"柳暗花明又一村"的新征程。

本书距离理想中的一部著述还有很大差距，诚恳希望各位师长及学界同仁予以批评指正。

张 瑞

2023年8月